KB260961

기획서 다이어트

Simple!

Smart!

Slim!

더 쉽고 더 강력한 S라인 기획서

기획서 다이어트

도영태 지음

더난출판

기획서 다이어트

ⓒ 2011, 도영태

초판 1쇄 발행 2011년 4월 12일
초판 10쇄 발행 2015년 7월 30일

지은이 도영태 | **펴낸이** 신경렬 | **펴낸곳** (주)더난콘텐츠그룹

기획편집부 남은영 · 민기범 · 허승 · 이성빈 · 이서하 | **디자인** 김희연 · 박헌정

마케팅 홍영기 · 서영호 · 박휘민 | **디지털콘텐츠** 민기범 | **관리** 김태희 · 김이슬 | **제작** 유수경 | **물류** 박진철 · 윤기남

출판등록 2011년 6월 2일 제2011-000158호 | **주소** 121-840 서울특별시 마포구 양화로 10길 19, 상록빌딩 402호

전화 (02)325-2525 | **팩스** (02)325-9007

이메일 book@thenanbiz.com | **홈페이지** http://www.thenanbiz.com

ISBN 978-89-8405-653-4 03320

뚱뚱한 기획서 작성을
경계하라

나도 한때는 과체중이었다. 어느 날 다이어트의 필요성을 느껴 꾸준히 운동을 하고 노력을 기울인 결과 표준체형을 유지할 수 있게 되었다. 그 이후에는 건강도 되찾고, 일도 잘 풀려나갔다.

그러다 문득 기획서 작성이 다이어트 속성과 비슷하다는 생각이 들었다. 그저 양으로만 승부하는 비만 기획서보다 질적으로 우수한 다이어트 기획서가 비즈니스에 절실히 필요하고, 효율적인 성과를 낼 수 있다는 공감이 앞섰던 것이다. 게다가 이미 기획서 작성에 '원 페이지'의 바람이 불고 있던 터라 '기획서 다이어트' 집필의 불을 당기기에 충분했다.

더불어 기획과 관련된 그동안의 업무 경험은 간결하고 강력한 다이어트 기획서의 토대를 만들어나가는 데 많은 도움이 되었다. 또한 수많은 학교, 기관, 기업체에서 기획력 강의를 하며 습득한 노하우는 체지방을 줄여 'S라인'을 자랑하자는 성공다이어트와 기획서 작성 단계 하나하나를 대입시켜 개념화하는 데 큰 일조를 했다. '기획서 다이어트'는 뱃살 또는 체지방과 같은 군더더기를 제거하여 가장 핵심적인 기획서를 작성하자는 취지에 부합하여 이렇게 탄생했다. 따라서 '기획서 다이어트'는 다른 기획서 작성지침서와 비교하여 몇 가지 변별력을 자랑한다.

이 책은 보고서, 제안서 등 비즈니스 문서작성에 관한 한 핵심만 콕 짚어내어 한눈에 쏙 들어오게 하는 비법을 소개하고 있다. 그리고 구상부터 글쓰기에 이르기까지 일련의 기획서 작성 단계를 마치 다이어트 프로그램을 적용하듯이 알기 쉽게 설명하고 있다. 따라서 현업 기획서 작성을 처음부터 끝까지 책임지고 도와주는 충실한 도우미 역할을 수행할 것이다. 또한 이 책은 범람하는 외국의 관련 번역도서에 과감히 도전장을 던질 수 있는 한국형 원 페이지 기획서 작성 솔루션을 제공하고 있다. 우리 체질에 맞는 다이어트를 해야 하는 것처럼 우리 실정에 맞게 맞춤형 기획 트레이너가 되어 지도해줄 것이다.

이제 더 이상 무분별한 기획서 작성을 방치해서는 안 된다. 무턱대고 기획서를 써내려가고, 페이지수를 무분별하게 늘리는 한편, 써 놓은 글을 초벌구이 상태 그대로 두는 것은 다이어트를 포기한 채 마음대로 먹고 마시는 행위와 같다. 지금부터라도 핵심 다이어트 기획서로 양보다 질 위주의 기획을 추구해야 한다.

'기획서 다이어트'를 통해 세상의 모든 기획서들이 더 가벼워지고 얇아

졌으면 좋겠다. 그래야만 쓸데없이 많은 양의 기획서를 작성하는 데 드는 시간과 노력을 절약하여 이를 다른 부문의 경쟁력으로 환원시킬 수 있다. 또 그렇게 해야만 더 이상 수많은 기획서를 쓰기 위해 여러 사람이 고생을 감수해야만 하는 부적절한 기업문화로부터의 해방을 선언할 수 있다.

끝으로 책이 세상의 빛을 보기까지 함께 해준 더난출판사 편집부 직원을 비롯한 많은 사람들에게 고마움을 전하고 싶다. 어려울 때 언제나 힘이 되어주시는 나의 어머니와 가족들, 그리고 모든 비즈니스 파트너들에게 이 책을 바친다.

도영태

CHAPTER 1
다이어트 계획을
수립하라
기획서 방향 설정
'살을 꼭 빼야만 할까?', '그렇다면 어떤 다이어트를 시도해볼까?' 망설이지 말
고 일단 방향부터 제대로 잡아보자. 방향을 제대로 알고 가야 길을 잃지 않는다.
기획서는 첫 단계인 구상에서 모든 것이 판가름 난다.

01

지금 당장 기획서를
줄여서 써야 하는 이유

더 이상 비만을 방치할 수 없다

"**도**대체 한마디로 이야기하면 뭐야!"

"양은 많은데 핵심 내용이 없어! 다시 해 와!"

나기회 대리는 오늘처럼 회사생활에 회의감을 느낀 적이 없다. 얼마 전 이엄격 부장이 지시한 보고서를 밤새워 만들었건만, 정작 보고 당일 날 돌아오는 것은 이 부장의 호통뿐이다. 나 대리의 보고서는 두툼한 서류 한 묶음에 달한다. 머리를 쥐어짜고, 부지런히 참고자료를 찾아가며, 잘 만들었다고 하는 기획서에서 이것저것 좋은 것만을 가져와 나름대로 역작을 만들었다고 생각했지만, "산만하다", "무슨 소리인지 모르겠다"라는 평가만 돌아올 뿐이다. 도대체 무엇이 잘못된 걸까?

밤샘작업으로 만든 나 대리의 기획서는 이른바 '비만 기획서'다. 비만은 여러 가지로 좋지 않기 때문에 우리는 다이어트를 해야 한다. 다이어트로 잘 관리한 S라인 몸매에 사람들이 호감을 느끼듯, 기획서 또한 슬림(slim)화해야 상사나 고객으로부터 칭찬과 인정을 받을 수 있다. 게다가 다이어트한 기획서는 핵심을 잘 나타내기 때문에 이해하기 쉽고 의사결정도 빠르다. 이런저런 자료들로 섞어찌개를 만든 방대한 양의 기획서는 시급히 다이어트 처방을 받아야 한다.

이제 구구절절 비만 기획서와 이별하도록 하자. 얇은 기획서를 가지고 가면 성의 없어 보인다고? 분량이 적으면 공들인 흔적이 나타나지 않는다고? 그것은 기획서를 그저 분량으로 때우려는 무능력한 기획자의 얄팍한 변명에 불과하다.

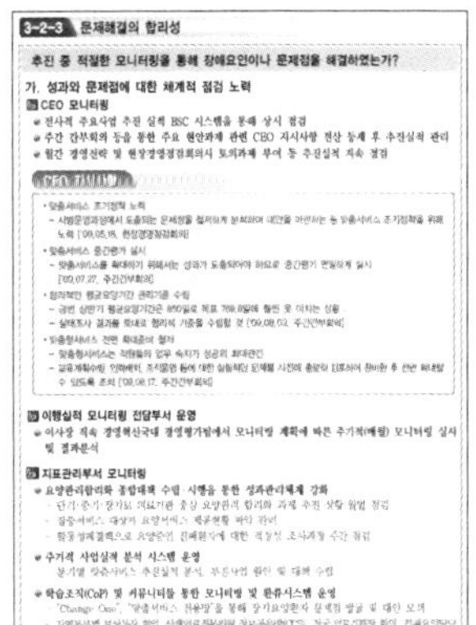
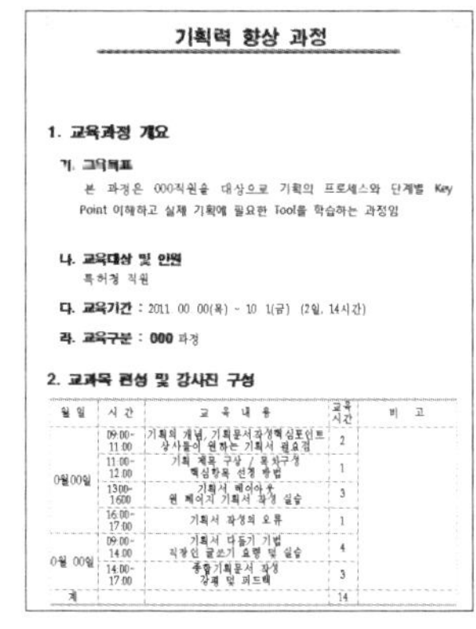

● 비만 기획서와 다이어트 기획서의 예

처음부터 상대방의 입맛에 꼭 맞는 기획서는 없다. 어차피 이래도 깨지고 저래도 깨지게(?) 되어 있다. 그런 과정과 경험이 밑거름이 되어 기획능력도 발전하는 것이다. 비만 기획서는 주저리주저리 써놓은 많은 내용이 오히려 독이 된다. 작성하는 데 시간을 들인 만큼 보람이 돌아오지도 않는다. 일단 내용이 많으면 그것만으로도 상대방은 숨이 턱 막힌다. 많이 썼다고 칭찬해주는 사람은 아무도 없다.

그뿐이면 다행이다. 어떤 상사는 두툼한 기획서를 마치 돈 세듯이 휘리릭 넘겨볼 뿐이고, 또 어떤 상사는 다 읽지도 않고 한 부분만을 가지고 생트집을 잡기도 한다. 며칠 밤을 새워 작성한 보고서를 읽어주기는커녕 "이렇게 많은 걸 어떻게 다 만들었지? 만들라고 했더니 진짜 만드네?"라고 빈정거리는 상사도 있다. 이렇듯 아무리 잘 만들어도 읽어주지 않아 좌절하는 게 바로 비만 기획서다. 수십 장의 기획서를 만들면 뭐하는가? 외면을 당하는데. 많이 쓰면 칭찬이라도 해줄 것이라 기대하는가? 읽지도 않는데 무슨 칭찬인가? 방대한 기획서를 읽어줄 한가한 상사나 고객은 없다. 그러니 차라리 적게 만들어 만드는 데 공들인 시간이라도 줄여서 좌절을 최소화하자.

분량이 많은 기획서는 불필요한 체지방이 많은 문서다. 확실하게 다이어트를 해야 한다. 언제나 살쪘다는 구박뿐이니 어느 순간 보란 듯이 다이어트해서 본때를 보여주자는 것이다. 웬만하면 줄이고 줄여서 써라. 이제 기획서의 대세는 양보다 질이다. 나쁜 기획서와 좋은 기획서의 차이 또한 분량의 많고 적음에 있다.

나쁜 기획서	좋은 기획서
• 비만(분량이 많은) 기획서	• 다이어트(분량이 적은) 기획서
• 두툼한 기획서	• 얇은 기획서
• 앞뒤 순서 없이 뒤죽박죽인 기획서	• 흐름이 있는 기획서
• 논점이 없이 횡설수설하는 기획서	• 논리정연한 기획서
• 어렵게 쓴 기획서	• 쉽게 쓴 기획서
• 구체성이 없는 이상적 기획서	• 현실감각이 있는 기획서
• 눈에 띄지 않는 기획서	• 한눈에 들어오는 기획서

나쁜 기획서와 좋은 기획서

핵심을 짚어야 최고의 기획서다

얼마 전 우리나라 대표기업 중 하나인 S그룹에서 사내방송을 통해 문서혁신을 강조했다. 조직 내 비효율적인 커뮤니케이션 중 하나가 보고서 작성에 시간과 노력을 많이 허비하는 데 있는 만큼 이를 최소화하자는 취지에서 간략한 원 페이지 보고서를 샘플로 제시한 것이다.

많은 양의 문서를 단 한 장으로 담아내는 원 페이지 기획서 작성을 권장하는 시도는 매우 고무적인 현상이라고 할 수 있다. 한 장짜리 보고서지만 그 안에 모든 사실과 추론, 실행과정까지 설득력 있는 스토리를 구성하여 핵심만을 뽑아낸 기획서를 만들자는 것인데, 이는 바로 기획서를 다이어트하자는 것과 일맥상통한다.

기획서는 간결하고 강력하게 작성해야 한다. 가장 뛰어난 기획서는 분량을 최소화하여 핵심만을 기술한 기획서다. 이는 곧 진정한 다이어트 기획서라고 할 수 있다. 그저 페이지만 늘이려는 기획서는 핵심 없이 내용 메우기를 한 것에 지나지 않는다. 핵심만 붙잡으면 1,000매를 1매로 줄여서 작성할 수 있고, 핵심만 있으면 1매를 1,000매로 늘여서 작성할 수 있다.

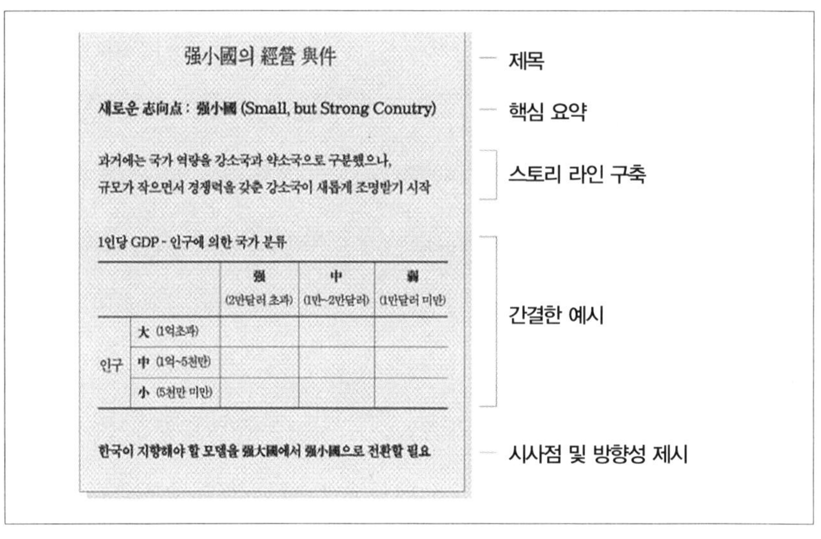

● S그룹 원 페이지 기획서 샘플

기획서 다이어트 방향

☑ 다이어트가 필요하다는 생각 갖기

…… **분량에 대한 미련을 버려라**

☑ 비만이라면 즉시 다이어트 처방을 받아야

…… **양보다 질 위주로 핵심을 붙잡아라**

☑ 이왕 살 빼려고 마음을 먹었으면 확실하게

…… **원 페이지 또는 간략한 페이지로 작성하라**

…… **만드는 데 드는 시간과 노력을 최소화하라**

기획서 다이어트 방향

02

한눈에 들어오는 기획서 쓰기
어렵고 힘든 다이어트 방식은 그만

"이게 아닌데……."

최 상무는 ○○팀에서 올라온 제안서를 보고 고개를 갸우뚱한다. 파워포인트 슬라이드로 정성을 들여 빼곡히 작성한 제안서지만 뭔가 부족하다는 생각을 떨쳐버릴 수 없다. 읽어도 무슨 내용인지 잘 모르겠고, 군데군데 압정처럼 박혀 있는 알 수 없는 용어는 은근히 화가 치밀게 한다. 어떻게 제안서를 이토록 복잡하고 난해하게 만들 수 있는지 감탄할 정도다. 한눈에 무슨 이야기인지 알아야 하는데 보고 또 봐도 어렵다. 기획서를 만든 사람이 자신의 인내심을 시험하는 것 같다.

다이어트 프로그램은 효과가 검증된 단순한 프로그램이 좋다. 매일매일 시간대별로 각기 다른 식품과 약을 섭취하면서 각종 운동을 병행하는 복잡한 프로그램은 실천이 어려워 중도에 포기하기 쉽다. 그저 적게 먹고 유산소 운동을 충분히 하는 쉬운 다이어트가 최고다.

기획서도 마찬가지다. 무엇보다 읽기 쉽고 알기 쉬워야 한다. 그러기 위해서는 쉽게 써야 한다. 어려운 용어는 절대 사절이다. 쉽게 표현해도 될 것을 굳이 잘난척하며 전문용어를 사용하는 기획서는 퇴출시켜야 한다. 가장 훌륭한 문서는 어려운 내용을 쉽게 쓴 것이고, 반대로 최악의 문서는 쉬운 내용을 어렵게 쓴 것이다.

다음은 우리 일상에서 사용하는 화장품과 의약품에 적혀 있는 설명서의 일부다. 과연 읽기 쉽고 알기 쉬운가 생각해보자. 이를 어떻게 바꾸어야 할까?

'천연성분을 주 베이스'

'리퀴드하고 내추럴한 트리트먼트'

'피부탄력과 링클을 케어해주는'

‘이 약은 도색의 정제’

‘감염증이 불 현상화’

‘식도에 정류하여 붕괴됨’

　화장품 설명서는 의미가 불분명한 영어가 남발되어 있고, 의약품 설명서는 마치 군대용, 또는 북한 의약품 설명서 같다. 문서는 읽어서 이해가 되지 않으면 아무 소용이 없다. 단순한 다이어트가 살 빼는 데 도움이 되듯 쉽게 쉽게 써야한다.

　잘 이해가 되지 않아 밑줄 그어가면서 두 번 읽었는데도 이해가 되지 않는다면 그 기획서는 문서라고 말할 수 없다. 그냥 종이 쪼가리다. 누구나 쉽게 이해할 수 있게 이렇게 고쳐 써보면 어떨까?

‘천연성분을 주 원료로’

‘액상성분의 자연스러운 처방’

‘피부탄력과 주름을 개선해주는’

‘이 약은 복숭아 색깔의 알약’

‘감염된 증상이 나타나지 않음’

‘목구멍에 달라붙어서 녹아내림’

핵심 포인트를 짚어내지 못하는 기획서는 중심을 잃고 방황한다. 다이어트를 할 때도 '저칼로리, 저열량의 음식물 섭취'라든가 '매일 꾸준히 20분씩 걷기' 등의 핵심 포인트가 있다. 상사나 고객은 기획서를 처음부터 하나하나 짚어가며 읽어 내려가지 않는다. 그저 한눈에 들어오기를 바란다. 그러다 보니 내용상의 포인트를 먼저 짚어내는 것이 관건이다. 같은 내용이라도 포인트를 준 것과 그렇지 않은 것에는 분명한 차이가 있다.

일정한 글자 크기로 대충 조악하게 만든 명함과 전체적인 배율과 서체를 조절하고 포인트를 주어 한눈에 들어오게 만든 명함을 비교해보라. 한눈에 들어오지 않는 명함은 그 사람을 기억하게 하지 못한다. 마찬가지로 한눈에 들어오지 않는, 포인트가 없는 기획서는 상대방을 만족시킬 수 없다. 포인트를 찾아서 눈에 띄는 기획을 해야 한다. 키워드를 부각시키거

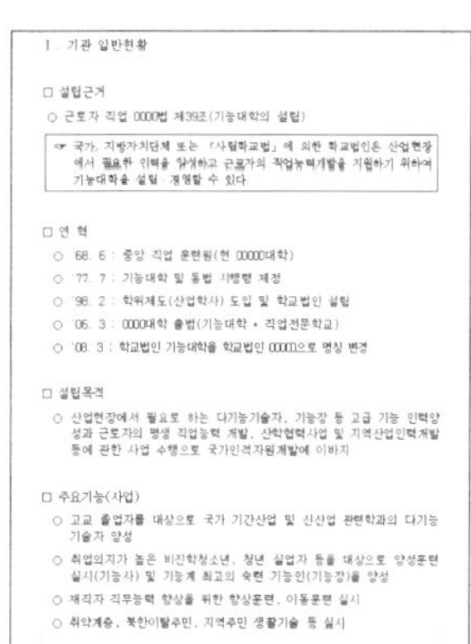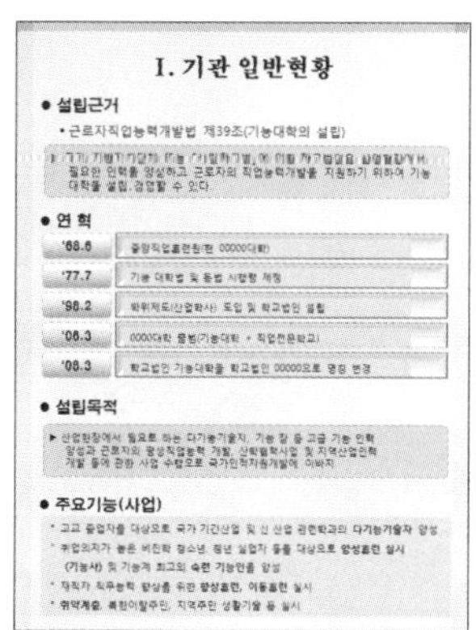

● 포인트가 없는 자료와 포인트가 있는 자료의 예

나 서체 활용상의 변화를 통해 상대방을 시선을 잡아내야 한다. 같은 내용이라도 포인트에 따라 기획서의 가치는 달라진다.

꼭 필요한 내용만을 담자

유산소 운동 다이어트라면 유산소 운동에 관한 내용만 기술해야 한다. 여기에 공연히 식사요법, 마인드 요법 등의 내용이 들어갈 필요는 없다. 기획서 역시 전달하고자 하는 사항에 대한 정확한 내용만을 담아야 한다. 몇 시간을 붙잡고 끙끙거리며 작성했지만 주제와 다른 엉뚱한 내용을 써놓았다면 그야말로 어이없는 기획서라고 할 수 있다. 이런 문서를 보고 상대방은 이렇게 이야기할지 모른다.

"도대체 무슨 이야기를 하고 싶은 거야?"

빗나간 내용, 불필요한 내용을 이리저리 산만하게 써놓은 기획서는 시쳇말로 '허당' 문서다. 전문적인 내용 없이 이것저것 마구 섞어놓은 다이어트 기법처럼 말이다. 빽빽하게 내용을 채운 문서는 처음부터 상대방을 질리게 만든다. 읽다 보면 눈이 아프다. 결국 기획서나 다이어트나 원하는 내용만을 함축하여 표현해야 한다.

꼭 필요한 내용만 기술한 기획서는 읽기에 편하고 눈에 잘 들어오기 때문에 이해가 빠르다. 필요한 사항만을 쏙쏙 뽑아내 잘 정리한 기획서야말로 핵심이 있는 기획서, 논리가 있는 기획서라고 할 수 있다. 꼭 필요한 내용은 기획서의 알짜배기와 같다. 말하자면 알차고 야무진 내용상의 알맹이다. 다음 자료를 비교해보자. 필요한 내용을 어떻게 기술했느냐에 따라 알맹이의 질이 달라진다.

차량 교체 검토 의견(안)

- 회사 차량이 낡았으나 예산이 계속적으로 반영되지 않아 그동안 아무런 검토가 이루어지지 않음.
- 시급히 구입이 필요한 시점임.
- 차량 노후화에 따른 잔고장으로 정비 소요 비용이 빈번히 생김. 얼마 전 출장 시에도 시동이 꺼지는 경우가 발생하여 차량을 이용한 직원들의 불만이 폭주함.
- 현재 차량은 2000cc 휘발유 차량으로 연비가 3등급으로 낮고 연료비가 많이 드는 차량이기 때문에 연료비가 적게 드는 경차로 교체하는 것이 바람직.
- 새해 들어 신규 차량 구입 예산 반영(총무부 수선비 내역)으로 구입 가능성이 충분함.

노후화 차량 교체 검토 의견(안)

- 현 회사 차량은 당장 교체 구입이 필요함.
- 교체 이유
  - 빈번한 잔고장으로 정비 비용 발생(*특히 출장 운행 시 시동이 꺼져 직원들이 불편을 호소함)
  - 연비가 높은 경차로 비효율적 유지비용 개선 요구.
- 20**년 총무부 예산 중 수선 비용으로 구입 가능함.

읽기 쉽고 알기 쉬운 기획서 작성법

☑ 쉬운 다이어트 처방처럼 단순하게

    …… **복잡한 방식 선택, 어려운 표현 방법 회피**

☑ 유산소 운동이면 그것 하나만!

    …… **한눈에 쏙 들어오는 핵심 포인트만 제시하라**

☑ 해당 다이어트 비법만 전수

    …… **꼭 필요한 알맹이가 되는 내용을 삽입하라**

03

상대방이 원하는 기획서 작성법
나를 위한 다이어트가 아니다

김조망 대리는 새로 오신 과장님을 도무지 이해할 수가 없다. 아무리 깐깐하고 꼼꼼해도 그렇지, 정성껏 작성한 기획서의 전반적인 내용은 보지도 않고 어느 한 페이지의 오탈자만을 지적하며 이토록 핀잔만을 주는 것일까.

신입사원 노사점 군은 결재를 받을 때 기획서의 글자 크기가 다르고 마침표 하나를 찍지 않았다는 이유로 한 시간이나 훈계를 들었다고 한다. 과장님은 그렇다 치고, 부장님은 또 어떤가? 과장님과 스타일이 완전히 다르다. 부장님은 항상 기획서의 논리적 흐름만을 가지고 왈가왈부한다. 정말 어느 장단에 춤을 춰야 할까?

왜 다이어트를 하는가? 누구를 위해 다이어트를 하는가? 물론 건강도 중요한 이유 중 하나지만, 가장 큰 이유는 사람들에게 살을 빼고 멋지게 변신한 나의 모습을 보여주기 위해서다. 특히 여성들은 S라인으로 관심 받기를 원한다. 나보다 상대방을 위한 다이어트인 셈이다. 기획서도 그렇다. 나를 위한 기획서 작성 마인드는 버려야 한다. 기획은 나보다 상대방을 우선하여 작성해야 하는 것이다. 기획은 양방향이다. 내가 아무리 기획서를 잘 써도 상대가 인정하지 않으면 소용없다. 내가 아무리 작성을 잘하면 뭐하나? 깐깐한 상대방을 만나면 오탈자 한 방에 무용지물이 되고 마는 것을. 내가 심혈을 기울여 작성했고 스스로 만족한다고 상대방이 이를 알아주고 칭찬해줄 것이라 기대하지 마라.

가령 나는 기획서를 간결하고 명확한 아우트라인으로 잘 작성했다 하더라도 상대가 단문에 대한 안 좋은 추억이 있어서 문장을 장문으로 쓰기를 바란다면 상대를 고려하지 못한 실패한 기획서가 된다. 우리는 어차피 조직생활을 한다. 그렇다면 조직 또는 사회가 원하는 기획이나 다이어트를 해야 한다.

다음은 상사나 고객에게 기획서를 제출했을 때 상대방이 가장 많이 하는 말들을 조사한 설문 결과다. 조사 결과는 곧 공통적인 기획의 필요점이라고 할 수 있다.

- 1위 : 결론이 뭐야? 무슨 이야기를 하고 싶은 거야?
- 2위 : 무슨 근거가 있지? 근거가 뭐야?
- 3위 : 어떻게 하려고 하지? 어떻게 한다는 거지? 어떻게 할 건데?
- 4위 : 비용은 얼마나 들지?
- 5위 : 다른 곳과 비교를 해봐. 다른 데는 어떻게 하고 있지?
- 6위 : 언제까지 할 수 있지?
- 7위 : 관련 부서와 합의했나?

● 상사나 고객이 원하는 기획의 필요점

위 항목 중 1~5위 항목은 기획서 작성의 필요점이며, 1~3위 항목은 어떤 기획서든 꼭 들어가야 할 필수 내용이라 할 수 있다.

기획서를 작성할 때 가장 먼저 해야 할 것은 말하고자 하는 바를 분명하게 밝히는 것이다. 말하자면 도대체 그 기획서가 무엇을 이야기하려는 것인지 결론부터 말해야 한다. 결론이 없으면 아무것도 요구하지 않는 기획서가 된다. 결론을 이야기했으면 이를 뒷받침할 수 있는 논리적 근거를 제시해야 한다.

근거는 증거자료와도 같은 것이다. 기획서의 논리적 장치다. 근거가 명확해야 앞의 결론이 힘을 얻는다. 결론을 명확히 하고 근거를 제시했다면, 어떻게 할 것인가의 방향성을 제시해야 한다. 기획서가 아무런 방법도 제시하지 않으면 모르는 길을 내비게이션 없이 찾아가라는 것과 같다. 방향성은 해결의 솔루션으로, 그 기획서를 통해 이루고자 하는 것을 밝히는 것이다.

기획서는 결론이 뭔지(so what), 근거가 뭔지(why so), 어떻게 할 것인지

(how to)를 기본 콘텐츠로 하여 필요한 경우 비용(cost)과 비교(compare) 부분을 검토한다. 현실적으로 기획서는 비용 부분을 간과할 수 없다. 예산이 3천만 원밖에 되지 않는데 3억 원을 예상한 기획서를 만들었다면 개념 없는 기획서다. 비교 대상이 있다면 마땅히 비교를 고려해야 한다. 가령 경쟁사나 동종업계 실적이 있다면 이를 적극적으로 비교하는 내용을 포함해야 한다. 비교할 때 하지 않으면 폐쇄적인 기획서가 되고 만다.

"결론이 뭐야?"	**so what**	핵심
"근거가 뭐야?"	**why so**	논리적 장치
"어떻게 할 건데?"	**how to**	방향성

● 기획서 작성의 필수 콘텐츠

나와 상대방의 스타일을 맞추자

"저 여자, 내 스타일(style)이야!"

그렇다. 스타일이 맞아야 마음에 드는 것이다. 이를 바꿔 말하면, 스타일을 맞춰주어야 상대가 마음에 들어 할 수 있다. 기획을 잘해서 상대에게 호감을 얻으려면 그 사람의 기획 스타일에 맞추면 된다. 그러려면 먼저 나의 스타일을 알고 상대의 스타일에 대응해야 한다. 허약한 사람에게는 운동을 해서 살을 빼는 다이어트 방법이 어울리지 않는다. 그에게는 운동요법의 다이어트가 아닌 식이요법의 다이어트가 자신의 스타일에 맞는 다이어트다. 비만인 사람 역시 자신에게 맞는 다이어트 방법이 따로 있다. 따라서 자신의 체형과 능력에 맞는, 즉 스타일에 맞는 다이어트 방법을 적용해야 한다. 기획서 작성에서도 예외는 아니다. 나와 상대방의 스타일 파악이 선행되어야 한다. '지피지기면 백전불태(知彼知己 百戰不殆)'라는 말처럼 무엇보다 먼저 나를 제대로 알고 상대방을 공략해야 한다.

나의 기획 스타일을 진단해보자. 제시된 문항을 읽고 다음의 기준 중에서 가장 어울리는 것을 한 가지만 선택하여 진단지의 빈칸에 점수를 기입하면 된다.

1	내 주관대로 생각하고 기획을 하는 사람이라고 생각한다.	☐	■	■	■	■
2	다른 사람의 입장을 많이 인식하며 작성한다.	■	☐	■	■	■
3	기획을 할 때 분석적으로 따져본다.	■	■	☐	■	■
4	편한 상대에게 재미있는 표현을 즐겨 하는 편이다.	■	■	■	☐	■
5	가급적 상대방이 싫어하는 표현은 하지 않으려고 한다.	■	■	■	■	☐
6	잘못되면 엄격하게 비판하는 편이다.	☐	■	■	■	■
7	논리적이고 이성적인 문장보다 감성적인 문장이 더 좋다.	■	■	■	☐	■
8	나의 의견을 다소 소극적으로 어필한다.	■	■	■	■	☐
9	다른 사람이 부탁한 자료나 정보를 거절하지 못한다.	■	☐	■	■	■
10	기획을 하고 나서 논리에 맞는지 몇 번이고 읽어본다.	■	■	☐	■	■
11	몇 시간이고 쉬지 않고 기획을 하는 것은 고통이다.	■	■	■	☐	■
12	나의 글을 다른 사람이 어떻게 읽어줄지 의식이 된다.	■	■	■	■	☐
13	큰 기획은 스케줄에 의해 계획성 있게 해결하려 한다.	■	■	☐	■	■
14	나만의 창의적인 표현을 자주 하는 편이다.	■	■	■	☐	■
15	튀는 문장을 결코 쓰지 않는다.	■	■	■	■	☐

16	결과에 대한 근거를 제시하고 궁금해한다.	■	■	□	■	■
17	다른 사람의 기획 능력을 인정해준다.	■	□	■	■	■
18	기획의 원칙에 어긋나는 것을 싫어한다.	□	■	■	■	■
19	하고 싶은 사항은 직설적으로 표현한다.	■	■	■	□	■
20	타인이 쓴 걸 보고 응용하는 경우가 있다.	■	□	■	■	■
21	메일이나 제안서를 보내는 것보다는 직접 만나는 게 낫다.	□	■	■	■	■
22	수치나 도표 감각이 있다.	■	■	□	■	■
23	후배사원이 기획을 못하는 것에 대해 관대하다.	■	□	■	■	■
24	상사가 시킨 사항은 여과 없이 반영하려고 노력한다.	■	■	■	■	□
25	나 자신의 기획에 대한 주관이 뚜렷하다.	□	■	■	■	■
		□	□	□	□	□

만약 경험해보지 못한 내용이라면 앞으로의 행동을 예상하여 기입하면 된다. 예를 들어 '항상 그렇다'를 '항상 그럴 것이다'라고 생각하여 답변하는 것이다. 각 항목 오른쪽의 빈칸에 점수를 기입하고, 각각의 점수를 세로축별로 합산하여 제일 아래 빈칸에 기입한다. 가장 높은 점수를 받은 축이 나의 가장 강점이 되는 기획 스타일이다.

5가지 축은 각각의 기획 스타일을 제시한다. 첫 번째 축은 주도형 기획 스타일이다. 기획서 작성을 주관 있게 밀어붙이는 타입으로, 기획서를 넓은 시야로 크게 본다. 강한 문체와 직설적인 표현을 좋아하며, 종종 빠른 기획을 재촉하기도 한다. 굼뜬 실무자들은 이런 상사 만나면 고생한다.

두 번째 축은 온건형 기획 스타일이다. 문체가 부드럽고 매끄러우나, 간단명료성은 떨어진다. 자칫 이성적 판단보다 감성적이고 정서적인 성향에 치우칠 우려가 있으며, 비즈니스 문체에 맞지 않아 소설을 쓰냐고 질책을 당하기도 한다.

세 번째 축은 신중형 기획 스타일이다. 꼼꼼하고 분석적인 기질이 강하다. 관련 데이터나 근거를 강조하며 논리적이다. 조목조목 신중한 것은 좋지만 사소한 부분까지도 민감하고 너무 깐깐하다는 평가를 받기도 한다. 기획서의 틀린 글자를 지적하고 글자 간격과 배율을 맞추라는 사람은 대부분 신중형이다.

네 번째 축은 우호적이며 창의적인 호기심으로 기획서의 변화를 추구하는 개방형 스타일이다. 상대의 관심과 호감을 끌기 위해 노력하며, 재치 있고 유머러스한 표현을 구사한다. 낙천적인 장점에 비해 깊이가 없고 뜬구름 잡는 기획을 할 위험성이 있다.

마지막 축은 보수형 기획 스타일이다. 변화무쌍한 기획보다 기존의 방식과 경험을 중시한다. 일정하게 정형화된 원칙에 입각하여 현실에 맞는 기획을 한다. 보수성향이 강해 늘 해왔던 무난한 기획에는 잘 어울리나 새로운 사항, 파격적인 기획에는 어울리지 않는다. 공문서를 잘 만들 기획사다.

이런 기획 스타일은 상대방에게도 동일하게 적용할 수 있다. 따라서 상대방의 기획 스타일에 맞는 공략법을 알아야 한다. 그래야만 기획서를 잘 만들고도 실패하는 일이 없다.

상대방 스타일	특 징	공 략 법
주도형 (강경한 스타일)	• 자기주장이 강함 • 급한 성향 • 비판적, 통제적	• 주도권을 행사하지 않는다. (상대방이 주도적이게 할 것) • 곧바로 반박론을 펼치지 않는다. • 핵심 위주로 이야기한다. • 결론부터 이야기한다.
온건형 (부드러운 스타일)	• 차분함 • 배려함 • 정이 많음	• 직설적인 표현보다는 간접적인 표현을 중시한다(주변 이야기 등). • 확고함보다 세련된 섬세함을 중시한다. • 분위기를 고려하여 편안하게 응대한다.
신중형 (꼼꼼한 스타일)	• 논리적 • 이성적 • 분석적 • 과학적 • 치밀함	• 논리적인 근거를 확실히 한다. • 필요시 비교 데이터를 제시한다. • 이점, 효과, 혜택을 강조한다. • 사소한 부분에도 신경을 쓴다. (문맥, 오탈자 등)
개방형 (우호적인 스타일)	• 우호적 • 낙천적 • 창의적 • 변화 추구	• 틀에 박힌 기획서를 만들지 않는다. (내용상의 변화 추구) • 활기차고 생기 있게 임한다. • 흥미 부분을 부각시킨다. • 비주얼 등 시각적 효과를 고려한다.
보수형 (사무적인 스타일)	• 보수적 • 방어적 • 정형화된 틀 선호 • 경험과 형식 중시	• 지나친 변화, 튀는 기획을 지양한다. • 선택적 대안을 마련하여 의사결정을 유도한다(1안, 2안 등). • 이전의 성공 또는 통용된 방식을 채택한다.

● 기획 스타일별 공략법

눈높이 기획을 하자

눈높이는 수준이다. 이 역시 나의 수준을 고려하여 상대방의 눈높이에 맞는 기획을 해야 한다. 상대방에게 맞지 않는 기획서는 그야말로 수준 낮은 기획서다. 상대가 고령자라면 그에 맞게, 또 어린아이라면 어린아이에게 맞게 적절한 용어를 사용해야 한다. 아무리 품위 있고 세련된 언어를 사용했더라도 상대가 이해하지 못하면 헛물켜는 문장이다.

가령 수십 년 동안 현장에서 배관 일만 했던 파이프 수리공이 파이프 내에 염산을 사용해도 되는지 관련 기관에 문의했을 때 "염산은 일반적으로 금속과 반응하므로 녹슨 파이프에 사용하는 것을 고려해야 함이 바람직하다고 사료됩니다"라고 해보라. 그 파이프 수리공은 무슨 이야기인지 어리둥절해할 것이다. 이때는 그냥 파이프 수리공의 눈높이에 맞추어 염산을 사용해도 괜찮은지에 대한 설명만 하면 된다.

"염산을 사용하면 안 됩니다. 잘못하면 파이프에 구멍이 납니다."

또 어린이들이 즐겨 찾는 장소에 이런 글이 써 있다.

(수영장 안내문) '입수금지(入水禁止)'

(전시회장 공지사항) '촉수엄금(觸手嚴禁)'

과연 이 말을 아이들이 이해할 수 있을까? 아이들의 눈높이에 맞게 '물에 들어가지 마시오', '절대 만지지 마시오'라고 쉬운 말로 경고하면 될 것을……

상대가 원하는 기획서 작성법

☑ 남들에게 보여주기 위한 다이어트처럼

    …… **상대방의 기획 필요점을 간파하라**

☑ 나의 체형을 알고 상대방을 위한 다이어트를!

    …… **나와 상대방의 5가지 기획 스타일(주도형, 온건형, 신중형, 개방형, 보수형)을 맞추어라**

☑ 내 능력 범위에 맞는 다이어트 시도!

    …… **상대방의 눈높이(수준)를 고려하라**

04

기획서 작성 단계 익히기
비만 탈출 스케줄을 작성하라

오늘도 무대보 대리는 기획서를 작성하기 위해서 컴퓨터를 켠다. 파워포인트 프로그램을 띄우고 마우스를 클릭하고 자판을 두드리기 시작한다. 작성은 했지만 앞뒤가 뒤죽박죽이다. 아무런 생각 없이 일단 첫 페이지부터 무작정 작성해나가는, 무 대리의 단계를 무시한 기획서는 아무래도 티가 난다. 결국 기획서를 제출하자 바로 폭탄이 떨어진다. 상사는 단 한마디로 무대보 대리의 '들이대기식' 기획서에 일침을 가한다.

"날림공사도 이보다는 낫겠다!"

다이어트에도 단계가 있다. 2주 완성 다이어트 프로그램의 예를 들어보자. 1일차에 냉장고를 비우고 다이어트 식품으로 다시 채운다. 2일차부터 걷기와 스트레칭을 하고 3일차에 뱃살빼기 운동을 하고, 마지막 14일차에 주위에 당당하게 다이어트의 성공을 알린다. 이러한 단계적 프로그래밍을 적용해야 다이어트했다는 티를 낼 수 있다. 기획서 작성에도 분명 체계적인 단계가 존재한다. 무턱대고 만들려고 하지 말고 가급적 이 단계를 준수해야 뒤탈이 없다. 단계를 무시했다간 실패와 후회를 면치 못한다.

남자친구 또는 여자친구를 사귈 때를 생각해보자. 마음에 드는 이성친구가 생겼다고 무조건 달려드는 사람은 연애에 실패한다. 단계별로 작전을 잘 세워서 애인을 만들어야 한다. 연애할 때의 스킨십의 진도도 그렇다. 처음 만나자마자 깊은 관계를 원하면 뺨을 맞을 것이다. 오랜 시간을 두고 손을 잡고, 포옹하고, 키스하고 등등 단계를 거쳐야 하는 것이다.

다이어트든 기획이든 연애를 하는 것처럼 해야 한다. 이상형을 만나면 이성의 마음을 사로잡기 위한 전략을 수립하고, 데이트하기 좋은 곳을 파악하거나 분석하고, 재미있는 데이트가 되도록 계획을 세우고, 데이트 코스별로 상대에게 호감을 주는 행동을 보여주고 끝까지 상대를 배려하는 마음을 잃지 않아야 한다.

일반적 기획의 단계를 크게 '준비—쓰기—다듬기—평가 및 활용'으로 나누었을 때, 기획 단계와 다이어트 단계를 비교하면 다음과 같다.

구분	기획 단계	다이어트 단계
1단계	준비	• 다이어트 테마 구상 • 나에게 맞는 다이어트 선택 • 나의 체형 분석, 프로그램 분석, 상황 분석
2단계	쓰기	• 일차별 다이어트 시행 　– 운동 프로그램 　– 식단 프로그램
3단계	다듬기	• 결과 점검 및 프로그램 수정 보완
4단계	평가 및 활용	• 몸매 가꾸기 및 유지

● 기획과 다이어트의 단계적 실행 비교

기획서 작성 절차와 친해지자

기획서 작성은 크게 '준비—쓰기—다듬기—평가 및 활용' 단계를 거친다. 이를 전형적인 기획서 작성 단계라고 할 수 있다. 물론 모든 기획서가 이와 같은 단계를 거치는 것은 아니다. 우리가 논리를 전개할 때 '시론— 본론—결론'의 과정을 거치듯 정형화된 기획서 작성의 절차라고 보면 된다. 기획 준비에서 쓰기까지는 다시 총 5단계 과정을 거친다. '기획 방향 잡기—분석—전체 프레임 설정—핵심항목 선정 논리구조화—세부 콘텐츠 레이아웃'의 단계다.

　이 중 기획 방향 잡기와 분석까지가 기획 준비, 전체 프레임 설정에서 세부 콘텐츠 레이아웃까지가 기획 쓰기 단계에 해당된다.

기획 방향 잡기는 기획서 작성의 시작점이다. 기획 아이디어 발상과 전반적인 개념을 파악하는 단계다. '기획서가 무엇인지?', '무엇을 이야기하고자 하는지?'에 대한 분명한 색깔을 제시해야 한다.

방향을 설정한 다음에는 기획에 필요한 여러 가지를 분석해야 한다. 각종 분석도구를 활용하여 정보 분석, 현상 분석, 원인 분석 등을 한다. 분석을 잘못하면 백업이 잘못되는 것이므로 당당하게 상대방을 설득하기가 어렵다.

방향 잡기와 분석으로 준비를 마치면 비로소 쓰기에 들어간다. '전체 프레임 설정'이라는 기획의 큰 틀을 짜고 기획서의 골격을 만드는 작업을 해야 한다. 이 단계를 통해 목차나 로드맵이 정해지고 기획서가 어떻게 흘러갈 것인지 흐름을 정하게 된다. 보통 얼개작업을 한다고 하는데, 프레임이 설정되면 어느 정도 기획서의 형태가 나온다. 집을 지을 때의 기초 골조공사와 같은 것이다. 골조가 튼튼해야 오래 간다. 프레임 설정 단계를 소홀히 하면 나중에 기획서는 골다공증에 걸려 시름시름 앓는다.

쓰기의 두 번째 단계인 '핵심항목 선정 논리구조화'는 기획서의 핵심적인 내용이 논리적으로 구성되는 단계다. 큰 틀을 뒷받침하는 중간 또는 작은 뼈대가 만들어지는 단계로, 기획서의 큰 항목을 뒷받침하는 중간 또는 작은 항목이 설정된다. 항목들은 유기적으로 잘 결합하여 논리를 이루고 있다. 뼈는 곧 기본이다. 뼈가 있어야 살이 붙는다.

이전의 기획 단계가 뼈대 작업이라면 '세부 콘텐츠 레이아웃'은 본격적인 살을 붙이는 단계다. 기획의 모든 내용들이 1차적으로 구성되고 실질적인 알맹이가 형성된다. 각 페이지마다 적절한 배열과 구성이 강조된다. 이 단계까지 완성하면 기획서의 쓰기를 마치게 된다.

그러나 쓰기 작업까지 마쳤다고 기획서가 완성된 것은 아니다. 겨우 초벌구이를 끝냈을 뿐이다. '다듬기'라는 단계를 거쳐야 한다. 다듬기는 집을 지은 후 마감재 작업이나 인테리어 등을 하는 것이라고 생각하면 쉽다. 만들어진 기획안을 좀 더 세련되고 품위 있게 정돈하는 단계다. 문장 다듬기는 불필요한 부분 삭제, 압축 및 축소, 교정 등의 작업을 거친다.

다듬어진 기획서와 그렇지 않은 기획서는 완성도 면에서 많은 차이가 있다. 부뚜막의 소금도 집어넣어야 짜듯 기획서는 다듬기를 통해 완성되어야만 세상에 나와 빛을 발할 수 있다. 여기에 설득이라는 기획서 표현 과정을 거쳐야 한다. 보통 프레젠테이션이라고 하는데, 기획서의 핵심을 잘 부각하여 제한된 시간에 적절하게 기획 의도를 전파하고 기획서가 궁극적으로 추구하는 바를 밝히는 것이다. 보통 표현 단계가 제일 어렵고 힘든 경우가 많다. 상사나 고객들은 난공불락의 요새처럼 좀처럼 설득을 당하지 않으려고 하기 때문이다.

설득을 마친 기획서는 거기서 생명을 다하지 않고 '적용 및 응용'이라는 과정을 통해 기획서를 피드백하고 가치를 평가받는다. 좋은 기획서는 현장에 곧바로 연결되어 적용되고 응용할 수 있는 힘을 갖게 된다. 적용과 응용이 되지 않는 기획서는 형식적인 기획서로 생을 마감한다. 따라서 마지막 평가와 활용 과정까지 도달한 기획서가 정말 기획서다운 기획서다.

다이어트를 잘하고 나서 보여주고 자랑할 사람이 아무도 없다면 무슨 소용이 있겠는가?

기획서 다이어트는 바로 이러한 과정을 거쳐 작성하는 것이다. 지금까지 설명한 기획서 작성 절차를 알기 쉽게 나타내면 다음과 같다.

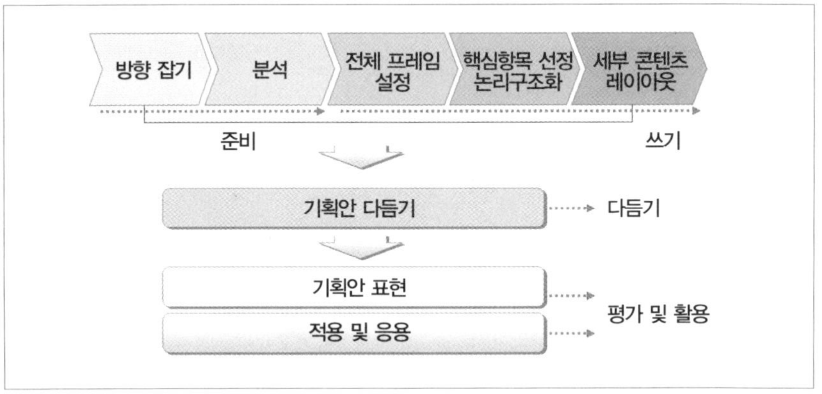

● 기획서 작성 절차

단계별 착안사항을 숙지하자

계획적으로 다이어트 프로그램을 적용할 때 반드시 착안해야 할 주의사항이 있다. 다이어트 기간 동안 식탐을 자제하고, 일정 기간 규칙적인 행동에 익숙해져야 하며, 다이어트 실시 단계별로 꼭 먹어야 할 것과 먹지 말아야 할 것 등을 꼼꼼하게 챙겨야 한다. 이와 같은 포인트를 숙지하지 않고 마음대로 행동하면 사실상 다이어트 포기 상태와 다름없다. 기획서로 말하면 중도에 하기 싫어 문서를 팽개치는 것과 같다. 기획서는 준비 단계, 쓰기 단계, 다듬기, 평가 및 활용 단계에서 각각 신경써야 할 몇 가지 주의사항이 있다. 전문가의 의견을 무시하는 다이어트는 아무리 수백만 원을 들였다 해도 실패하고 말듯이 기획서도 수십 년간의 노하우를 축적하여 알려주는 고수들의 의견을 멀리했다간 치명적인 장풍을 맞게 될 것이다.

단계	구분	착안사항
준비	기획 방향 잡기	• 기획 의도 파악 • 기획의 범위와 콘셉트 확정 • 명확한 문제 제기
	분석	• 논리적 근거 자료와 기초 데이터 정리 • 현상 분석, 원인 분석, 정보 분석
쓰기	전체 프레임 설정	• 실질적인 기획서의 조망 • 기획서 골격 완성
	핵심항목 선정 논리구조화	• 기획서 주요 포인트와 강조점 명시 • 기획 요지 구성
	세부 콘텐츠 레이아웃	• 기획서 내용 유기적 세팅 • 큰 항목–중간 항목–작은 항목 등 내용 구조화
다듬기	기획 문구 다듬기	• 비즈니스 문장 작성 • 읽기 쉽고 알기 쉽게 교정
	비주얼 가미	• 눈에 띄는 기획서 • 색상, 이미지, 비주얼 레이아웃
평가 및 활용	기획 평가	• 기획서의 현실성 평가
	적용 및 응용	• 다양한 현장 적용성 검토 • 폭넓은 응용 범위 고려

● 기획서 단계별 착안사항

비즈니스 기획서 작성 단계

☑ 무슨 다이어트를 어떤 식으로 할 것인지 결정

    …… **기획서의 방향을 잡고 제반사항을 분석하라**

☑ 일차별, 주차별 다이어트 플랜 시도!

    …… **준비―쓰기―다듬기―평가 및 활용 단계를 적용하라**

☑ 주의사항, 착안사항을 숙지하여 실패 및 부작용 방지

    …… **기획서 작성 시 단계별 조치 및 대응요령을 숙지하라**

주의를 집중시키는 제목 정하기
흥미만점! 다이어트 테마 선정

표지혜 씨가 서점에 가서 책을 고르고 있다. 그런데 고민이다. 책 제목만 보면 서점 안에 있는 모든 책을 다 사고 싶다. 기획서 작성 기법을 알려주는 책도 있다. 표지 제목만 보고 책을 읽기만 하면 금방이라도 기획의 달인이 될 것 같다.

'○○○ 기획의 천재 되기', '상사를 감동시키는……', '핵심을 찌르는……', '단번에 OK를 받아내는 ○○○ 기획서 작성' 등 요즘은 제목으로 소위 독자들을 낚는다는 것을 지혜 씨는 실감한다. 거꾸로 말하면 독자는 제목부터 읽고, 제목이 주의를 집중시키기 때문에 그만큼 제목 선정이 중요하다는 뜻이다.

지혜 씨는 제목이 그럴싸한 책을 한 권 사 들고 집에 와서 열심히 탐독

했다. 몇 페이지를 읽어가던 지혜 씨는 외마디 비명을 질렀다.

"아, 낚였다!"

콘셉트부터 정하자

다이어트를 하고자 결심했다면 어떤 다이어트를 어떤 식으로 할 것인지 개략적인 방향을 잡아야 한다. 다이어트의 개념을 말하는 콘셉트를 설정해야 하는 것이다. 말하자면 음식으로 다이어트를 할 것인지, 운동요법으로 할 것인지, 다이어트 처방 약을 먹을 것인지 하는 방향을 정하는 것이다. 콘셉트는 다이어트의 본질이자 기본 바탕이 되고, 기획에서는 기획서가 추구하고자 하는 '기획 의도와 방향'을 나타낸다.

콘셉트는 여러 가지 표현을 사용하는 것보다 가장 압축적인 한마디로 표현하는 것이 좋다. 기획서에서 콘셉트를 가장 먼저 반영한 산출물은 바로 제목이다. 즉, 기획서의 제목은 콘셉트를 잘 살려 헤드라인을 설정한 것이라 할 수 있다.

가령 올림픽 개막식의 콘셉트가 '평화의 암시'라고 한다면 개막식 제안서의 제목을 '지구촌 평화를 향한 축제의 서막! ○○○올림픽 개막 행사 운영(안)'이라고 설정할 수 있는 것이다. 콘셉트가 도출되어야 방향이 잡히고 이를 통해 제목을 선정할 수 있다.

다이어트도 마찬가지다. 다이어트 콘셉트를 '웰빙'으로 선정했다면 '잘 먹고 살 빼는 웰빙 식사요법 다이어트'처럼 웰빙을 암시하는 제목을 선정해야 한다. 물론 잘 먹고 살 빼는 다이어트 방법은 없다. 역시 사람을 낚는 제목이다.

기획서의 콘셉트는 곧바로 도출되는 것이 아니라 일정한 콘셉트에 도달하기까지 단계적으로 고려해야 하는 과정이 있다. 먼저 기획서가 어디로 갈 것인지 방향을 정해야 한다. 콘셉트를 도출한다는 것은 기획의 방향을 설정하는 것이다. 문제 해결 기획서라면 기획서가 문제 해결을 위한 것으로 가야 할지, 문제를 부각시키는 것으로 가야 할지의 개념적인 부분을 확실히 할 필요가 있다. 흔히 상사들이 실무자에게 하는 '개념 없다'는 말은 기획서가 일정한 방향 없이 이리저리 헤매는 것을 질책하는 것이다.

이러한 콘셉트를 설정할 때는 나 자신이 기획의 주체로서 무엇을 하려고 하는지를 우선 따져봐야 한다. 말하자면 기획서에서 내가 하고자 하는 역할을 분명히 하는 것이다. 신제품 기획서라면 내가 새로운 제품을 소개하는 역할을 할 것인지, 제품에 대한 의사결정 노력을 강조할 것인지 등을 파악하여 기획서의 방향을 설정해야 한다. 하지만 기획서의 콘셉트를 설정할 때는 나의 입장보다는 기획안을 받아들이는 상대방의 입장을 더 고려해야 한다. 상대가 무슨 생각을 하고 있고, 어떤 기대를 하고 있는지를 간과하면 아무리 좋은 콘셉트라도 상대방과 궁합이 맞지 않아 헤매게 된다. 나는 동그라미를 생각했는데 상사가 세모를 바라면 시작부터 삐걱대는 것이다.

콘셉트는 위로부터 정해지기도 하지만 설정 단계부터 실무자가 고민해야 하는 경우가 더 많다. 친절하게도 상사나 고객이 콘셉트를 정해주고 이를 구체화하는 방향으로 진행하면 얼마나 좋겠냐마는, 어디 조직이 그런가? 우리는 콘셉트조차도 실무자가 정해서 올려야 하는 현실에 살고 있다. 아니꼽더라도 자꾸 상사와 부딪히면서 콘셉트만큼은 확실히 정하고 기획서를 작성해야 한다. 그렇지 않으면 애써 동그라미 콘셉트로 잘 만든 기획서가 의사결정 과정에서 단칼에 세모 기획서로 둔갑해야 하는 불상사가 생기게 된다. 또한 콘셉트는 막연하게 생각하지 말고 구체적으로 표현해야 한다. 즉, 개념을 문장이나 단어로 표현하고, 모호한 표현은 삼가야 한다.

이제 콘셉트를 도출해보자. 여기서는 상대방이 정해주는 콘셉트를 구체화하기로 하자. 다음은 신제품의 콘셉트다. 도출된 콘셉트를 어떻게 제목으로 나타낼 것인지 고민해보자.

임원회의가 끝나자마자 이사님이 상품기획팀 담당자들을 모두 불러 신 제품에 대한 사장님 지시사항이 정해졌다고 말한다. 이번에 만드는 새로운 제품은 복잡하지 않고, 단정한 분위기가 연출되어야 하며, 고객에게 부드러운 미소를 심어주어야 한다는 것이다.

자, 어떻게 보면 사장님이 지시하신 것도 제품의 콘셉트가 되는데, 이를 보다 축약하여 논리적인 콘셉트로 만들어보면 어떨까?

이제 콘셉트를 잡아보자. 신제품은 세 가지 기획 의도가 있다. 이를 세련되게 콘셉트화하면 다음과 같다.

복잡하지 않게 → 단순함 → Simple

단정한 분위기 → 단정함 → Smart

부드러운 미소 → 미소 → Smile

Simple, Smart, Smile, 이 세 단어는 모두 'S'로 시작한다. 그러므로 이번 신제품은 '3S'라는 콘셉트를 이용할 수 있다. 제목은 콘셉트를 바탕으로 설정하면 된다.

Simple! Smart! Smile!
신개념 '3S' 상품 제안서

목표가 없으면 죽은 기획서다

기획서는 각각의 형태에 따라 다양한 목표를 지니고 있다. 기획에서는 일반적으로 목적과 목표를 같은 맥락으로 이해한다. 목적은 '인생의 목적', '사업 목적' 등 광범위한 목표를 나타낸다.

반면 목표는 목적을 구체화하는 표현이다. 사업을 통해 돈을 버는 것이

목적이라면 목표는 돈을 벌기 위해 얼마 정도를 저축하느냐를 정하는 것
이다.

목적을 간단한 문장으로 구체화하여 풀어서 쓴 것이 목표다. 구체적인
목표가 없다면 이미 죽은 기획서, 유용하지 않은 기획서가 된다. 기획서
의 콘셉트를 통해 방향을 설정했으면 그 궁극적인 도달점을 찾는 것이 기
획의 목표다. 다이어트 콘셉트를 '웰빙'으로 삼았다면 다이어트의 목표는
'힘들지 않게 생활의 질을 높이는 다이어트를 한다'에 있다. 콘셉트는 기
획서의 방향을 잡고, 목표는 콘셉트를 구체화하여 기획서가 도달하고자
하는 바를 나타낸다. 콘셉트와 목표가 명확해야 제목다운 제목을 선정할
수 있다.

다음은 몇 가지 다양한 문서의 목표를 적은 것이다.

목표는 일정한 설정 기준이 있다. 두루뭉술한 목표는 목표로서 타당성
을 잃는다. 가령 '매출을 향상시킨다'라는 목표는 막연하다. 목표는 좀 더
명확해야 한다. '올해 매출액을 4억 원으로, 작년 대비 25% 증가시킨다'
라고 해야 목표에 어울린다. 목표 설정에는 이른바 'SMART' 방법이 있
다. 이는 목표를 설정하기 위한 필요충분조건으로 각각의 철자를 의미있
는 단어로 컨셉트한 것이다.

첫째, 목표는 구체적(specific)이어야 한다. 너무 압축된 기술은 피해야
한다. '고객과의 유대관계를 강화한다'라는 식으로 대략적인 목표를 설
정하지 말고 고객과 어떤 방식으로 어떻게 유대관계를 강화해야 할지를
기술해야 한다. '고객과 월 2회의 지속적인 미팅을 통해 유대관계를 강화

구 분	목 표
초청장	회사 창립 50주년을 맞이하여 오는 5월 8일 '어버이날'에 직원 가족들을 회사로 초청하여 즐거운 시간을 마련한다.
보도자료	최근 이슈가 되고 있는 연봉제 협상 결과를 정확히 알린다.
제안서	○○ 업체가 개발한 '사무환경 개선 솔루션'이 업무능률을 20% 이상 증진시킨다는 점을 강조하여 해당 솔루션을 도입하는 것을 검토할 것을 제안한다.
보고서	20＊＊년 1년간의 손익계산 내역을 한눈에 알아볼 수 있도록 정리하고 월별 손익에 대한 자세한 원인과 분석 결과를 보고한다.
신제품 소개	24시간 연속통화가 가능한 배터리를 탑재한 최고급 스마트폰 출시를 발표하고 다양한 기능을 소개한다.
사내 공문	상반기 구매 목록을 품목별, 기간별로 정리하여 결재권자의 결재를 받는다.

● 기획서별 목표

한다'라고 하면 보다 구체적이다. '체중 감량 다이어트 진행'이라는 목표는 목표로서 부적절하다. 이는 보다 구체적으로 '식이요법을 통한 3개월 10kg 체중 감량 다이어트 진행'이라고 설정해야 한다.

둘째, 목표는 측정 가능(measurable)해야 한다. 계량화하는 것이 좋다. '판매 촉진을 위하여 현 수익구조를 개선한다'라는 목표보다는 '판매 촉진을 위하여 현 수익구조를 5% 개선한다'라는 목표가 좋다. 다이어트를 하고자 한다면 얼마나 체중을 감량할 것인지를 수치화해야 한다.

셋째, 목표는 달성 가능(achievement)해야 한다. 아무리 노력해도 목표를 완수하지 못한다면 이상적인 목표에 그칠 뿐이다. 몸무게가 70kg인

사람이 다이어트로 한 달 안에 30kg을 빼는 목표를 설정한다면 이것은 불가능한 목표다. 어느 정도의 노력으로 달성할 수 있어야 한다. 너무 어려워서 달성할 수 없으면 곤란하다.

넷째, 목표는 결과(result)를 창출해야 한다. 아무런 결과물이 나오지 않는다면 목표로서의 의미가 없다. 앞서 다이어트 목표를 10kg 감량으로 정했다면 다이어트 스케줄에 의해서 최종 완료 시점에 10kg 감량이 되도록 해야 한다.

다섯째, 목표는 기간(time)을 명시해야 한다. 기한이 한시적이어야 달성 여부를 측정할 수 있다. 다이어트를 무기한으로 한다면 효과적인 다이어트 계획이라고 볼 수 없다. 일정 기간 내에 도달하고자 하는 수준을 제시하면 더욱 효과적이다. 또한 정해진 기간 내에는 지속적으로 결과를 측정할 수 있어야 한다.

구체적	……	식이요법 3개월 다이어트 진행
측정 가능	……	1개월 단위 감량 체크
달성 가능	……	3개월 후 5kg 감량
결과 창출	……	완료 시점 과체중 탈피
기간 명시	……	20**년 3~5월까지 진행

● 목표의 조건에 맞는 다이어트 목표

책 표지처럼 제목은 기획서의 얼굴이다. 어떠한 기획서라도 내용부터 보는 경우는 없다. 인상적인 제목은 상대방에게 흥미를 유발하고 주의를 집중시킨다.

《You Excellent》라는 책은 우리나라에서 번역하는 과정에서 제목을 잘 지어 일약 베스트셀러 반열에 올랐다. 그 책이 바로 우리에게 잘 알려진 《칭찬은 고래도 춤추게 한다》라는 책이다. 또한 《100일 만에 '아침형 인간'이 되는 방법(100日で「朝型人間」になれる方法)》이라는 책은 우리나라에서 《인생을 두 배로 사는 아침형 인간》이라는 제목으로 출간되어 소위 대박을 터트렸다. 읽기 어려운 천자문책을 어린아이들도 배우기 쉽게 만화화한 《마법 천자문》도 천만 부가 넘는 판매고를 기록했다. 어려운 한자를 쉽게 학습시킨다는 콘셉트와 목표를 뒷받침하는 제목을 선정하여 톡톡히 재미를 본 책이다.

제목은 기획서의 성격을 대변하고 기획서의 전반적인 내용을 암시한다. 우리가 사람을 만났을 때 첫인상이 중요하듯 제목을 잘 정해야 좋은 인상의 기획서를 만들 수 있다.

기획서의 멋진 제목은 상사에게 높은 점수를 딸 수 있다. 다음 세 가지 중에서 영업력 강화를 위해 미국 출장을 다녀와서 쓰는 보고서의 제목으로 가장 주의를 집중시키는 제목은 어떤 것일까?

① 미국 출장 보고서

② 영업이익 향상을 위한 미국 출장 보고서

③ 영업이익 10억 향상을 가능하게 하는 미국 출장 보고서

바로 세 번째가 상대방의 주의를 집중시켜 관심을 불러일으키게 한다. 일반적으로 주의를 집중시키는 제목을 설정하기 위해서는 다음의 몇 가지 제목 선정 요령을 준수해야 한다.

기획서의 내용을 암시해야 한다

제목은 신문의 헤드라인과 같은 역할을 한다. 신문의 헤드라인이 신문기사의 내용을 암시하듯 기획서 또한 제목을 읽고 무슨 기획서인지 알 수 있어야 한다.

제목은 기획서 전체의 내용을 한눈에 알아볼 수 있도록 기획서를 함축하여 보여주는 역할을 한다. 이후 전개될 내용을 연상시키지 못하는 기획서의 제목은 제목의 역할에 충실하지 못한 것이다.

강하게 어필할 수 있는 제목이어야 한다

기획서의 제목은 기획서 시작 이상의 의미를 갖기 때문에 한 줄로 집약해 강렬한 인상을 남겨야 한다. 강하지 못하면 주의를 이끌어내지 못해 자칫 아무도 읽어주지 않는 기획서가 되기 쉽다.

강한 제목은 인상적이다. 창의적인 제목을 만들거나 수식어를 활용하

면 임팩트가 있다. 신문의 헤드라인이나 광고, 홍보에서는 이른바 강도 있는 창의적 제목을 많이 사용하고 있다. 예를 들어 '무료 체험 학습'이 아니라 '1년 내내 공짜 학습'이라고 표현하고, '자기주도학습'을 '잠든 나를 일깨우는 스스로 학습'이라고 표현하기도 한다. 수식어를 써도 인상적이다. '비즈니스 에티켓 소개'라고 제목을 설정하면 뭔가 2% 부족한 느낌이다. '회사에서 사랑받는 인재가 되기 위한 비즈니스 에티켓'이라고 하면 인상적인 제목이 된다.

흥미를 유발해야 한다

제목을 보고 기획서를 읽고 싶은 마음이 들 정도로 흥미를 유발해야 한다. 우리가 제품의 겉면에 적힌 브랜드를 보고 물건에 대한 호기심을 가지듯 기획서의 제목도 브랜드와 같은 끌어당기는 무엇인가가 있어야 한다. '주식 상승장 예측'이라고 하는 것보다 '단기간 이익실현 장세 폭발'이라고 하는 것이 사람들의 관심을 끌 수 있다.

트렌드(trend)를 반영하지 못하는 제목온 빗나간 제목이다

기획서의 제목은 변화하는 시대 환경에 맞는 용어를 사용해야 한다. 트렌드와 관련 있는 기획서라면 트렌드 용어를 삽입하여 제복을 작성하면 더욱 효과적이다. '독신자를 위한 마케팅 전략'보다 '싱글족'이라는 트렌드 용어를 활용한 '싱글족의 등장에 따른 독신자를 위한 마케팅 전략'이라는 제목이 더 돋보인다. 그러나 일시적인 유행어의 남발은 지양해야 한다.

기획서의 제목은 한 줄 쓰기와 두 줄 쓰기가 있다. 보통 한 줄의 제목은 수식어와 함께 쓰는 논리적 제목에 적합하다. 부드러운 문장으로 수식을 해주고 콘셉트와 목표가 암시된 제목을 써주면 된다.

① '비즈니스 협상의 기술'(×)

　　'계약 성공률을 높이는 비즈니스 협상의 기술'(○)

② '웰빙 다이어트 기법'(×)

　　'10주 만에 인생이 바뀌는 웰빙 다이어트 기법'(○)

③ '신입사원 교육훈련 제안'(×)

　　'당당하고 자신감 있는 신입사원 교육훈련 제안'(○)

④ '스마트 학습 시스템 제안'(×)

　　'내 손안의 교육혁명! 스마트 학습 시스템 제안'(○)

한편, 두 줄 쓰기 제목은 제목과 부제를 함께 쓰는 방식이다. 논문을 쓸 때 논문 제목과 더불어 아래에 부제를 표시하는 것과 같다. 이때 윗줄의 제목은 헤드라인처럼 간략하고 내용을 암시하는 문장을 쓰고, 아랫줄의 부제로 이를 뒷받침한다.

통상적으로 윗줄은 창의적인 헤드라인 문구, 아랫줄은 논리적인 부제 식으로 표현해야 어울린다. 둘 다 창의적이거나 둘 다 논리적이면 꼭 한 가지 음식만 고집하는 것과 같다. 논리적인 부제만 읽어도 제목으로서의 조건에 부합하지만, 창의적인 헤드라인을 덧붙이면 기획서가 주의를 집중할 수 있는 흡입력을 더 가질 수 있다.

경우에 따라서는 매우 간단한 창의적인 문구로서 강렬하게 주의를 끌고 이를 부연하는 제목을 뒷받침해주기도 한다. 몇 가지 두 줄 쓰기 제목의 예를 들어보자.

① 일본 소니 디스플레이 분야에서 삼성에 추월당하다

　　→ 소니! 우니?

　　― 디스플레이 분야에서 소니가 삼성에게 추월당한 이유 ―

② 2014년 한국대표팀 브라질 월드컵 4강 진입 가능성

　　→ 내친김에 준결승까지 간다!

　　― 2014년 한국대표팀 브라질 월드컵 4강 진입 가능성 ―

③ 직장 내 화재 예방 대책 보고

　　→ 소화기여 안녕!

　　― 직장 내 화재 예방 대책 보고 ―

④ 유동적인 출근시간 조정 계획

　　→ 신바람 나는 직장의 첫 시작!

　　― 유동적인 출근시간 조정 계획 ―

주의를 집중시키는 제목 정하기

☑ 다이어트에 대한 개념부터 파악

    …… **기획의 최초 방향을 잡을 수 있는 콘셉트를 구상하라**

☑ 다이어트를 하고자 하는 목표를 분명히

    …… **기획서가 가고자 하는 명확하고 구체적인 목표를 기술하라**

☑ 인상적이고 흥미로운 다이어트 선정

    …… **주의 집중을 유도하는 한 줄의 논리적 제목 또는 '헤드라인**

    +부제' 형태의 창의적이고 논리적인 제목을 써라

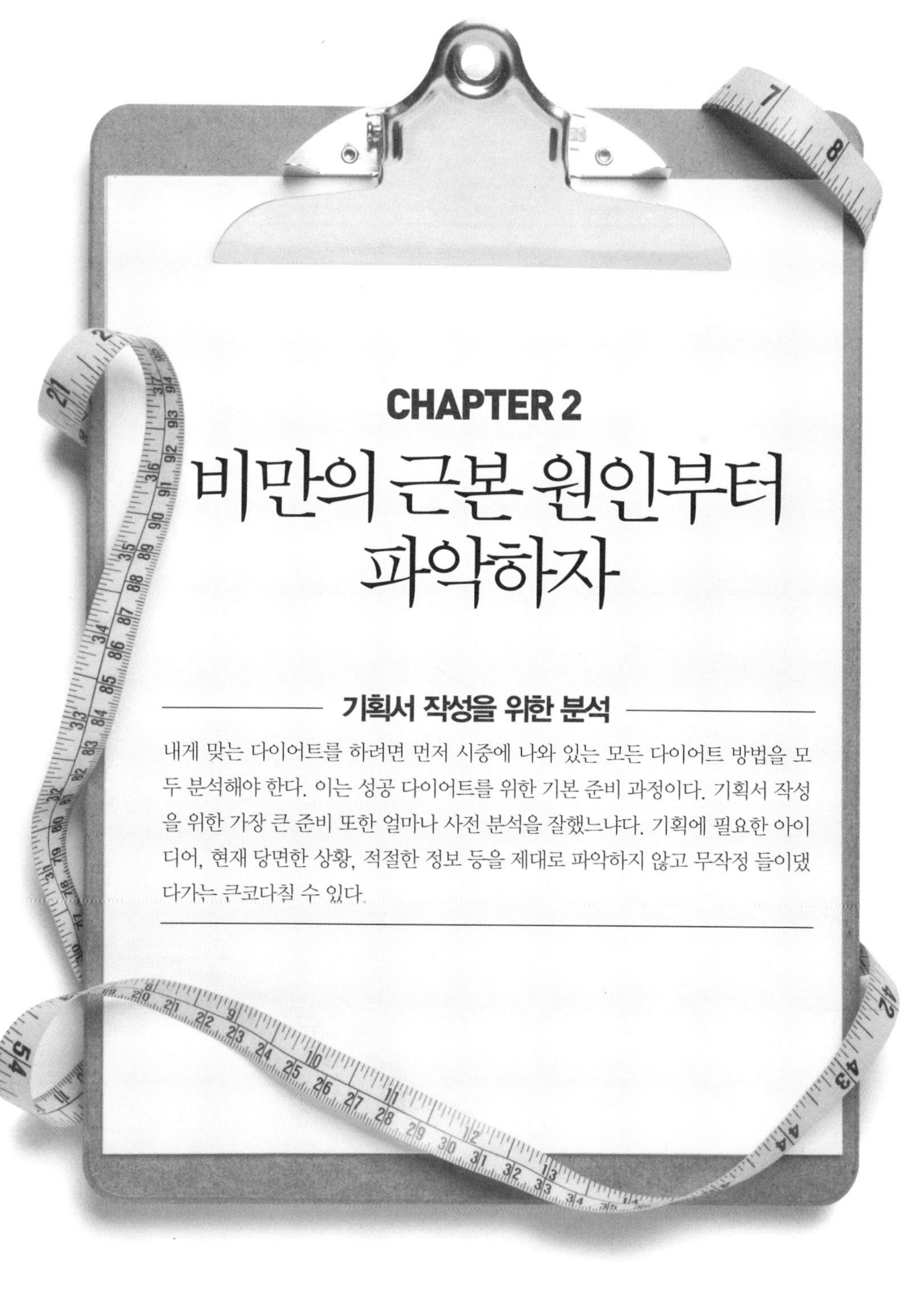

기획서 작성을 위한 분석

내게 맞는 다이어트를 하려면 먼저 시중에 나와 있는 모든 다이어트 방법을 모두 분석해야 한다. 이는 성공 다이어트를 위한 기본 준비 과정이다. 기획서 작성을 위한 가장 큰 준비 또한 얼마나 사전 분석을 잘했느냐다. 기획에 필요한 아이디어, 현재 당면한 상황, 적절한 정보 등을 제대로 파악하지 않고 무작정 들이댔다가는 큰코다칠 수 있다.

06

기획에 필요한 아이디어 발상법
다이어트에 대한 생각부터 바꾸자

'결재 공포증'. 직장인에게 찾아오는 가장 무서운 병이다. 최하 1주의 몸살을 동반한다. 송발상 씨는 지금 그 병에 걸려 있다. 매일매일 밤을 낮 삼아 일하며 수도 없이 기획서를 만들어내지만 이를 들고 상사의 책상 앞에 설 엄두가 도저히 나지 않는다.

"자네 보고서에는 새로운 게 하나도 없어! 생각을 바꿔보란 말이야!"

귀에 못이 박이도록 듣는 이 말이 강박관념으로 다가온다. 맘 같아선 생각이 아닌 상사를 바꾸고 싶다. 어떻게 하면 독창적인 기획서를 쓸 수 있을까? 나름대로 독창적으로 써서 가져가면 상사는 또 이러지 않을까?

"아예 소설을 써라, 소설을!"

송발상 씨에게는 아이디어를 짜내는 일 자체가 골칫거리다.

독창적이고 참신한 기획서를 작성하려면 형식적이고 정형화된 생각의 틀에서 벗어나야 한다. 유연하고 창의적인 사고를 가져야 하는 것이다. 다이어트도 늘 해오던 방법이 아닌 독특한 방법이 인기를 얻는다. 줄넘기 다이어트, 바나나 다이어트, 반신욕 다이어트, 수면 다이어트, 심지어 반창고 다이어트 등 아이디어가 넘쳐난다. 물론 이러한 방법들이 확실하게 검증된 것인지는 아직 모르지만, 다이어트에 대한 다양한 접근 방법은 오히려 다이어트 방법을 발전시키는 결과를 가져올 수 있다. 톡톡 튀는 아이디어 기획서도 기획능력을 발전시킨다. 광고기획에서 이는 생명과도 같다.

번득이는 기획서를 만들려면 고정관념부터 깨뜨려야 한다. 고정관념은 달팽이와 같은 사고다. 그 안에서만 생각하고 움직이니 참신한 내용이 떠오를 리 만무하다. 고정관념이야말로 창의적 기획서를 망치는 장애 요소다. 애초부터 고정관념을 갖고 있는 사람은 아무도 없다. 고정관념은 발상의 전환을 통해 깨뜨릴 수 있다. 고정관념을 깨뜨리는 아이디어 발상법은 3가지가 있다.

항상 다르게 생각하는 사고를 가져라

어떠한 사물이나 대상을 바라보는 관점을 다른 각도에서 보는 것이다. 가령 물을 먹는 도구로 쓰이는 종이컵을 꽃병 대용품이나 촛불 받침대 등으로 사용하는 등, 다양한 활용성을 생각해내는 것이다. 다르게 생각하기를 통해 기획서 작성의 선입견을 배제할 수 있다. 또한 전혀 다른 두 가지 용어에서 연관점이나 공통점을 찾아봄으로써 다르게 생각하기 발상훈련을 할 수 있다. 직장생활과 고속도로 운전이라는 전혀 별개의 소재에서 공통점을 찾기는 힘들다. 그러나 다른 각도에서 다르게 생각해보면 얼마든지 가능하다.

〈직장생활과 고속도로 운전의 공통점〉

- 똑바로 정신 차리지 않으면 잘할 수 없다.

- 규칙을 깨는 사람이 있다.

- 빨리 가는 사람이 있다.

- 다른 사람의 도움도 필요하다.

- 오래가기 위해서는 쉬어 가야 한다.

- 익숙해지기까지가 어렵고 익숙해지면 수월하다.

뒤집어 생각하는 역발상을 습관화하라

이른바 거꾸로 생각하는 방법이다. 반대의 생각을 통해 오히려 원하는 답을 찾을 수 있다. 게임기 및 소프트웨어 제작사로 유명한 닌텐도의 역발상은 이미 너무나 유명하다.

〈닌텐도의 역발상〉

① 게임은 마니아만 즐긴다. → 게임은 누구나 할 수 있다.

② 게임 소프트웨어는 어렵다. → 게임 소프트웨어는 쉬워야 한다.

③ 게임은 무거운 컴퓨터나 단말기로 한다. → 언제 어디서나 휴대할 수 있어야 한다.

닌텐도는 이러한 역발상으로 남녀노소 모두가 즐기는 '닌텐도 DS'를 탄생시켜 불황을 극복했다. 기획서를 쓸 때도 바로 이런 역발상이 필요하다.

〈기획서 작성의 역발상〉

① 기획서는 밤늦게 써야 집중이 잘 된다. → 오히려 집중력이 떨어져 오탈자투성이다.

② 시간적 여유가 있을 때 작성한다. → 절박감이 없어 기획서가 늘어진다.

③ 여러 개의 기획서를 쓸 때는 중요한 기획서를 제일 먼저 쓴다. → 처음에는 필력이 떨어져 잘 써지지 않는다. 두 번째 정도로 써야 한다.

역발상 중 부정적인 부분을 긍정적인 것으로 전환하는 사고는 아주 중요한 의미가 있다. 이러한 역발상이 때로는 대단한 쾌거를 낳기도 한다. 모두가 불가능하다고 했던 것을 역발상으로 이뤄낸 우리나라 건설 또는 조선업의 역사는 아주 좋은 예다. 어차피 사람이 만드는 기획서다. 작성을 못해내리란 부정적 인식을 버려야 한다.

입장을 바꾸어 생각하라

'역지사지(易地思之)'라는 말이 있다. 같은 부부라도 신혼부부와 노부부는 의식의 차이가 있다. 그러므로 자신이 신혼부부라 해도 노부부를 대상으로 일을 할 때는 자신의 관점이 아니라 상대방의 관점으로 바꾸어 생각해야 한다.

이와 마찬가지로 상사는 부하의 입장에서, 판매자는 고객의 입장에서, 갑은 을의 입장에서 생각해야 한다. 기획서 작성에서 특히 기획 입안자는 그 기획서를 받아들이는 수령자의 입장을 생각해야 하므로 발상 전환 사고는 그 무엇보다 중요하다.

다양한 아이디어 발상법을 적용해보자

새로운 다이어트 아이디어는 계속 창출되고 있다. 요즘에는 유기농 다이어트 방법까지 생겼다. 단순히 칼로리만 줄여서 체중을 줄이는 것이 아닌 신진대사량의 조절을 통해 체중 감량을 이끌어낸다는 것이다. 다이어트를 제대로 하려면 다양한 다이어트에 대한 아이디어를 먼저 펼쳐놓아야 한다. 처음부터 내 몸에 꼭 맞는 다이어트는 없다. 이런저런 다이어트 방법을 모두 찾아 정말 나의 뱃살과 체지방을 효과적으로 제거해주는 방법을 찾아야 한다. 기획에 필요한 아이디어 역시 많고 다양할수록 좋다. 아이디어는 머릿속에서 그냥 생겨나는 것이 아니라 일정한 발상법을 통해 생각을 촉진할 수 있다. 보편적으로 많이 활용하고 있는 아이디어 발상법은 다음의 4가지다.

〈아이디어 발상법〉

① 브레인스토밍(brainstorming) 기법

② 문제발견식 접근법

③ 체크리스트 법

④ 만다라식 발상법

브레인스토밍은 가장 기본적인 아이디어 발상법이다. 1941년 미국의 한 광고회사 부사장인 알렉스 F. 오즈번이 고안하여 광고 회의기법으로 제안한 발상 기법이다. 뇌(brain)에서 폭풍(storming)이 일듯이 아이디어를 뿜어낸다는 의미의 아이디어 발상법이다.

어떤 한 가지 주제에 관하여 관계되는 사람이 모여 자유롭게 아이디어를 제시함으로써 아이디어의 연쇄반응을 일으켜 다량의 아이디어를 얻고자 하는 데 목적을 두고 있다. 계량적인 방법으로 특정 문제에 대한 답을 찾아내기 어려운 경우나 최적의 문제 해결 대안이 정해져 있지 않을 때, 여러 사람이 모여 창의적인 아이디어를 도출하기 위해 사용된다. 예를 들어 새로 만든 라면의 이름을 지을 때 수십, 수백 가지의 다양한 라면 이름을 여과 없이 도출한 뒤 원하는 이름을 찾는 것이다. 브레인스토밍은 자유자재로 다양한 아이디어를 도출하는 방법이기 때문에 참가자들의 인원수를 제한하지 않고 일정한 통제 없이 의견을 교환하는 '자유분방'한 사고, 아이디어에 대한 일체의 평가를 금지시키는 '비판 엄금', 아이디어가 많으면 많을수록 좋은, 질보다 양적인 '다다익선', 도출된 아이디어 중 쓸 만하고 유용한 아이디어를 선별하는 '결합 개선' 등의 성격을 갖는다.

문제발견식 접근법은 제품 기획 시 주로 쓰이는 방법으로, 장단점과 개선점을 파악하여 문제를 발견하는 데 용이하다. 제품의 성질과 기능적 특성을 계속 열거해나가면서 아이디어를 찾는 '특성 열거법', 제품이 가지는 결점들을 열거하고 그 결점들을 해결할 수 있는 아이디어를 도출하는 '결점 열거법', 해당 제품이 지녔으면 하는 희망적인 사항을 열거하면서 아이디어를 얻는 '희망점 열거법'을 적용한다. 연애 때는 그 사람의 좋은 특성이 보이고, 결혼해서는 결점이 보이며, 오래 살면 자식 때문에 희망이 보인다는 것을 연상하면 이해가 빠를 것이다. 우리가 주로 활용하고 있는 핸드폰을 문제발견식 접근법으로 기술해보자.

특정 문제에 대한 항목들을 나열하고 특정 변수 등을 검토, 분석하면서

특성 열거법	결점 열거법	희망점 열거법
• 딱딱하다. • 통화를 할 수 있다. • 문자를 보낼 수 있다. • 형태와 디자인이 다양하다. • 부가기능이 많다.	• 배터리가 소모된다. • 충격에 약하다. • 물에 젖으면 고장 난다. • 제품별로 가격, 입력 방식에 차이가 있다.	• 자가발전으로 충전한다. • 어떤 충격에도 끄떡없다. • 방수 핸드폰 • 통합 키패드와 표준가격

핸드폰의 문제발견식 접근법

아이디어를 구하는 방법으로는 체크리스트 법을 많이 활용한다. 앞의 결점 열거법이나 희망점 열거법도 체크리스트 법과 연결 지으면 효과적일 때가 있다. 다양한 체크리스트 항목은 브레인스토밍 기법으로 아이디어를 도출한다.

색을 바꾸면 어떻게 될까?	대상을 바꾸면 어떻게 될까?
모양을 바꾸면 어떻게 될까?	목적을 바꾸면 어떻게 될까?
부품을 바꾸면 어떻게 될까?	순서를 바꾸면 어떻게 될까?
작게 하면 어떻게 될까?	일정을 바꾸면 어떻게 될까?
굵게 하면 어떻게 될까?	위치를 바꾸면 어떻게 될까?
가늘게 하면 어떻게 될까?	장소를 바꾸면 어떻게 될까?
길게 하면 어떻게 될까?	담당자를 바꾸면 어떻게 될까?
얇게 하면 어떻게 될까?	밤에 하면 어떻게 될까?
양을 줄이면 어떻게 될까?	고급화하면 어떻게 될까?
좁게 하면 어떻게 될까?	저가화하면 어떻게 될까?
넓게 만들면 어떻게 될까?	전문화하면 어떻게 될까?
부드럽게 하면 어떻게 될까?	남성용으로 만들면 어떻게 될까?
겉과 속을 바꾸면 어떻게 될까?	남녀공용으로 만들면 어떻게 될까?
물에 넣으면 어떻게 될까?	도구를 바꾸면 어떻게 될까?
버릴 때에는 어떻게 될까?	다른 것과 연결시키면 어떻게 될까?
재활용은 어떻게 될까?	정반대의 기능을 더하면 어떻게 될까?

● 신제품에 대한 희망점 체크리스트

　　동양적 아이디어 발상법으로 '만다라식 발상법'이라는 것이 있다. '만다라'라는 말은 불교사상에서 우주의 진리를 표현한다. 만다라식 불교미술에서 보는 것처럼 '만다라'라는 것은 모든 것이 완전하게 갖추어져 결함이 없는 본질이 되는 가운데 바퀴를 중심으로 둥근 바퀴들이 뻗어나가는 형태를 이루고 있다. 즉, 아이디어 발상에서도 가운데의 중심 단어를 바탕으로 뻗어나가면서 연관된 단어를 연상하여 기록하는 방법이다. 구심을 바탕으로 한눈에 볼 수 있는 폭넓은 아이디어를 제시할 수 있다는 장점이 있다.

이때 아이디어를 적는 칸은 3×3, 5×5 방식을 채택한다. 이러한 만다라식 발상 훈련은 간단한 연상을 통해 이와 관련된 특별하고 독특한 용어를 찾는 데 많이 활용되는 방법이다. '다이어트'라는 단어를 중심으로 만다라식 발상법을 해보자.

체지방	비만	트레이닝
요요현상	**다이어트**	체중 감량
습관	운동	뱃살빼기

● 만다라식 이미지와 발상법

기획서는 수많은 아이디어가 잘 집약된 문서다. 아이디어는 기획서를 만드는 가장 기초적인 재료와 같은 것이지만, 이러한 아이디어도 기획적 사고로 정리되어야 한다. 즉, 기획적 사고를 통해 아이디어를 구체화해야 한다. 기획적 사고는 기획서를 작성할 때 아주 중요하고 핵심적인 기본적 사고로, 실용적인 기획서를 만드는 데 많은 도움이 된다. 기획적 사고는 지향점에 따라 가설지향적, 사실지향적, 제로베이스 사고로 구분한다. 이 중에서 객관적이고 논리성을 요구하는 기획서에는 사실지향적 사고를 주로 활용하고 있다.

가설지향적 사고는 최초 기획에 앞서 추정이 필요할 때 적용하는 사고 기법이다. 우리가 논문을 쓸 때 처음 연구하고자 하는 주제에 대한 문제제기 부분을 잠정적인 가설로 설정하고, 수사관이 사건에 대한 가설을 설정해서 범인을 추정하는 것처럼 기획을 하기 전 또는 자료의 수집이나 분석에 앞서 결과물이나 결론을 추정해보는 것이다. 가설지향적 사고를 하지 않으면 복잡하게 얽혀 있는 문제나 자료들을 일일이 조사, 분석하다가 결론을 내리지 못하는 기획서를 작성하게 되는 오류를 범할 수 있다. 가설지향적 사고를 통해 기획서 작성 시 소요되는 자원, 시간 등의 낭비를 줄일 수 있다.

'아마 이것이 원인일 것이다', '이것이 문제일 것이다'라는 결론을 짐작하는 가설을 설정해 이후 원만한 기획서 작성으로 연결될 수 있다. 가설을 설정한 후에는 반드시 설정한 가설을 검증하여 최초에 세운 가설에 대한 평가를 내리고 재빠르게 다음의 행동을 모색해야 한다. 일반적으로 가설 설정 시에는 여러 가지 고려해야 할 사항이 있다.

① 즉흥적 가설을 세우지 않는다.

② 당장 결론을 내리기 어려워도 잠정 결론으로 가설을 설정한다.

③ 정보의 양이 부족해도 직감으로 결론을 내린다.

④ 감이 잡히지 않더라도 수평적 사고로 가설을 설정한다.

⑤ 가설은 누구나 이해하기 쉽도록 간단명료한 논리로 표현한다.

⑥ 숫자나 수치화할 수 있는 가설은 더욱 권장한다.

⑦ 설정된 가설은 이후 반드시 검증한다.

신제품을 출시했는데도 매출이 증가하지 않았다면, 이에 관련된 가설 설정을 할 수 있다. 이때 가설은 현실적으로 바람직한 것이어야 한다.

바람직하지 못한 즉흥 가설	바람직한 가설
• 영업부서가 노력을 하지 않았다. • 판매사원의 역량이 떨어진다. • 광고가 부족했다. • 좋은 제품임에도 고객이 알아주지 않는다. • 경기 탓이다. • 영업부서나 영업사원의 자원배분이 타당하지 않을 수 있다.	• 고객의 관점에서 제품 만족도에 문제가 있다. • 창의적인 마케팅이 부족하다. • 가격경쟁력에 문제가 있을 수 있다. • 경쟁사의 유사제품이나 비슷한 전략이 있을 수 있다.

⁎ 신제품에 관련한 가설 비교

기획서 작성에서 가장 중요시하는 사실지향적 사고는 상식이나 선입견 등 자신의 주관적인 판단에 의거하지 않고 사실(fact)을 근거로 현상이나 문제를 바라보는 것이다. 다시 말하면 기획자가 객관적인 정보나 자료를 바탕으로 기획서를 작성하는 것을 말한다. 사실지향적 사고는 개인의 경험이나 과거의 논리보다는 현재의 사실에 근거하여 분석, 판단함으로써 기획의 효과를 높일 수 있다. 사실지향적 사고는 가설을 설정하여 자료를 수집해야 할 때, 사실을 바탕으로 분류하고 수집한 자료에 대해 객관적 의미를 부여할 때 도움이 된다. 사실지향적 사고에서는 다음과 같은 점을 고려해야 한다.

① 구체적인 사실을 나타내야 한다.

'매출이 떨어졌다.'(×)

'매출이 전년 대비 10% 떨어졌다.' (○)

: 막연히 매출이 떨어졌다기보다는 구체적으로 매출이 어떻게 되었는지 기술한다.

② 수치정보를 제시해야 한다.

내부 서비스 모니터링 점수가 낮다.(×)

내부 서비스 모니터링 점수가 83점이다.(○)

: 수치정보는 기획서의 신뢰감을 줄 수 있다.

③ 주관적인 판단을 배제해야 한다.

계산원이 부족하여 대기시간이 오래 걸린다.(×)

계산원이 정말 부족한지의 사실 여부를 판단해야 한다.

: 자신의 주관적 판단의 오류를 제거해야 객관성이 있다.

기획적 사고의 세 번째 방법으로 제로베이스 사고를 이야기할 수 있다. 말 그대로 기존의 틀에서 벗어나 백지 상태에서 생각하는 사고법이다. 맨 바닥 맨주먹 인생식의 사고방식이라고 여기면 어떨까? 정형화된 '기존의 틀'에서 벗어난 새로운 사고방식을 통해 넓고 적극적인 사고를 꾀하는 데 목적이 있다. 특히 창의적인 기획을 하려면 백지 상태에서 새롭게 제로베이스 접근을 해야 한다. 제로베이스 사고는 사고의 폭이 넓어져 지금껏 보지 못했던 것, 느끼지 못했던 것까지 생각해낼 수 있다. 제로베이스 사고에 의해 배달 피자가 탄생하기까지의 과정을 예로 들어보자.

피자에 대한 기본 발상	제로베이스 사고	
• 맛있다. • 집에서 만들기 어렵다. • 뒤처리가 쉽지 않다. • 음식점까지 가기가 힘들다.	• 집에서도 먹을 수 있다. • 뒤처리를 잘할 수 있다. • 직접 방문하지 않아도 된다. • 가격경쟁력에 문제가 있을 수 있다. • 경쟁사의 유사제품이나 비슷한 전략이 있을 수 있다.	→ 배달 피자 탄생!

● 배달 피자가 탄생까지의 제로베이스 사고

기획서는 논리적 배경의 사고의 틀을 제시하는 사실지향적 사고를 더 중시해야 한다. 특히 현상을 분석하고 문제점을 파악하는 문제 해결을 위한 기획서에서 사실지향적 사고는 필수적이다. 사실지향적 사고는 사실(fact)을 기반으로 하기에 '팩트지향적 사고'라고도 한다. 'fact base idea'이기 때문에 'FBI 사고'라고 외우면 쉽다.

기획서 작성에 필요한 아이디어 발상

☑ 다이어트가 하나의 방법만 있는 것이 아니듯
  - ······ 다르게, 뒤집어, 바꾸어 보는 사고로 고정관념을 깨뜨려라

☑ 다양한 방법을 적용하고 내 몸에 꼭 맞는 다이어트 챙기기
  - ······ 자유로운 아이디어 도출에는 브레인스토밍 기법을
  - ······ 장점, 결점, 희망점으로 이어지는 문제발견식 접근법을
  - ······ 조목조목 항목 나열은 체크리스트법으로
  - ······ 연상작용으로 새로운 것을 찾을 때는 만다라식 발상법을 적용하라

☑ 다이어트 시작 후에는 그것에만 집중하듯이
  - ······ 기획서 작성에 맞는 기획적 사고를 가져라
  - ······ 가설지향, 사실지향, 제로베이스 사고를 하되 객관적 사실에 기초한 논리적 사고를 하라

07

기획에 영향을 주는 현재 상황 분석
나의 비만도는 어느 정도인가?

"신규사업에 대한 타당성을 검토하여 다음 주까지 보고서를 작성해 오세요."

신세상 부장은 아침부터 머리가 아프다. 회사의 규모가 확장됨에 따라 관련 신규사업에 진출하려는 대표이사의 의지가 사업타당성 보고서 제출이라는 지시사항으로 신 부장에게 내려왔기 때문이다. 사업은 새로운 프랜차이즈 유통망을 만드는 것이다. 신 부장은 여느 보고서와는 다른 이 보고서를 어떻게 써야 할지 고민이다. 신규사업에 대한 검토 결과를 잘 작성해서 점수를 따고 싶지만, 어디서부터 시작해야 할지 모르겠다. 그렇다고 무턱대고 부하직원들에게 만들어내라고 할 수도 없고……

기획서 작성을 위한 분석 시에는 현상 파악을 가장 우선해야 한다. 현상(現像)은 현황(現況)이라고도 하며 단순히 현재 상황, 현재 상태라고도 한다. 이는 다이어트의 출발점이기도 하다. 살을 빼기 위해서는 우선 나의 현재 몸 상태를 객관적으로 판단해야 한다. 과체중인지, 비만인지, 비만이라면 심각한 정도인지, 그렇지 않은지를 파악해야 한다. 체지방이 신체 어느 부분에 몰려 있는지도 조사해야 한다. 정확한 규명을 통해 필요한 다이어트를 검토해야 한다. 현상 규명이 제대로 되지 않으면 분석 초기부터 삐걱댄다. 특히 사업 기획, 문제 해결 컨설팅 등의 기획서는 현상 분석을 통해 사업의 현재 상태와 문제 및 원인을 정확하게 규명하고 바람직한 해결책이나 향후 방향을 제시해야 한다. 기획서를 만들 때의 현상 분석은 기획 과제를 둘러싸고 있는 배경 등을 언급하는 데서 출발한다. 현재 상태를 잘 들여다보면 기획서의 주요 관심사(이슈)를 파악할 수 있고, 당면한 문제점과 개략적인 향후 흐름을 예측할 수 있다.

제대로 된 현상 분석을 하기 위해서는 앞에서 배운 사실지향적 사고를 기반으로 폭넓은 사고와 급변하는 상황에 대한 변화 감각을 가져야 한다. 사실적 근거가 없는 현상 파악, 거시적 관점을 잃은 좁은 사고, 변화를 모색하지 않은 현상 파악은 이상에 들뜬 결과물을 만들 수 있다.

현상 분석으로 가장 많이 쓰이는 기법은 SWOT 분석 기법이다. SWOT 분석 기법은 환경 분석, 특히 비즈니스 경영 환경 분석을 통해 사업의 타당성을 검토하는 분석도구로 가장 많이 쓰이는 현상 분석 방법이다. 환경을 내부 환경과 외부 환경으로 크게 분류하고, 내부 환경에서는 내부의 강약점을, 외부 환경에서는 외부의 기회와 위협 요소를 분석하는 것이다.

SWOT 분석은 이러한 4가지 측면의 환경 분석 요소인 강점(strength), 약점(weakness), 기회(opportunity), 위협(threat)의 머리글자를 따서 표현한 용어다. SWOT 분석의 제 요소는 각각의 속성별로 추구하는 바가 있다.

SWOT의 'S'는 강점을 나타낸다. 현재 상태에서의 내부적 이점 또는 비즈니스에서의 주요 경영 자원이나 내부적 강점을 갖춘 능력 요소를 말한다. 예를 들어 어느 회사가 현재 시장점유율이 좋다든지, 마케팅 전략이 우수하다든지, 우수한 인력자원이 있다든지, 자금동원력이 풍부하다는 것 등은 내부적인 강점이 된다.

'W'는 약점을 뜻한다. 현상 분석을 통해 나타난 내부적 약점이나 장애 요소 등이 이에 해당된다. 경영에서는 경영상의 장애물이나 능력의 한계 등이 내부적 약점이라고 할 수 있다. 즉 사업을 추진하고자 하나 자금력이나 인력자원이 없다면 이 점이 바로 내부적 약점이다.

'O'는 기회 요소다. 외부 환경 요소에서의 유리한 점, 또는 잠재적 플러스 요인을 말한다. 추진하려는 사업이 현실에서 소비자 기호와 트렌드에 딱 맞아 떨어진다든지, 믿고 투자할 투자자가 있어 자금여력이 개선될 수 있다든지 하는 요소가 바로 외부적 기회 요소다.

'T'는 위협 요인으로, 외부적으로 불리하게 전개되는 환경 요소, 경영상의 잠재적 마이너스 요소다. 사업 아이템과 내부 역량 면에서는 충분히 승산이 있는 사업인데 외부적으로 환율 변동에 의해 수익이 저하될 수 있다는 것, 경쟁 기업이 곧 유사한 제품을 만들어 사업을 추진한다는 것 등이 외부적 위협 요소가 된다.

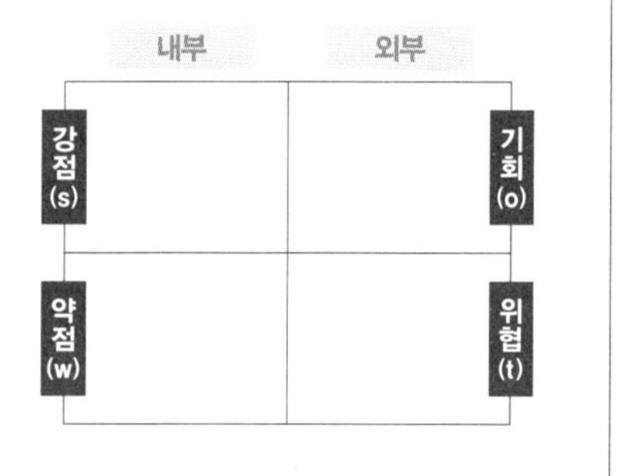

· **강점**(s) 주요 경영 자원이나 능력
· **약점**(w) 경영 저해 요인, 능력상의 한계 또는 결함
· **기회**(o) 경쟁우위 확보에 유리한 외부 환경 요소(경영의 잠재적 플러스 요인)
· **위협**(t) 손해를 초래할 수 있는 불리한 외부 환경 요소(경영의 잠재적 마이너스 요인)

● SWOT 분석 기법

기업들은 이러한 환경 분석을 통하여 자사의 내부 강점과 약점, 외부 기회와 위협 요소를 찾아내 향후 전략적 해결 방안을 구체화한다. 즉, 내부적인 강점과 외부적인 기회를 가진 사업은 집중화하고, 내부적인 강점과 외부적인 위협이 있는 사업은 이를 다각화한다. 또한 외부적인 기회 요소가 있으나 내부적인 약점이 노출되는 사업은 최소화하고, 내부적인 약점

과 외부적인 위협 요소가 있는 사업은 철수한다. 장점이 많으면 올인하고, 단점만 있는 경우는 포기하는 것이다.

기획서 작성 시에는 이러한 SWOT 분석이 기획의 이슈를 파악하는 데 특히 도움이 된다. 특히 문제 해결 기획에서는 현재 당면한 문제를 명확히 정의하여 향후 해결책을 모색하는 데 SWOT 분석을 적극 활용하고 있다.

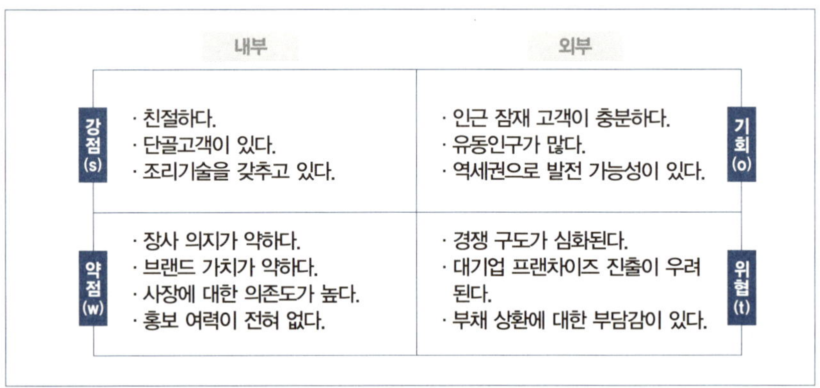

● 신규 피자사업에 대한 사업 타당성 검토

● 사업전략화 방향

다이어트에 대해서도 SWOT 분석을 할 수 있다. 내부 강점과 약점, 외부 기회와 요소를 분석하여 보다 효율적인 다이어트 현상 분석을 할 수 있다.

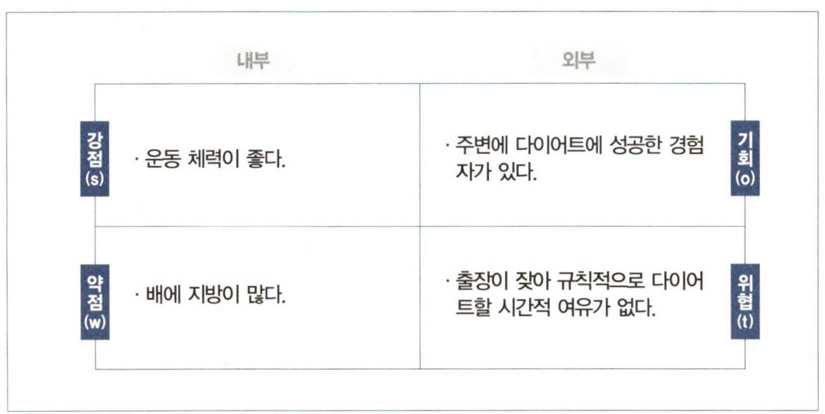

● 다이어트에 대한 SWOT 분석

경영 환경 분석은 3C 분석에 맡기자

기업의 경영 환경 분석에는 3가지 분석 요소가 필요하다. 고객(customer), 자사(company), 경쟁사(competition)의 3요소를 분석하는 것으로, 이를 3C 라고 한다. 3C 분석을 통해 기획 과제에 영향을 미치고 있는 환경 요인이 무엇이고 그 요인을 움직이고 있는 것이 무엇인지를 밝혀낸다.

3C 분석은 고객 분석부터 시작한다. 비즈니스 기획에서는 무엇보다 고객 분석이 중요하다. 기획서를 읽어주는 사람을 고객이라고 보았을 때, 이에 대한 분석도 고객 분석에 해당되기 때문이다. 고객을 분석할 때 는 고객을 세분화하여 고객에 대한 구체적인 정보를 관리해야 한다. 단 순한 우수고객이 아니라, 7월 우수고객, 1천만 원 이상 구매한 7월 우수

고객, 7월에 1천만 원 이상을 구매한 수도권 거주 우수고객 등으로 세분화해야 한다.

더불어 자사 분석을 해야 한다. 회사의 현재 상태와 역량을 분석하는 것이다. 우리 회사의 주요 제품, 우리 회사의 능력, 우리 회사의 실적, 우리 회사의 장단점 등 종합적인 진단이 이루어진다. 현재 상태를 제대로 알고 있어야 자사 분석을 통해 자체 내부 역량을 진단하는 한편, 이후 방법론을 설정할 수 있게 된다.

앞의 사례에서 신 부장은 신규사업에 진출하는 것을 검토할 때 SWOT 분석과 3C 분석을 함께 해야 한다. 다각적인 분석과 검토를 통해 타당성이 있다고 판단되면 자신 있게 사업 추진을 건의하면 된다. 일단 분석 결과가 나와야 무엇이든 할 수가 있다.

08

유용한 기획 정보 분석 방법
뱃살 빼는 데는 청국장이 좋다더라

기획 담당 한설교 이사가 아침부터 직원들을 불러 모아 일장훈시를 한다.

"아무런 분석 없이 기획서를 쓰는 사람들이 많아. 분석을 하지 않은 문서는 반드시 티가 나게 되어 있어. 아무런 힘도 없으면서 괜히 폼만 잡는 기획서지. 한 장의 기획을 하기 위해서는 수십 장의 정보 분석을 해야 해. 제발 좀 무조건 써내려가지 말고 자료부터, 정보부터 찾아봐. 쓸데없는 정보 말고 정말 필요한 정보부터 말이야!"

거침없는 열변을 토한 한 이사는 직원들이 수긍하는 것 같아 내심 흐뭇하다. 열심히 받아 적는 한 사원을 발견한 그는 칭찬을 해줄 양으로 가까이 다가간다. 하지만 열심히 필기한 사원의 노트에 한 이사의 이야기는 하나도 없고, 애국가 1절부터 4절까지가 적혀 있다.

때로는 아주 작은 것 하나가 요긴할 때가 있다. 사소한 정보 하나가 가치 있고 쓸만할 수 있다는 말이 설득력이 있다. TV에서 사소하지만 유용한 정보만을 방영한 프로그램이 인기 있는 것도 그 이유다. 예를 들어 우는 아이를 달랠 때는 진공청소기 소리가 가장 효과적이라는 것이 실제 실험으로 증명되었다. 119 구조 요청은 문자메시지로도 가능하다는 정보 또한 사소하지만 알아두면 좋은 상식이다.

기획서는 아이디어를 기본으로 하지만, 아이디어는 사소한 정보로부터 얻을 수 있고 사소한 정보 하나가 기획서 작성에 큰 기여를 할 수 있다는 사실을 알아야 한다.

청국장이 다이어트에 좋은 식품이라는 사실을 아는 사람들은 그리 많지 않다. 청국장의 콩 성분이 천천히 소화되어 적게 먹어도 포만감을 주는 다이어트 식품이라는 것이다. 다이어트에 대한 사소한 정보일지라도 그것을 모르기 때문에 진실에서 벗어난 그릇된 편견과 오해를 갖게 된다. 가령 저지방, 무지방 식품만 먹는 것이 다이어트에 좋다고 한다. 그러나 체중을 줄이려면 지방 섭취를 줄여야 하지만, 하루 섭취 칼로리의 1/3은 지방에서 얻는다는 정보를 알아야 하는 것이다.

인터넷 검색 시 기획 업무와 관련해서 자주 가는 '즐겨찾기'가 있는가? 기획 관련 동호회나 카페에 가입하여 활동하고 있는가? 기획서를 쓸 때 자문을 얻거나 즉시 도움을 받을 수 있는 사람이 있는가? 다이어트도 전문가의 지도를 받아 안전하게 하듯 기획서를 쓸 때도 전문가의 도움을 꼭 받아야 한다. 전문가는 인터넷, 동호회 또는 관련 인맥 등 다양하다.

이들을 바로 기획 정보원이라고 부른다. 정보원은 정보 수집의 근원지이다. '그곳에 가면 그것이 있다'는 식으로 원하는 것을 갖고 있는 곳이다. 유능한 수사관은 항상 몇 명의 정보원들을 두고 이들을 적극 활용한다. 정보원을 잘 활용하면 사소한 것에서부터 중요한 핵심 정보에 이르기까지 기획서 작성에 필요한 것들을 얻을 수 있다. 정보원은 형태에 따라 유형 또는 무형, 아날로그와 디지털에 이르기까지 매우 광범위하고 다양하다. 수많은 정보원 중에서 기획에 필요한 정보원을 관리하는 것은 능력이고 기술이다. 기획서 작성 시 도움되는 정보원은 특별 정보원으로서 특별히 아끼고 관리해야 한다. 기획서를 쓰라고 하면 캐비닛에서 철 지난 기획자료나 뒤지지 말고 제발 정보원을 찾아 관리하도록 하자.

기획에 필요한 기획 정보원은 크게 3가지로 분류한다. 우선 매체 정보원이 있다. 매체 정보는 여러 가지다. 인터넷 어느 사이트에서 기획 관련 서식을 많이 제공하고 있다면, 이를 온라인 매체 정보원이라고 부른다. 해당 분야에 대한 전문적인 정보를 제공하는 방송국 프로그램은 방송 매체 정보원이다. 이 밖에도 신문, 잡지, 간행물 등의 활자 매체 정보원, 데이터베이스, 멀티미디어 등의 전자 매체 정보원 등이 있다.

정부기관 등의 관공서, 각 산업 관련 기관과 단체, 도서관, 박물관, 조사 연구기관 등은 단체 기관 정보원으로 분류한다. 오프라인뿐만 아니라 온라인상의 정보원까지 포함한다. 인사 업무를 하는 인사 담당자가 업무 관련 자료를 찾다가 '인사 담당자 동호회'라는 카페를 발견했다면, 이는 '동호회'라는 단체 정보원에 해당된다. 특정한 단체 또는 기관의 정보원은 실질적으로 기획서 작성 시 믿을만한 정보원 역할을 수행할 수 있다.

가장 우수한 정보원은 인터넷과 같은 정보의 바다에 널려 있는 정보가 아니라 해당 분야 전문가나 이해관계자 등의 인맥 정보원이다. 나와 관련된 모든 상사나 동료, 또는 부하, 이해관계자, 고객, 경쟁사 등이 내외적인 나의 인맥 정보원이다. 인맥 정보원은 장점이 많다.

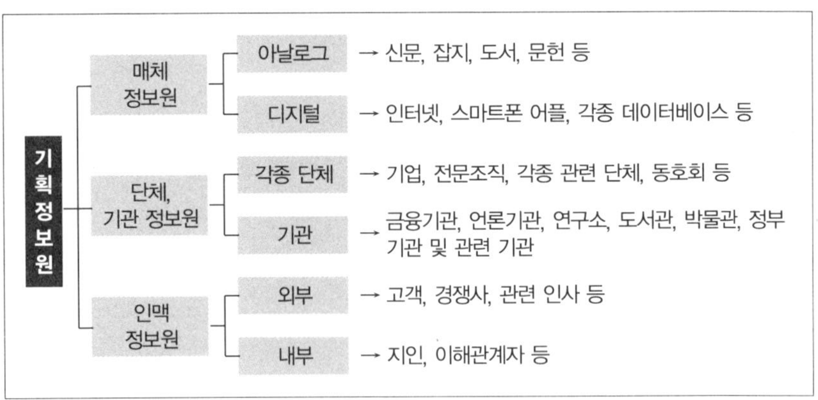

● 정보원 구분 체계도

기획에 필요한 자료를 수집할 때는 기존 자료를 검색하고 새로 조사하는 것보다 인맥 정보원을 최대한 활용하는 것이 더 효과적이다. 일반 정보원이 정보를 수집하는 데 장시간이 소요되고 일정한 정보 수집 스킬을 요구하는 반면, 인맥 정보원에게서는 쉽고 신속하게 정보를 얻을 수 있는 장점이 있다.

이제 'know how'가 아닌 'know where'이다. 수많은 정보원 속에서 정말 기획서 작성에 꼭 필요한 정보를 찾아내야 한다. 그래야 유능한 정보원을 두었다고 자부할 수 있고, 기획서 작성도 그만큼 수월하게 진행할 수 있다.

핵심 다이어트 처방

기획 정보 분석 방법

☑ 사소한 것 하나가 살 빼는 데 도움

　　…… **사소한 정보가 가치 있고 유용할 수 있으니 이를 소중히 여겨라**

☑ 효과적인 다이어트 알려주는 곳 찾기

　　…… **각종 매체, 단체, 기관 등 유용한 기획 정보원을 찾아서 관리하라**

09

기획서 작성을 위한 정보 관리
'살과의 전쟁'을 위한 준비

이준소 대리는 작성한 기획서가 영 마음에 들지 않는다. 자료 준비와 정보 수집이 소홀했던 탓에 빈칸 채우기식 문서가 되고 말았다. 이 대리는 자신이 작성한 '벼락치기 기획서'를 보며 밀려오는 불안감을 떨쳐버릴 수가 없다. '이럴 줄 알았으면 미리미리 분석해 놓을걸' 하고 뒤늦게 후회해봤자 마음만 더 먹먹해질 뿐이다. 무거운 발걸음으로 최통소 부장에게 간다. 그러나 기획서를 보고받는 최 부장은 의외로 차분하게 이야기한다.

"자료나 정보가 뒷받침되지 않고 대충 쓴 문서는 표시가 나게 되어 있어. 문서 작성에는 노력과 열정이 숨어 있어야 해. 수집한 정보는 신경 써서 가공해야 해. 이것저것 쓸모없이 많은 정보는 의사결정을 앞당기는 게 아니라 오히려 지연시키지."

최 부장의 멋진 조언에 이 대리는 감동받는다. 다음 날 사내 개인 메신저에 최 부장으로부터 한 줄의 메시지가 올라왔다. '다시 작성해서 보고해!'

정보는 가공해야 제맛이다

정보는 음식을 만드는 재료와 같은 것이다. 음식재료만 쌓아놓고 만들어 먹지 못하면 무슨 소용인가? 또한 맛있는 음식을 만들려면 좋은 재료를 쓰고 준비한 재료를 잘 가공해야 한다. 이렇듯 우수한 기획서를 만들기 위해서는 먼저 쓸만한 정보를 수집해야 한다. 그리고 정보를 잘 분석하여 가공해야 한다. 모으기만 하고 가공하지 않은 정보는 다이어트를 한답시고 각종 장비나 식품을 잔뜩 준비하고 실천하지 않는 것과 같다.

정보를 수집하여 가공하는 일련의 과정을 정보 관리 절차라고 한다. 즉, 정보 관리 절차란 정보를 수집, 분석, 가공, 활용하는 각 단계를 체계적으로 운영하는 것을 말한다. 기획서 작성에서의 정보 관리는 내용 구성의 밑거름이 된다. 정보 관리를 잘하면 기획도 그만큼 쉬워진다. 정보 관리 절차는 다음 4단계의 사이클에 의해 이루어진다.

정보 관리 절차의 첫 단계는 정보의 수집 단계다. 기획 과정에서 설정된 목적을 만족시킬 필요 대상 정보를 수집 가능한 다양한 수단을 통해 획득

하는 활동이다. 즉, '내가 기획에서 필요로 하는 정보는 무엇인가?', '어떠한 정보부터 먼저 얻어낼 것인가?' 등을 검토하여 데이터와 1차 정보를 모으는 단계다. 정보 수집 단계에서는 작성하고자 하는 기획서의 성격에 따라 다양한 루트와 방법으로 필요한 정보를 얻는다. 요리를 한다면 좋은 재료를 고르는 단계가 되는 것이다.

수집한 정보는 분석 및 가공을 거친다. 정보를 종합적으로 해석하여 의미 있는 지식이나 2차 정보로 만드는 단계다. 요리를 만들 때 각종 재료들을 조합하여 맛있는 음식이 나오도록 미리 삶기, 데치기 등을 하는 것이다. 분석 또는 가공되지 않은 정보는 한낱 데이터에 불과하다.

정보 관리의 마지막 단계는 정보의 유효성을 검토하여 정보를 각종 보고, 프레젠테이션, 전달 등을 통하여 사용하는 활용 단계다. 정보는 이렇게 정보 순환 절차를 통해 마지막 활용 단계까지 거쳐 의미 있는 정보로 거듭난다. 활용도가 없는 정보로 만든 기획서는 이용가치가 떨어진다. 정성 들여 만든 요리를 맛있게 먹어야만 활용이라고 할 수 있듯 써먹는 기획서가 되어야 한다.

포털사이트 검색창에 몇 가지 단어를 입력하는 단순한 정보검색만으로 정보를 관리했다고 하는 것은 어불성설이다. 이는 정보를 찾은 것이 아니라 여기저기에 정보를 깔아놓는 것에 불과하다. 정보를 수집했으면 반드시 관리를 해야 한다.

요즘 다이어트 프로그램은 똑똑하다. 체지방을 제거하는 유산소 운동인 걷기 운동만 하더라도 온라인의 디지털과 오프라인의 아날로그를 결합해 과학적 트레이닝을 시도하고 있다. 매일 아날로그식 걷기를 권장하며, 디지털 기기로 그때그때 성취도를 체크하고 철저하게 체지방 변화를 측정해서 알려준다. 걷기 또한 지루하지 않게 다양한 기계나 장비를 사용하여 도와준다.

디지털 정보화 시대는 아날로그와 디지털을 절묘하게 결합할 것을 요구하고 있다. 정보 관리 또한 디지털 정보 관리만이 능사가 아니다. 디지털과 아날로그의 장점을 잘 버무려 온, 오프를 넘나드는 정보 관리를 해야 한다. 기획서도 워드 등의 출력물과 같은 오프라인 문서와 이메일, 메신저 등의 온라인 수단을 함께 챙겨야 한다. 스마트폰이 대중화되어 있는 오늘날에는 온라인상의 문서 작성과 정보 관리 스킬을 비중 있게 다룰지 모른다. 그러나 아무리 눈부시게 디지털 세상이 발전을 거듭한다 해도 일반 기획서는 쉽게 사라지지 않는다. 모든 문서를 인터넷이나 스마트폰으로 대처한다고 생각해보라. 더 편해지기는커녕 얼마나 숨이 막히겠는가? 디지털에만 의존했다가 고장이라도 나면 더 큰일이다.

아날로그와 디지털의 두 마리 토끼를 다 잡으면서 그때그때 장점을 찾아 온, 오프를 넘나드는 정보 관리를 해야 한다. 어떤 때는 스마트폰에 일일이 적는 것보다 수첩을 활용하는 것이 낫고, 파워포인트로 끙끙대며 만드는 것보다 종이에 써서 디지털 카메라로 찍어두는 것이 효과적일 때가 있다. 아날로그 오프라인과 디지털 온라인을 자유자재로 넘나들 수 있어야 한다.

버리는 정보 관리를 하자

가장 어리석은 사람은 아무것도 버리지 못하는 사람이다. 이사할 때 쓰지도 않을 물건을 꾸역꾸역 챙겨서 한쪽에 쌓아두거나, 워드 기능만을 사용하면서 컴퓨터에 모든 프로그램을 설치한 후 메모리 공간만 차지하게 하는 사람이 있다. 정보를 수집할 때도 무조건 많이, 쓰지도 않는 불필요한 정보를 수집하려고 과욕을 부리는 사람이 적지 않다.

산더미처럼 자료를 쌓아놓고 기획서를 쓰려고 하니 어떻게 써야 할지 엄두가 나지 않는 것은 당연하다. 많은 정보가 오히려 장애가 될 수도 있다. 진정한 정보 관리는 필요 없는 정보를 미련 없이 버리는 역설적인 방법을 채택하는 것이다. 시간이 경과되어 가치를 상실한 정보는 과감하게 구조조정을 해야 한다. 버리기 아까우면 다른 사람과 공유라도 하자. 정보의 재생산은 물론, 공유를 했다는 생색도 내고 좋지 않은가?

직장에서 능력이 있는데 인정받지 못하는 사람도 바로 정보를 움켜쥐고 있는 사람이다. 기획서에 필요한 정보는 바로바로 밀어내기식 폐기처분을 해야 한다. 핸드폰의 문자메시지를 받은 순서대로 삭제해나가듯이 정보 역시 낡은 순서대로 차례로 없애야 한다. 버려진 빈 공간은 가급적 최신의 새롭고 참신한 정보로 채우면 된다. 그래야 발전도 하고 관리다운 관리를 할 수 있다. 아직도 기획서를 쓰기 위해 오래된 파일을 뒤적이는가? 아래와 같은 정보는 무조건 버려야 한다. 그래야만 다이어트 기획서를 쓸 수 있다.

〈버려야 할 정보〉

① 아무런 목적이 없는 정보

② 상대가 관심 갖지 않는 정보

③ 이해할 수 없는 정보

④ 낡은 정보, 유통기한이 지난 정보

⑤ 출처가 불분명한 정보

⑥ 기획서 내용과 관련이 없는 정보

⑦ 스팸메일 정보

⑧ 이득이 되지 않는 정보

기획서 작성 준비를 위한 정보 관리

☑ 살을 빼려면 준비가 필요

　…… 정보를 수집했으면 반드시 가공하라

　…… 수집―분석―가공―활용의 정보 관리 절차를 적용하라

☑ 아날로그와 디지털 방식을 병행한 다이어트 하기

　…… 아날로그의 장점과 디지털의 장점을 결합하여 온라인과 오프라인

　　　양방향 정보 관리를 하라

☑ 불필요한 지방 제거하기

　…… 쓸모없는 정보, 철 지난 정보는 과감히 버려라

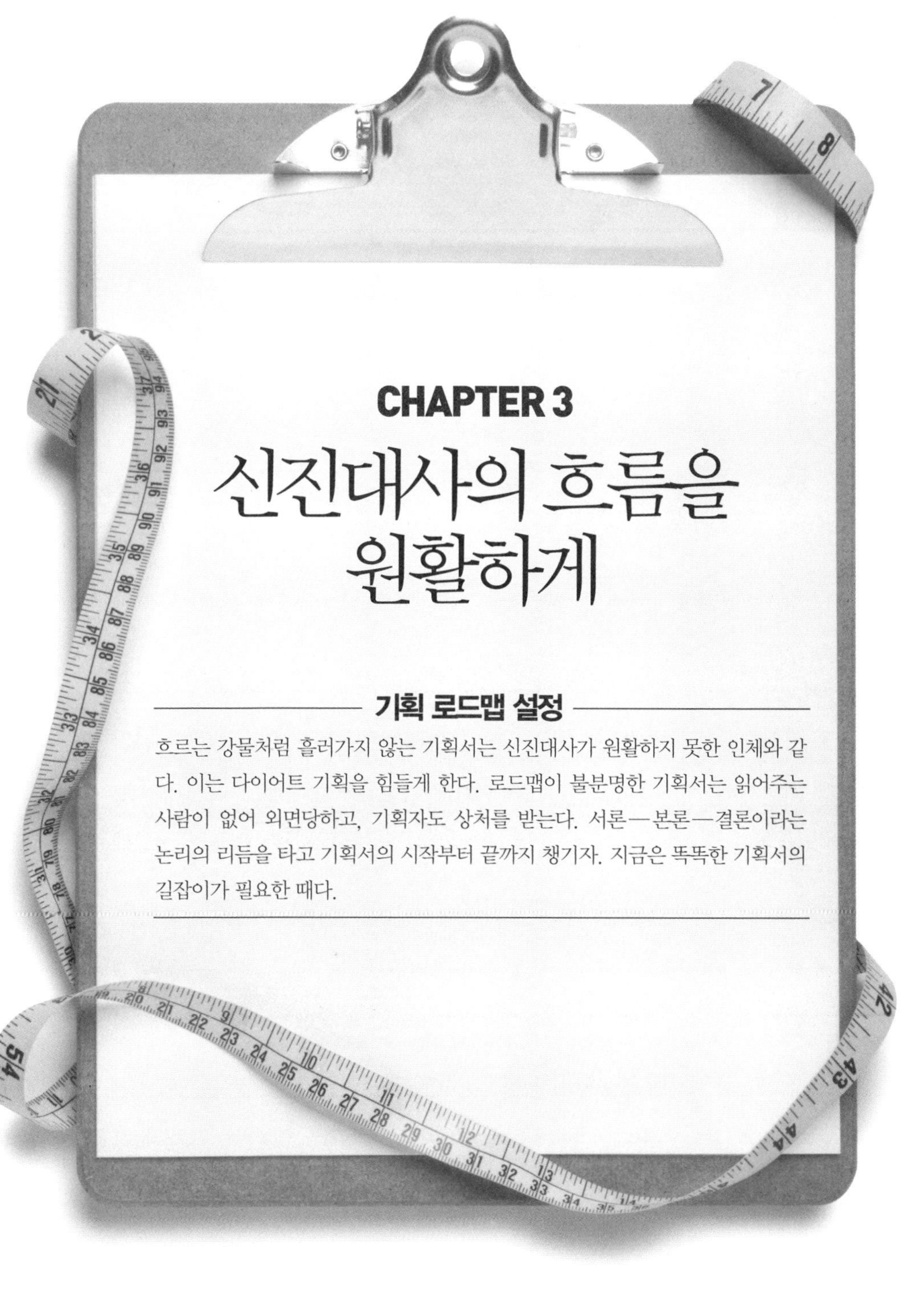

CHAPTER 3

신진대사의 흐름을 원활하게

기획 로드맵 설정

흐르는 강물처럼 흘러가지 않는 기획서는 신진대사가 원활하지 못한 인체와 같다. 이는 다이어트 기획을 힘들게 한다. 로드맵이 불분명한 기획서는 읽어주는 사람이 없어 외면당하고, 기획자도 상처를 받는다. 서론—본론—결론이라는 논리의 리듬을 타고 기획서의 시작부터 끝까지 챙기자. 지금은 똑똑한 기획서의 길잡이가 필요한 때다.

10

한 방향 논리 흐름 찾기
처음부터 끝까지 일관되게

여항중 씨는 여행 잡지사에 근무한다. 휴가철 성수기를 맞아 잡지사는 기획특집으로 전국의 주요 해수욕장을 낱낱이 분석하여 소개하는 코너를 계획했다. 여항중 씨에게 지시가 떨어졌다. 1주일 동안 해당 해수욕장을 돌며 실태조사를 하라는 것.

남해안, 서해안, 동해안의 수많은 해수욕장 중 대표적인 해수욕장을 선택하여 적어도 각각 2곳 이상을 돌아봐야 한다. 여항중 씨는 고민이다. 시간은 딱 일주일뿐인데 어디서부터 방문하여 어떤 코스를 거쳐 돌아와야 할까? 이리저리 산만한 방문이 되지 않도록 계획을 잘 세워 조사를 마치고 복귀해야 한다. 마치 물 흐르듯이 자연스럽게 말이다. 혹시나 자동차 내비게이션이 알아서 순서를 정해줄까 싶어 이리저리 눌렀더니 내비게이션마저 고장이 나고 말았다.

물의 흐름이 막히면 곤란한 일이 발생한다. 중간에 흐름이 끊겨 고이거나 넘치고, 다른 물줄기가 생기기도 하여, 결국 큰 물줄기를 잃어버리게 된다. 처음부터 끝까지 정해진 물줄기대로 잘 흘러가야 진정한 물의 흐름이다. 다이어트를 할 때도 처음에 선정한 테마와 프로그램을 끝까지 준수해야 효과가 있다. 열심히 하다가 중도에 포기하면 원래의 체중으로 돌아가거나 부작용이 발생한다. 기획서의 흐름은 선정한 주제를 바탕으로 그 기획서가 정한 목적과 방향을 이탈하지 않고 끝까지 잘 안내하는 물줄기와 같은 역할을 한다. 물줄기는 주제에 맞는 한 방향 흐름이다. 한 방향 흐름을 찾지 못하면 논리마저 흔들리고 만다.

일반적으로 기획서의 흐름은 다음의 3가지 성격을 갖는다.

먼저 로드맵(road map) 역할을 한다. 로드맵은 앞으로의 계획이나 구상 등에 대한 구상도, 또는 청사진이라는 뜻이다. 말 그대로 앞으로 발생할 사항에 대한 지도와 같은 역할을 한다. 로드맵은 기획서의 흐름을 안내한다. 로드맵을 통해 이후에 작성할 기획 내용에 대한 전반적인 사항을 파악할 수 있다. 이러한 로드맵이 바로잡혀야 기획서의 윤곽이 잡혔다고 할 수 있으며, 로드맵에 따라 필요한 내용만 담아내야 다이어트에 성공한 기획서라고 할 수 있다.

로드맵을 구체적으로 잘 표현한 것은 기획서의 목차다. 목차는 제목을 뒷받침하는 목록이나 차례를 의미하는데, 목차를 보면 전반적인 내용상의 흐름을 파악할 수 있다. 반대로 목차가 불분명하면 흐름을 잃은 산만한 기획서가 된다.

마지막으로 프레임(frame)이라 표현한다. 프레임은 '뼈대' 또는 '틀'이다. 기획서 내용의 대분류로 프레임이 설정되면 기획서의 골격이 잡히는 것이다. 목차나 로드맵도 결국 기획서의 프레임을 설계하는 것과 같다.

정리하면 로드맵, 목차, 프레임은 모두 같은 개념이다.

흐름 하나가 기획서 기술력의 차이다

전자제품의 작은 핵심 기술 하나가 제품의 경쟁력을 높인다. 다이어트 기법도 다른 방법과 다른 변별력 하나가 다이어트의 성패를 좌우한다. 기획서의 흐름은 핵심기술이자 다른 기획서와 다른 특화 요소다. 같은 내용이라도 흐름을 어떻게 잡느냐에 따라 기획서의 질이 달라진다.

흐름이 있는 기획서는 다음과 같은 특징을 갖는다.

첫째, 내비게이션 역할을 한다. 지도를 보여주고 음성을 안내하거나 지

름길을 찾아줌으로써 자동차 운전에 도움을 주는 프로그램이 내비게이션
이다. 내비게이션이 있으면 길 찾기가 매우 수월하다. 내비게이션이 목적
지에 도달하는 최적의 경로를 제시해주기 때문이다. 기획서의 내비게이
션 역할을 하는 로드맵은 기획서가 가야 할 길을 찾지 못하는 '길치'들에
게 꼭 필요하다.

둘째, 논리를 연결해준다. 서론―본론―결론 논리의 연결장치를 제공
한다. 로드맵이라는 기획서 전체의 큰 그림과 틀 내에서도 논리는 존재해
야 한다.

마지막으로 로드맵이 명확하면 적절한 기획의 양이 조절된다. 로드맵
에 따라 기획서 내용의 많고 적음을 예상하여 대략적으로 설계를 마치는
것이다. 말하자면 기획서의 그릇의 크기를 정하는 것인데, 그릇의 크기가
정해지고 난 후 그 안에 기획 내용물이 채워지게 된다.

반대로 흐름이 없는 기획서는 로드맵이 없고 논리도 결여되어 있다. 흐
름이 없는 문서 또한 특징이 있다. 한마디로 방황하는 기획서다. 이를 '궤
도 이탈 기획서'라고도 한다. 우주왕복선이 궤도를 이탈하면 우주의 미아
가 된다. 그렇기 때문에 우주왕복선은 발사 지후부터 지구로 돌아오기까
지 철저한 경로를 설정하여 이를 준수하고 있다. 경로에서 벗어나면 실패
나 다름없다. 흐름이 없는 기획서는 경로 설정을 못하고 있거나 아예 경
로가 없이 방황하는 우주왕복선과 같다.

기획서가 흐름이 없으면 갈피를 잡지 못하고 산만해진다. 흐름이 명확
하지 않으니 이리저리 내용을 나열하는 실수를 범한다. 흐름이 없는 기획

서의 가장 중요한 특징은 바로 일관성 결여다. 일관성은 통일감이다. 또한 각 내용 사이의 상호작용을 의미하기도 한다. 기획서에서 논리의 흐름 유무는 매우 중요하다. 기획서가 제 밥값을 하느냐 못하느냐의 차이이기도 하다.

구 분	흐름 있는 기획서	흐름 없는 기획서
논리성	있다	없다
일관성	있다	없다
산만함	없다	있다
로드맵	설정	미설정
궤도 이탈	없다	있다
기획의 양 조절	가능	불가능
내비게이션 역할	가능	불가능

● 흐름 유무 기획서 비교표

목차 구성을 위한 가설 설정

흐름을 나타내는 목차나 로드맵을 제대로 설정하기 위해서는 그들의 인과관계를 규명할 가설을 설정해야 한다. 가설이란 방향 잡기에서 정해진 기획 주제를 어떠한 형태로 구현할 것인지 구체적으로 기술한 것을 말한다. 확실히 검증은 되지 않았다 하더라도 상황을 예측하여 가설을 설정한다. 가설 설정을 통해 목차를 구체화하면 더욱 설득력 있고 흐름이 명확한 기획서를 만들 수 있다.

가설 설정의 예를 들어보자. 배탈이 나서 병원에 갔을 때 의사는 여러 가지 가설을 세워 환자에게 물어본다.

의사 : "언제부터 아프기 시작했죠?" 〈가설 1 : 시기 예측〉

환자 : "어제 저녁부터요."

의사 : "어제 저녁부터면 식사 전인가요? 식사 후인가요?" 〈가설 2 : 시기 예측 구체화〉

환자 : "식사 후입니다."

의사 : "그럼 저녁 식사 때 뭘 먹었죠?" 〈가설 3 : 원인 추측〉

환자 : "오징어 회요."

의사 : "그 오징어 회가 조금 오래된 것 아니었나요?" 〈가설 4 : 원인 추측 구체화〉

환자 : "예, 오래전에 냉장고에 넣어두었던 것을 꺼내 먹었어요."

의사 : "음, 아마도 어제 저녁에 드신 오징어가 약간 상해서 배에 탈이 난 것 같군요." 〈가설 확정 : 원인 파악〉

가설은 기획에서의 원인 파악은 물론 결론을 확정하는 데 많은 도움을 준다. 더욱이 가설을 토대로 논리의 흐름을 설정할 수 있기에 가설은 목차 구성에도 기여를 한다. 목차 구성을 용이하게 하기 위한 가설을 설정할 때 주의할 사항 몇 가지가 있다.

첫째, 단순한 추측은 금물이다. 그저 단순하게 '~때문에 ~일 것이다'라는 가설 설정은 안 된다. 가설 또한 하나의 논리이며, 설정된 가설은 인과

관계를 입증하는 중요한 증빙 요소다. 따라서 무조건적인 추측성 가설보다는 여러 가지 경우의 수를 충분히 고려하고 논리적으로 모순이 없는 가설을 설정해야 한다. 또한 가설은 곧 결론으로 귀결되기 때문에 목차의 결론 부분은 설정된 가설을 충분히 반영할 수 있도록 설계해야 한다.

둘째, 신뢰감을 주도록 노력해야 한다. 가설은 어디까지나 가정일 뿐이다. 거짓말도 아니지만 완전히 검증된 것도 아니다. 그렇다고 해서 신뢰감을 잃어버리면 안 된다. 신뢰감을 주기 위해서는 가설을 설정할 때 수많은 생각들을 조합해야 한다. 앞서 의사가 환자에게 진찰 결과를 도출해 내기까지 많은 질문을 하듯, 신뢰감을 주기 위한 많은 가정을 해야 한다. 가설 자체가 그대로 기획서에 구체화되는 것은 아니지만 신뢰감 있는 가설이 설득력 있는 기획서를 만들어낼 수 있다.

셋째, 기획 프레임으로 연결시켜야 한다. 가설은 기획의 흐름으로 이어지고 이는 목차 구성에 직결된다. 목차는 기획의 프레임과 같기 때문에 가설 설정이 기획 프레임에 직접적인 영향을 미치는 것이다. 기획 방향이 정해지면 순서에 의해 기획 내용이 기술되는 첫 번째 과정이 기획 프레임 설계인데, 이때 프레임을 짜기 위한 기초 자료는 가설 설정에 있다. 자유로운 기획 아이디어 발상으로 기획 방향을 수립하고 수립된 방향에 맞는 가설을 설정하면 곧바로 기획 프레임과 연결되어 목차가 구성된다.

가설을 설정함으로써 목차와 연결시키는 작업을 해보자.

	가설 설정 절차	목차 설정 절차
① 현상 파악	• 가을 'K' 신상품 매출이 20% 저하되었다.	K 상품 매출 저하 현 실태
② 추측 가설	• K 상품에 대한 인지도가 낮다. • K 상품에 대한 홍보가 부족했다.	매출 저하 원인 분석
③ 가설 확정	• K 상품에 대한 홍보가 부족하여 매출이 떨어졌다.	주기적인 홍보 전략
④ 방법 설정	• 9월 중 주 1회 과감한 TV 방송을 하기로 결정	구체적인 TV광고 방안

● 가설 설정과 목차 연결

핵심 다이어트 처방
한 방향 논리 흐름 설정의 중요성

☑ 다이어트 방식은 한 방향으로 일관되게

····· **물 흐르듯이 자연스러운 논리를 연결하라**

····· **흐름 설정은 곧 목차와 로드맵을 구상하거나 프레임(뼈대)을 만드는 것**

☑ 처음부터 끝까지 다이어트 프로그램대로 진행

····· **흐름을 이탈하지 않도록 주의하라**

☑ 다이어트 프로그램 단계 설정을 위한 추측 시도

····· **목차 구성을 위한 여러 가지 가설을 세우고 이를 확정하라**

11

기획서 프레임 설정 방법
살보다 통뼈가 중요하다

한골조 사원과 소심현 사원은 입사 동기다. 이들의 업무 스타일은 매우 다르다. 특히 기획서를 만들 때의 성향은 정반대다. 한골조 씨는 큼직큼직한 목차를 만들어 내용 자체의 선을 굵게 표현하는 반면, 소심현 사원은 한 장 한 장 빼곡하게 내용을 채워 자세하게 문서를 작성한다.

이들에게 공통 과제가 주어졌다. 신입사원이 생각하는 회사 제품의 개선 방향에 대해 검토해서 보고하라는 것이다. 두 사람은 역시 대조적인 보고서를 제출했다. 얼핏 보기에는 소심현 사원의 보고서가 성의 있게 보인다. 때문에 함께 보고서 결재를 받기 위해 상사의 사무실에 들어가면서 소심현 사원은 내심 뿌듯해한다. 자세한 내용이 자신에게 유리할 것이라는 판단에서다. 두 사람의 보고서를 받은 지도해 부장은 그들에게 각각의 평가를 내렸다.

"한골조! 역시 큰 그림을 제대로 그렸네. 조금만 살을 붙여 보완하면 되겠어."

"소심현! 기획서의 통뼈가 없어. 골격이 없으니 곧 무너지겠네. 똑바로 좀 해!"

짜임새 있는 서론―본론―결론 구성

뼈는 기획서의 프레임이며, 목차는 통뼈가 되는 주된 프레임이다. 뼈가 없으면 기획서는 연체동물처럼 흐물거린다. 목차는 기획서의 큰 틀과 뼈대를 결정하는 흐름이다. 목차에 의해 내용이 체계적으로 구체화되고 짜임새 있는 논리의 흐름이 결정되는 것이다. 말하자면 기획서는 일정한 흐름을 기반으로 통뼈를 만들어놓고 봐야 한다.

흐름의 근 줄기는 서론― 본론―결론이다. 이리한 기본 흐름에 맞춰 내용상의 통뼈인 로드맵 또는 목차를 구성해야 한다. 서론에서 결론에 이르는 3부 구성의 흐름은 기획서의 불변의 흐름이다. 기획서는 발단―전개―위기―절정―결말의 5부 구성으로 이어지는 소설이 아니다. 신문의 4컷 만화처럼 기―승―전―결의 4부 구성 로드맵 방향이 있다 하더라도 그 안의 전개는 오로지 서론―본론―결론이다. 이는 전형적인 기

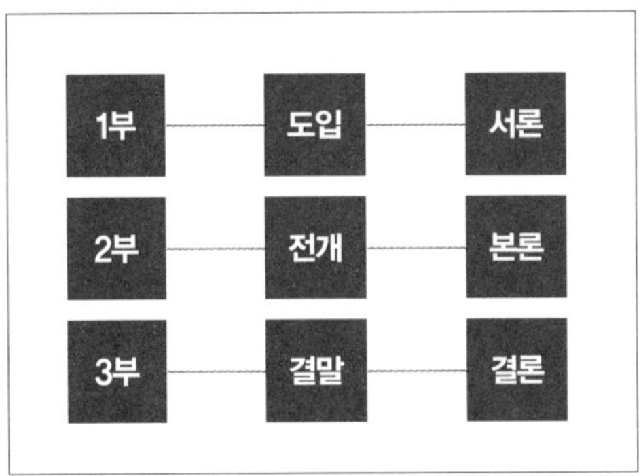

● 기획서의 구성

획서의 흐름이다. 따라서 각각의 서론, 본론, 결론에 맞는 통뼈를 찾아야 한다.

서론—본론—결론의 3부 구성은 내용에 안정감을 주고 효과적이면서 강력하게 주제를 전달한다. 서론은 도입, 본론은 전개, 결론은 결말을 나타낸다. 다이어트를 하기 위해 시작하는 도입, 다이어트 프로그램을 추진해나가는 과정인 전개, 결국 살 빼는 데 성공했느냐의 결말이라는 일련의 과정이다. 단 한 장의 원 페이지 기획서를 작성하더라도 그 안에 서론—본론—결론 논리의 흐름이 있어야 한다. 제목을 중심으로 구성된 항목들이 서론—본론—결론의 흐름을 타면서 뼈대와 프레임으로서 제 몫을 다해야 한다.

각 구성은 각각의 성격에 맞게 로드맵 또는 그 이후의 내용이 구성되어야 한다. 목차와 더불어 서론은 서론다워야 하고, 본론은 본론의 색깔을 잃어버리지 않아야 하며, 결론은 결론처럼 보여야 한다. 그렇지 않으면 상호 경계가 모호한 기획서가 된다.

102

서론은 기획서의 머리 부분이다. 이야기의 시작이기도 하다. 서론의 기획은 주의를 환기시키고 기획 의도와 기획서의 개념을 분명하게 나타내는 로드맵으로 설정하는 것이 좋다. 말하자면 기획서의 전반적인 큰 밑그림을 그리는 단계로서의 역할을 해야 한다.

본론은 기획서의 알맹이에 해당되는 부분이다. 본론은 중심이 되는 핵심사항들로 논리의 흐름이 구성되어야 한다. 또한 사실에 근거한 논리적 근거를 제시하는 부분이다. 제시한 자료나 내용들이 논리적으로 설득력을 가질 수 있도록 프레임 구성을 해야 한다.

결론은 기획서의 끝부분으로, 논리가 마무리되는 부분이다. 최종적으로 기획서가 추구하는 로드맵의 종착지를 보여주며, 중요한 부분은 재요약하거나 다시 동기를 부여해주는 단계다. 또한 결론 부분에서는 기획서의 내용이 궁극적으로 추구하고자 하는 실행 의지와 방향을 나타내며 흐

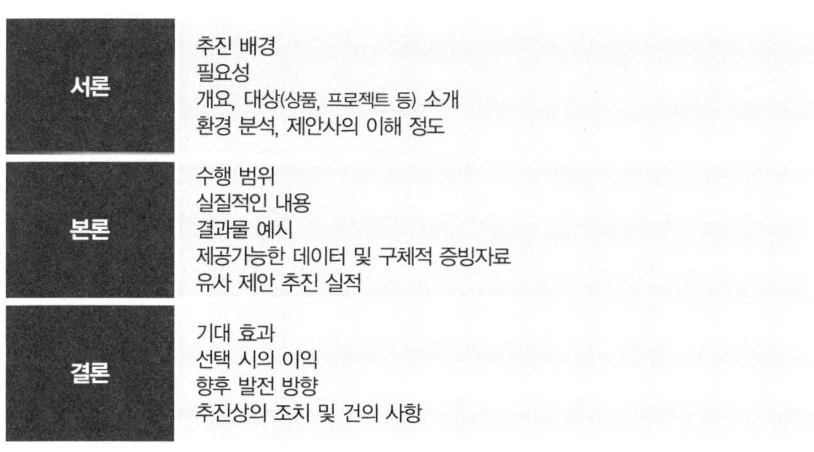

◦ 서론, 본론, 결론에 해당하는 목차 내용

름을 종결짓는 것이 좋다. 일반적으로 서론—본론—결론의 기획 로드맵
에 해당하는 목차 내용들은 다음과 같다.

서론—본론—결론의 논리 흐름을 축으로 각각에 맞는 목차와 간단한
내용을 부여하면 매우 강력한 다이어트 기획서를 만들 수 있다.

스토리 보드처럼 흘러가자

스토리 보드(story board)라는 말을 들어본 적 있는가? 스토리 보드란 드라
마, 영화, 광고 등의 주요 장면을 간단하게 그림으로 그려 나란히 붙인 것
으로, 일반적으로 시나리오의 흐름이라고 한다.

기획에서의 스토리 보드는 기획의 로드맵에 따라 기획서나 슬라이드를
어떻게 구성할 것인지 개략적으로 설계하는 작업이다. 스토리 보드 또한
서론—본론—결론의 기본적인 흐름을 중시한다. 3부 구성의 설계안에
맞춰 목차나 로드맵을 설정하여 프레임을 확정 짓고 기획서의 전개에 대
한 대략적인 윤곽을 설정해야 한다. 따라서 기획서를 쓸 때 스토리 보드
를 짜듯이 작성하면 논리의 흐름을 잃어버리지 않는다.

기획서의 스토리 보드 작업은 '페이퍼 워킹'을 통해 이루어진다. 페이
퍼 워킹은 실제로 수정되고 다듬어지기 이전의 기획의 모든 물줄기를 자
유롭게 기술한 것으로, 스토리 보드와 동일한 기능을 발휘한다. 페이퍼

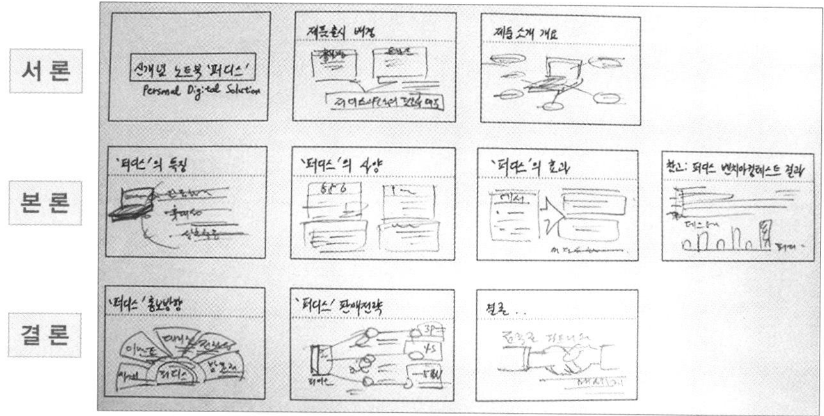

● 스토리 보드 작성 예

워킹을 통해 기획서의 로드맵이 구체적으로 완성된다고 할 수 있다. 기획 스토리 보드는 집을 짓기 위한 설계 조감도와 같다. 대략적이라도 어떤 내용 항목이 구성되는지에 대한 핵심내용 설계가 이루어진다. 각 기획서의 페이지마다 주된 내용을 어떤 것으로 할 것인지 영화의 장면을 선택하듯 정한다. 스토리 보드만 있으면 본격적으로 기획 작업을 진행할 때 어렵지 않게 작업을 해나갈 수 있다. 그렇지만 스토리 보드에 세부적인 내용까지 꼼꼼하게 기록할 필요는 없다.

또한 스토리 보드는 흐름상의 기록물이다. 광고 스토리 보드는 초당 프레임별로 작성되어 광고 순간순간을 기록한다. 기획 스토리 보드 또한 기획서의 페이지를 하나하나를 연결해서 모아놓은 시나리오이자 종합 기록물이다. 페이퍼 워킹 작업으로 만든 서론—본론—결론의 기획서의 흐름을 널빤지처럼 펼쳐 필요한 내용을 명시해야 한다. 가령 슬라이드 기획이라면 핵심콘텐츠, 주요 객체의 형태, 개략적인 배치, 추가자료 등을 기술한다. 스토리 보드에는 정형화된 형식이 없다. 흐름에 맞는 자유로운 구성을 원칙으로 한다. 텍스트나 도형, 이미지 등을 제한 없이 다양하게 구성하면 된다. 다만 스토리 보드는 흐름 기획서이기 때문에 페이지 간의 연결고리가 약해지지 않도록 해야 한다. 즉, 목차와 로드맵에 충실해야 하는 것이다. 스토리가 매끄럽게 진행되지 않는 스토리 보드는 내용 없이 그저 산만하기만 한 영화와 같다.

핵심 다이어트 처방

기획서 프레임 설정 방법

☑ 뼈가 튼튼해야 다이어트도 잘되는 법

······ **3부 구성의 프레임(뼈대)을 잘 만들어라**

☑ 도입―전개―결말의 전형적 다이어트 프로그램 수순 밟기

······ **서론―본론―결론에 해당하는 목차를 짜임새 있게 구성하라**

☑ 다이어트 스토리 보드 만들기

······ **스토리 보드를 짜듯이 기획서를 설계하라**

12

연역적 논리 접근 방법
어쨌든 살을 빼는 게 결론이다

출장을 간 임박해 과장은 참으로 난감한 일에 봉착했다. 본사와 통화 도중 중요한 사안을 이야기하지 못한 채 갑자기 핸드폰 배터리가 방전된 것이다. 외부에 나와 있어 충전기도 없고 게다가 마땅히 충전을 할 곳도 없어 그야말로 대략 난감이다. 임 과장은 용기를 내서 지나가는 행인에게 핸드폰을 빌리기로 했다.

"저기요……. 제가 지금 중요한 일로 회사 출장을 왔는데요. 아침에 빨리 충전하려고 했는데 너무 바빠서 못하고요. 배터리 눈금이 한 칸 남은 상태에서 핸드폰으로 업무 보고를 하다가 지금 배터리가 다 소모되어 도중에 전화가 끊어졌거든요. 충전기는 있지만 숙소에 두고 온 상태고, 도무지 충전할 방법이 없네요."

그러자 행인이 이야기했다.

"거참, 답답해 죽겠네! 그냥 한마디로 전화 한 통화하게 핸드폰을 빌려 달라는 거 아니오?"

일단은 연역적 접근 방법으로 접근하자

연역적 접근 방법은 일반적인 사실이나 대전제 논리로부터 개별적이고 구체적인 소전제를 이끌어내어 최종 결론을 도출하는 논리를 말한다. 흔히 우리가 알고 있는 '3단 논법'이 바로 연역적 접근 방법이다.

대전제—소전제—결론 순으로 먼저 일반화시키고 이를 구체화하는 것으로, 말하자면 '결론부터 이야기하는' 논리다. 가령 '축구선수는 빠르다'라고 대전제인 결론을 먼저 이야기하고, '박지성은 축구선수다', '따라서 박지성은 빠르다'라고 최종 결론을 이끌어낸다.

이에 비해 귀납적 접근 방법은 연역적 접근 방법과는 반대로 개별적이고 구체적인 사실로부터 일반적인 결론을 도출하는 것이다. 즉, '박지성은 빠르다', '박주영도 빠르다', '이청용도 빠르다', '따라서 축구선수는 빠르다'라는 논리 전개다.

비즈니스 기획서는 보편적으로 연역적 논리의 흐름으로 접근하는 것이 좋다. 결론부터 이야기하고 구체적으로 풀어주는 것이다. 여기서 말하는 결론은 서론—본론—결론의 3부 구성에서 말하는 결론이 아니라 기획서가 가고자 하는 전반적인 개요 등의 결론이라고 보면 된다. 해답을 먼저 이야기하고 풀어나가는 접근 방법이기에 처음부터 명쾌하게 쓰는 것을 좋아하는 기획서에서 즐겨 사용하고 있다.

다이어트에 좋은 기획 상품 제안서라면 처음 도입 부분에 '이 제품은 이런 이유로 출시하게 되었습니다', '이런 제품으로, 다이어트에 효과 만점입니다'라고 결론부터 이야기해야 한다. 연역적 접근 방법의 기획서는 일반적인 제안서, 보고서 등에서 많이 볼 수 있다.

귀납적 접근 방법은 주로 원인 분석에 따른 결과 보고서, 제품 판매사례를 통해 트렌드를 파악하여 새로운 전략을 모색하는 기획서에 주로 등장한다. 그러나 요즘 기획서는 전형적인 접근 방법의 틀이 무시되기도 한다. 내용에 따라 어떤 접근 방법이 효과적인지를 먼저 저울질해야 한다. 그때그때 상황에 맞게 논리의 접근 방법을 다양하게 전개하는 것이 오늘날의 기획서 작성 추세다. 논리 전개의 해법을 찾지 못할 때는 연역적 접근 방법을 채택하는 것이 우선이다.

S-D-S 논리의 흐름을 알자

S-D-S 논리의 흐름은 연역적 접근 방법을 제대로 적용한 기획서의 로드

맵이다. 로드맵 방향이 혼란스러울 때 가장 무난하게 채택할 수 있는 접근 방법이다. 결론부터 곧바로 이야기하기 때문에 화끈하다. 보는 사람, 듣는 사람이 답답하다며 짜증을 내지 않는다. S-D-S는 각각의 영어 단어의 첫 글자를 딴 것이다.

S는 대전제인 결론을 요약하는 'summary(요약)'를 의미하고, D는 개별적이고 구체화된 설명인 'detail(상세)'을 나타내며, 마지막 S는 이를 재요약함으로써 최종 결론을 유도하는 'summary(요약)'를 나타낸다. S-D-S 흐름은 약방의 감초처럼 써먹는 기획서 논리의 흐름 공식이다.

기획서의 서론에 해당하는 'S' 부분은 기획의 도입부로서 대전제를 이야기한다. 결론을 요약하여 먼저 큰 그림을 그리는 것이다. 큰 그림을 그리기 때문에 넓게 숲 전체를 이야기하는 것이라고 생각하면 된다. 또한 앞서 이야기한 기획 필요점에서 도대체 기획서가 무엇을 이야기하는지에 대한 'so what'을 설명하는 부분이다.

기획서의 본론 부분인 'D' 부분은 구체적이고 논리적인 근거를 나타낸다. 세부적인 내용으로서 하나하나의 나무를 심듯이 상세하게 표현한다고 보면 된다. 기획서의 결론 또는 문제점에 대한 근거나 원인이 무엇인지 밝혀내는 'why so'에 대한 해답을 주는 부분이기도 하다.

기획서의 결론인 'S'는 다시 요약하는 부분이다. 서론 부분의 S가 기획서의 전반적인 내용을 설명하는 개요적인 부분이라면, 결론 부분의 S는 재요약함으로써 방향성을 제시하는 부분이다. 숲과 나무를 통해 전체와 부분을 보고 나서 핵심적인 부분에 대해 방향을 주는 것이다. 기획서의

'how to'를 제시하는 부분이다. 보다 쉽게 설명하면 서론에서 기획서의 큰 숲을 그리고, 본론에서는 세부적인 나무를 심고, 결론에서는 이 중 핵심나무를 선정하여 방향성을 주는 로드맵으로 이해하면 된다.

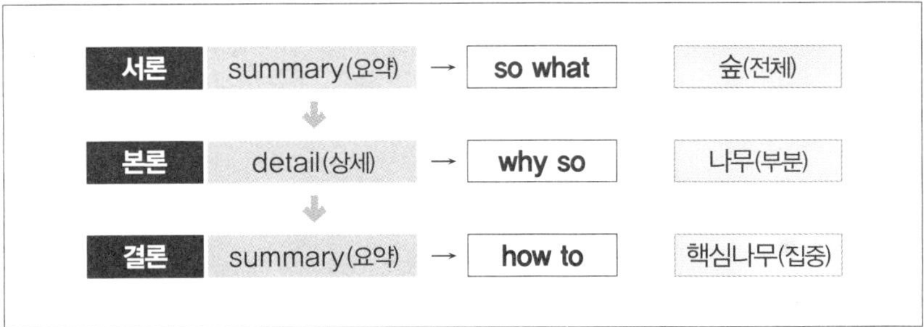

● S-D-S 논리의 흐름

여러 가지 접근 방법을 알아두자

다이어트를 위한 유산소 운동으로 수영을 한다고 생각해보자. 여러 가지 접근 방법이 있을 수 있다. 하루 중 언제부터 언제까지 하는지 시간적인 흐름 부분을 강조할 수 있고, 수영의 강도를 점차 높여서 하는 단계별 접근 방법을 선택할 수 있다. 자유형, 평영, 배영, 접영 등의 수영 방식을 처음부터 끝까지 어떤 식으로 조합하여 적용할 것인지도 고민일 것이다. 검증되고 유명한 다이어트 프로그램은 이러한 다양한 수영에 대한 접근 방법 중 가장 효과적인 것을 찾아낸다.

기획서도 예외가 아니다. 시도 때도 없이 연역적, 귀납적 접근 방법 하나만 알고 구사할 게 아니라 그 밖에 존재하는 다양한 접근 방법을 알고 각각의 기획서에 어울리는 방법을 적용해야만 목차 등의 구성에 유리하다. 몇 가지 접근 방법을 소개하면 다음과 같다.

첫째, 시계열적 접근 방법이다. 이는 시간의 흐름에 따라 논리를 전개하는 방법이다. 과거—현재—미래의 흐름, 또는 회상—조명—예측의 흐름을 설정한다. 일반적으로 회사 연혁을 소개할 때의 로드맵이다.

둘째, 지리적 접근 방법이 있다. 지역적·공간적 개념에 의한 논리 전개 방법이다. 위치 등을 나타내는 내용이 있을 때 많이 선택하며, 영업 배치 현황, 해외 지사 및 조직도 등을 나타낼 때 많이 활용한다.

셋째, 마치 에스컬레이터를 타듯 단계적으로 변화하는 논리의 흐름을 갖는 단계적 접근 방법을 이야기할 수 있다. 작은 것에서부터 큰 것으로 또는 점차 업그레이드되거나 발전되는 개념으로서 논리를 전개한다. 회사의 성장사, 매출 증가 추이에 대한 기획서에 많이 활용하는 접근 방법이다.

원인과 결과에 의한 인과관계 논리구조를 설명할 때는 문제 해결식 접근 방법을 채택한다. 현 실태와 문제점을 발견하고 이를 해결하는 대안을 모색하여 실천하는 문제 해결 및 개선 등의 보고서에서 많이 볼 수 있다.

독일 철학자 헤겔이 고안해낸 정—반—합 설득 이론으로 모순 통합식 접근 방법이라는 특별한 목차 구성의 논리도 소개할 수 있다. 문제나 갈등이 없는 어떤 현상(정)을 부정적으로 뒤집어 모순이나 갈등(반)을 설명

하고 결국 이러한 모순 해결을 통해 합리적(합)인 논리로 이끈다는 논리이
다. 이는 갈등 구조를 겪는 어떤 특정한 사안이나 현황 보고에 적합하다.
어떤 제도에 대한 좋은 점을 인정하고(정) 이에 대한 부정적인 인식이나
제한사항을 이야기한 후(반), 결국 좋은 점을 살리고 부정적인 부분을 줄
여 발전방안을 모색(합)하는 방향으로 기획서의 로드맵을 구성하면 좋다.

결론부터 말하는 연역적 논리 접근 방법

☑ 먼저 다이어트한다고 말하기
 ······ **일단은 결론부터 이야기하라**

☑ 요약하고 — 풀어주고 — 다시 요약하고
 ······ **고민되면 S-D-S 논리 접근 방법을 주로 활용하라**

☑ 유산소 운동 하나에도 여러 가지 방법이 존재
 ······ **목차 구성 시 다양한 논리 접근 방법을 시도하라**

13

기획 형태별 로드맵 작성법
이렇게도 해보고 저렇게도 해보자

'이건 제안서도 아니고 보고서도 아니야! 완전 잡종 기획서로군.'

양제보 대리가 기획서를 쓰면서 투덜대고 있다. 좀처럼 기획서의 로드맵이 잡히지 않는다. 제안서를 쓰면 보고서 같고, 보고서를 쓰면 제안서 같다. 목차 구성부터 막히니 내용이 잘 나올 리 없다. 양 대리는 목차 구성을 도와주는 샘플이나 공식이 있었으면 좋겠다는 생각이 든다. 그래야 이를 로드맵 방향으로 삼아 목차를 구체화할 수 있을 것 같다. 사자성어처럼 외우기 쉽다면 금상첨화. 양 대리는 고생 끝에 '동향 분석—방법 설정—불가능 요소 판단—패하지 않는 비결 찾기'의 앞글자만 딴 '동방불패' 식의 사자성어 목차 전개 공식 로드맵을 개발했다. 그러나 막상 기획서를 쓰려니 사자성어밖에 생각이 나지 않아 결국 아무것도 쓰지 못했다.

기획서마다 로드맵 공식을 표준화하라

제품에도 국제 규격에 맞는 표준화 바람이 일고 있듯이 다이어트에도 표준화 작업이 시행되고 있다. 그렇다면 기획서도 표준화 작업을 하면 시간 절약, 노력 절약이 되지 않겠는가? 정부기관에서 기획서 표준화 작업을 해주지 않으니 우리끼리 표준화를 해보자. 대략 큰 물줄기의 로드맵 공식을 위의 사자성어처럼 해보는 것이다. 우리가 작성하는 기획서는 크게 제안서와 보고서로 나눌 수 있다. 수많은 형태의 제안서와 보고서가 있지만, 이 중에서도 많이 쓰는 제안서, 보고서의 몇 가지 로드맵 공식을 소개하면 다음과 같다.

〈사자성어식 목차 만들기 공식〉

① 일반 기획 제안서 로드맵 공식

목(目) – 개(槪) – 전(戰) – 세(細)

목적 – 개요 – 전략 – 세부 실행 계획

(*취지와 목적을 분명히 하고 대략적인 밑그림을 설계한 후 전략 방향을 설정하여 세부적으로 전개하는 목차 선정)

② 사업 기획 제안서 로드맵 공식

개(槪) – 근(根) – 기(期) – 방(方)

개념 – 추진 근거 – 기대 효과 – 방향 설정

(*사업에 대한 개념을 설정하여 추진상의 근거를 제시하고 사업에 대한 긍정적 기대 효과를 언급하며 이후 실행 방향을 도출하는 목차 선정)

③ 문제 해결 보고서 로드맵 공식

현(現) - 문(問) - 개(改) - 방(方)

현 실태 - 문제점 - 개선 방향 - 방법 설정

(*현재 상태의 문제점을 파악하여 개선방향을 도출하고 구체적인 해결의 방법론을 모색하는 흐름으로 목차 선정)

이러한 로드맵 공식은 어디까지나 참고일 뿐이다. 무조건적으로 모든 문서에 고착시켜 적용하지 말고 기획서의 형태에 따라 다양한 로드맵을 적용해야 한다.

제안서는 결과를 먼저 제안한다

제안서는 새로운 것을 추진함에 있어 말 그대로 여러 가지 의견을 제안하는 기획서이다. 전체적인 큰 방향 또는 전략을 설정하고 세부적인 실행 부분을 정리하여 허락을 득하는 문서다. 따라서 포괄적이고 거시적인 관점에서부터 출발하여 미시적인 세부내용을 담아내는 맥락 형태의 목차 구성이 바람직하다. 수많은 다이어트 프로그램 제안서를 보라. 잘 쓴 제안서는 모두 다이어트 프로그램에 대한 큰 그림부터 작은 그림으로 고객을 유인하고 있다. 그렇기 때문에 제안서는 연역적 접근 방법에 가장 충실하다. 처음의 한두 장에서 승부수를 띄우기 때문에 처음부터 답을 내고 출발하는 데 제안의 매력이 있다.

더불어 연역적 접근 방법의 제안서는 시작부터 강력하기 때문에 집중력이 강하다. 결론부터 말하기 때문에 기획서가 논점을 일탈할 염려 또한 비교적 덜하다.

목(目) ― 개(槪) ― 전(戰) ― 세(世)

- 목적 또는 취지가 무엇인가? ——————— **목**
- 전체적인 개요는 무엇인가? ——————— **개**
- 전략 등의 방향은 무엇인가? ——————— **전**
- 세부적인 계획은 무엇인가? ——————— **세**

서론	직장 내 성희롱 예방의 필요성	**목(목적 및 취지)**
	성희롱 예방 대책 주요 방향 3가지	**개(개요)**

본론	성희롱 예방 대책 1
	    – 표어, 포스터 제작 활용
	성희롱 예방 대책 2
	    – 성희롱 예방 교육
	성희롱 예방 대책 3
	    – 사내 성희롱 예방 상담소 운영
		전(전략 및 방향)

결론	실행 계획 통제 및 조치 방법	**세(세부 실행 방안)**

직장 내 성희롱 예방 대책 수립에 대한 제안서 로드맵과 목차

앞서 설명한 목—개—전—세의 로드맵 공식을 활용하여 제안서 목차를 설정해보자. 명확한 취지와 목적을 밝힌 후 기본적인 개요를 설명하고 전략 방향을 설정하여 세부적으로 풀어나가는 논리다.

마찬가지로 사업 기획 제안서도 이런 형태로 로드맵을 설정하여 목차를 구성할 수 있다.

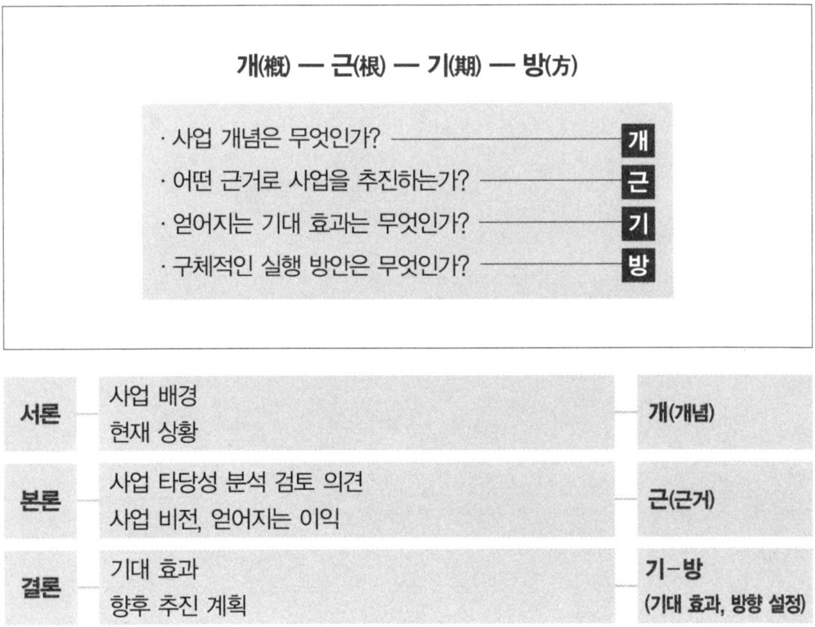

● 신규 사업 기획 제안서 로드맵과 목차

보고서는 크게 두 가지다. 분석(조사) 보고서와 결과 보고서다. 업무수행과 관련한 제반사항을 정리하여 보고하는 기획서와, 품의서를 통해 허락을 얻은 사항에 대하여 실행하고 그 결과를 보고하는 기획서가 있다. 다이어트에 대한 여러 가지 프로그램을 조사했다면 분석 보고서이고, 다이어트 결과에 대한 이야기를 문서화했다면 결과 보고서다.

비즈니스 보고서도 마찬가지다. 제품에 대한 문제점 파악을 통해 개선점을 분석하여 구체적인 방법을 설정하는 보고서는 분석 보고서이고, 신입사원 교육 과정을 운영하고 이에 대한 평가 및 피드백을 제출하는 기획서는 결과 보고서다. 각각의 형태의 보고서는 본질적 차이는 있지만 객관적으로는 공통점을 갖고 있다. 정확하게 사안을 파악하여 흐름에 어긋나지 않게 정말 브리핑을 하듯이 보고서를 작성해야 한다는 것이다. 브리핑이 곧 보고다.

문제 해결에 대한 보고서의 예를 들어보자. 현재의 문제점을 개선하는 방법론을 설정하여 보고하는 흐름으로 기획서를 작성해야 한다. 즉, 현—문—개—방의 로드맵을 적용하는 것이다. 목차는 현 실태와 현상을 정확하게 파악하여 문제를 규명하고 이에 대한 개선 과제와 포인트를 도출하여 구체적인 방법을 찾는 내용을 브리핑하듯이 풀어나가야 한다.

현(現) ― 문(問) ― 개(改) ― 방(方)

· 현상은 어떠한가? ──────────── **현**

· 지금 무엇이 문제인가? ──────────── **문**

· 어떤 방향으로 개선할 것인가? ──────────── **개**

· 구체적인 실행 방안은 무엇인가? ──────────── **방**

서론	현상 분석 문제 및 원인 파악	현─문 (현 실태, 문제 파악)
본론	개선 과제 도출 과제별 개선의 핵심 포인트 　– 개선안 1 　– 개선안 2 　– 개선안 3	개(개선 방향)
결론	실천 계획 수립 시행 스케줄	방(실행 방법 설정)

● 문제 해결 개선 방안 도출 보고서 로드맵과 목차

핵심 다이어트 처방
제안서의 로드맵 및 목차 구성법

☑ 4단계 다이어트 비법 공개

　　…… **로드맵 공식을 만들어 적용하라**

☑ 다이어트하면 뭐가 달라지는지 답부터 제안

　　…… **거시적 관점에서 미시적 관점으로 제안의 논리를 만들어라**

☑ 다이어트에 대해 객관적이고 정확하게 알려주기

　　…… **순차적으로 직접 보고를 하듯이 작성하라**

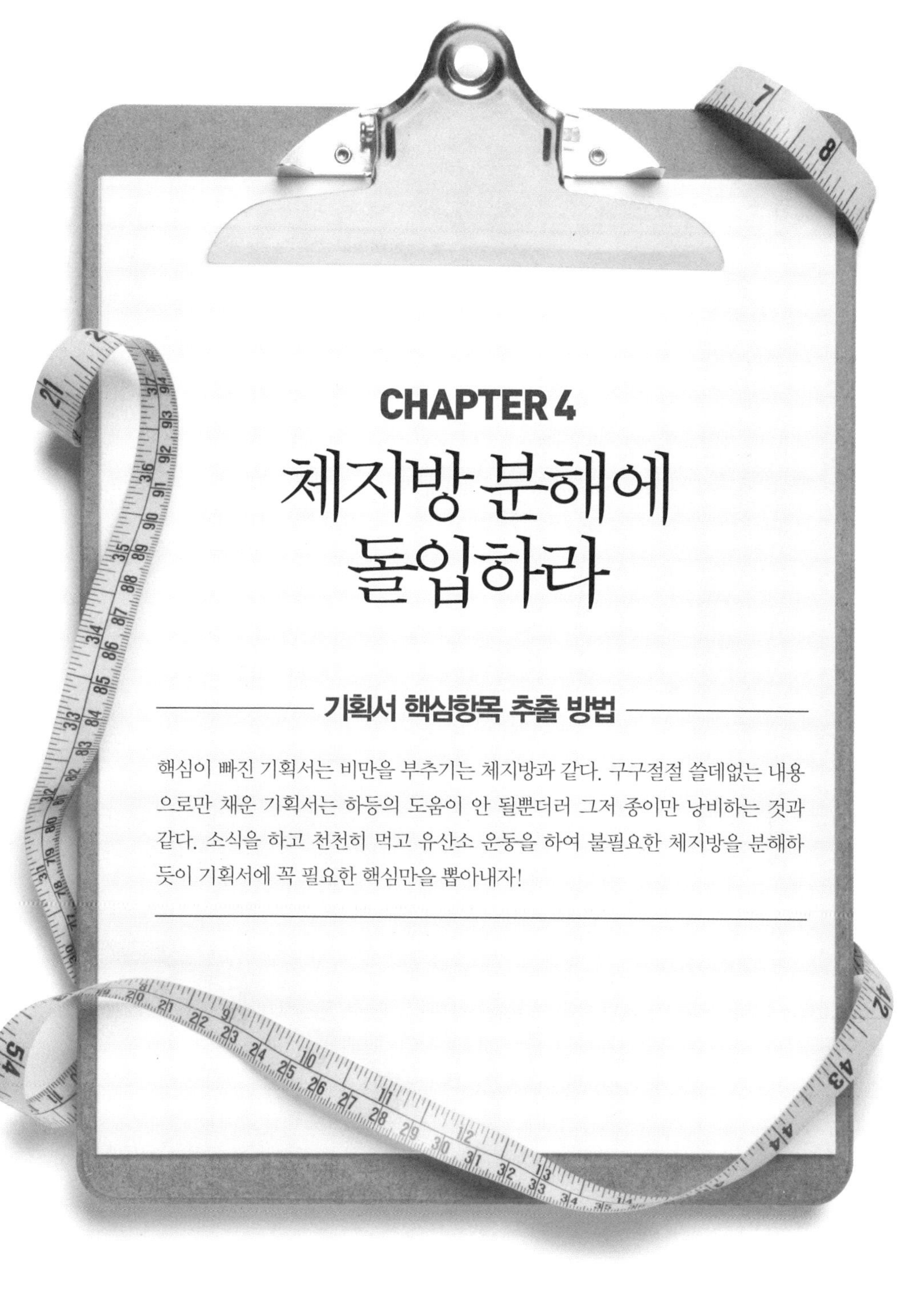

체지방 분해에 돌입하라

기획서 핵심항목 추출 방법

핵심이 빠진 기획서는 비만을 부추기는 체지방과 같다. 구구절절 쓸데없는 내용으로만 채운 기획서는 하등의 도움이 안 될뿐더러 그저 종이만 낭비하는 것과 같다. 소식을 하고 천천히 먹고 유산소 운동을 하여 불필요한 체지방을 분해하듯이 기획서에 꼭 필요한 핵심만을 뽑아내자!

14

기획서 논리구조화 이해
내 몸 구조상 지방이 어디에?

"흩어진 것 주워 오게."

김부리 상무의 알 수 없는 이야기에 홍산만 과장이 조심스럽게 묻는다.

"네? 무슨 말씀이신지……."

"이 기획서에 이것저것 산만하게 나열한 내용들 주워 담으라고!"

김 상무의 다소 언짢은 목소리에 홍 과장은 할 말을 잃는다.

"자네 논리구조화에 대해서 아는가?"

"네, 논리를 구조화한다는 말 아닙니까?"

이번에는 김 상무가 할 말을 잃는다.

돌을 하나하나 층층이 쌓으면 무너진다. 그러나 일정한 구조를 만들어 쌓아올리면 결코 무너지지 않는다. 다이어트도 무조건 시도하면 실패한다. 어디에 지방이 많고 어느 부분을 집중적으로 트레이닝해야 할지 고민해야 한다. 정돈된 느낌이 들도록 일정한 구조를 만드는 것을 '구조화'라고 한다. 다음 설명 중 가장 구조화가 잘된 것은 어느 것인가?

① 책꽂이에 도서가 두서없이 꽂혀 있다.

② 책꽂이에 도서가 크기순으로 정돈되어 꽂혀 있다.

③ 책꽂이에 도서가 분야별로 크기순으로 꽂혀 있다.

정답은 ③번이다. 구조화의 개념에 논리를 접목한 것이 바로 '논리구조화'다. 논리구조화라는 의미는 논리의 부분적 요소나 내용을 서로 관련되는 것끼리 잘 묶어 통일감 있게 조직화하는 것을 말한다. 즉, 무분별하고 정리되지 않은 논리를 체계적으로 정리하여 논리의 불균형을 없애는 것이다. 기획서의 핵심을 파악하려면 이러한 논리구조화를 반드시 이해하고 적용해야 한다.

기획서는 아이디어—서열화—구조화의 단계를 거친다. 아이디어를 도출하여 순서대로 나열하는 서열화 단계를 거쳐 구조화에 이르게 되는 데, 구조화는 서열화보다 더 정돈된 의미를 부여한다. 일반적으로 어떠한 사실에 대한 정돈되지 않은 생각을 아이디어라고 하고, 이러한 아이디어를 차례를 정하여 일률적으로 정렬한 것을 서열화라고 하며, 서열화된 각 내용을 공통의 속성을 지닌 것끼리 유기적으로 조립하여 통일된 조직을 이루게 한 것을 구조화라고 한다. 아이디어—서열화—구조화의 차이는 다음과 같다.

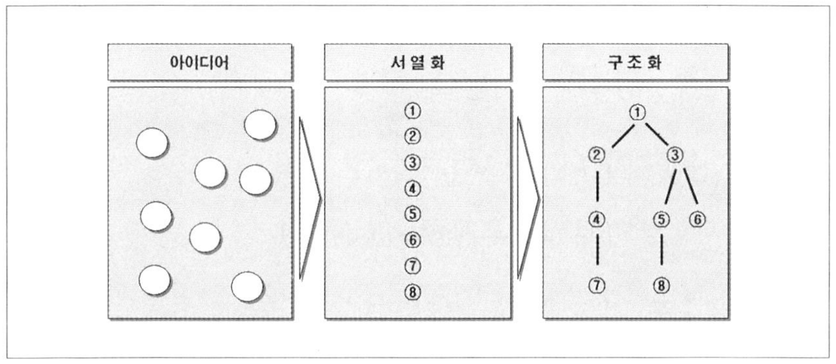

● 아이디어—서열화—구조화

채용 담당자가 입사 지원자들의 서류를 일일이 받는 것은 단지 아이디어를 늘어놓은 것과 같다. 서류를 일정한 순서대로 정리하는 것이 서열화이며, 서류를 보고 학력별, 지역별, 연령별로 분류하는 것이 바로 구조화다.

그럼 구조화를 연습해보자. 아래와 같이 두서없이 나열한 고객정보를 잘 분류하여 구조화까지 진행해보자.

〈아이디어〉

남자, 30대 이하, 서울 지역, 40~50대, 여자, 경기 지역, 60~70대, 호남

지역, 55세 이상, 충청 지역

〈서열화〉

남자, 여자, 30대 이하, 55세 이상, 40~50대, 60~70대, 서울 지역, 경기

지역, 호남 지역, 충청 지역

〈구조화〉

① 성별 고객 : 남자, 여자

② 연령별 고객 : 30대 이하, 55세 이상, 40~50대, 60~70대

③ 지역별 고객 : 서울 지역, 경기 지역, 호남 지역, 충청 지역

정리되지 않은 아이디어를 단지 순서대로 정렬한 것이 서열화이고, 이를 성별, 연령별, 지역별로 나누어 정리한 것이 바로 구조화다. 그리고 이 구조화에 일정한 논리를 적용한 것이 바로 논리구조화다.

MECE란 맥킨지 컨설팅의 논리적 사고에서 파생된 것으로, 어떤 사항과 개념을 중복되지 않고 누락되지 않게 하여 부분적으로 전체를 파악하고자 하는 사고방식이다. 풀어 쓰면 ME는 mutually exclusive(중복되지 않음), CE는 collectively exhaustive(누락되지 않음)다.

MECE의 목적은 전체를 파악하여 서로 중복되거나 누락되지 않도록 하는 데 있다. 전체적인 상황을 제대로 파악하지 못하면 효과적인 방향이나 대책을 마련할 수 없기 때문이다. 기획에서 MECE는 매우 중요한 의미를 갖는다.

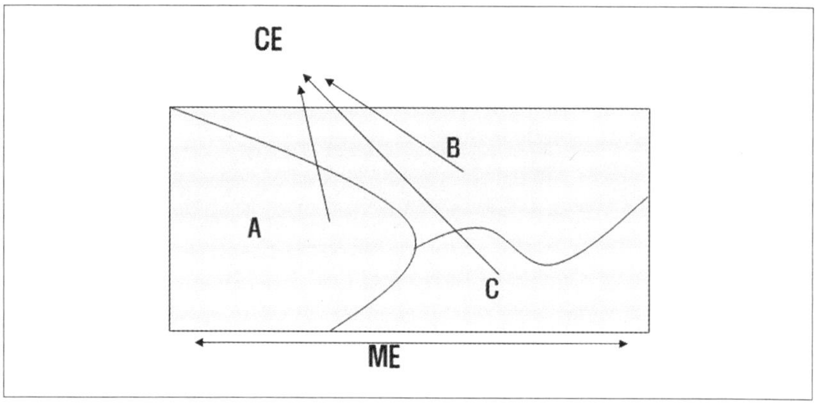

● MECE의 기본 개념도

A, B, C는 총합이 전체를 이루고 서로 MECE한다. 즉, 중복이나 누락이 발생하지 않는다.

ME는 중복회피의 개념이다. 학교에서 조회시간에 교장선생님이 한 얘기를 또 하고 또 하면 정말 지루하고 짜증난다. 대화를 할 때도 마찬가지로, "그거, 전에 한 이야기잖아?"라고 한다면 이야기의 중복이 발생한 것이다. 기획서 또한 똑같은 내용이 겹치게 작성하는 것은 중복이 발생한 것이니 이를 철저히 배제해야 한다.

중복은 분류를 제대로 하지 않았을 때 발생한다. 자동차를 분류할 때 4륜구동, 2륜구동, 전륜구동이라고 한다면, 2륜구동과 전륜구동에서 중복이 발생하게 된다. 4륜구동, 2륜구동으로 분류하는 게 효과적이다.

같은 방식으로 생물을 포유류, 어류, 파충류로 분류한다면, 중복은 없지만, 양서류, 조류 등이 빠졌기 때문에 누락이 발생한 것이다. 즉, ME이기는 하지만 CE는 아니다.

CE는 누락회피의 개념이다. 여행을 갈 때 정작 중요한 비행기 표를 챙겨 가지 않았다면 어떻게 될까? 치명적인 누락이 발생한 것이다. 대화나 보고를 할 때 "뭔가 빠졌는걸?"이라고 한다면 핵심을 누락시키고 이야기를 한 것이다. 이는 매우 치명적인 오류다. 기획서에 필요한 내용이 누락되면 논리적인 근거가 부족하여 신뢰감을 주지 못한다. 자동차를 크기별로 분류할 때 소형차, 준중형차, 대형차로 분류하지만, 사실 중형차가 누락되었다.

로직트리를 통해 논리의 가지치기를 배우자

로직트리(logic tree)는 '논리의 가지'를 의미하는 것으로, 기획서를 보다 논리적이고 효과적으로 작성하기 위해 주요내용을 tree 형태로 분석하는 논리구조화 방법이다.

로직트리는 연역적 논리 전개 방법으로, 논리를 큰 가지로부터 시작하여 중간 가지, 작은 가지 순으로 세분화한다. 큰 개념부터 작은 개념까지 차원을 계층마다 낮추어나가므로 내림차순 정돈의 논리전개라고 한다. 기획서 핵심내용의 단계적, 체계적 논리구조화는 로직트리를 통해 가능하다. 즉, 기획서의 내용은 로직트리를 통해 대분류, 중분류, 소분류로 나누어진다. 또한 로직트리는 주요과제를 앞의 MECE 방식에 기초해서 작고 다룰 수 있는 있는 과제로 세분화하여 논리를 분해, 정리하고 있으며, 분류된 각각의 내용은 상호 연관성을 갖는다.

로직트리는 단계적 세분화 과정을 거친다. 먼저 주요과제나 문제 또는 이슈가 정해지면 이를 큰 가지와 잔가지, 나뭇잎 순으로 세세하게 쪼개나간다. 단계적으로 작은

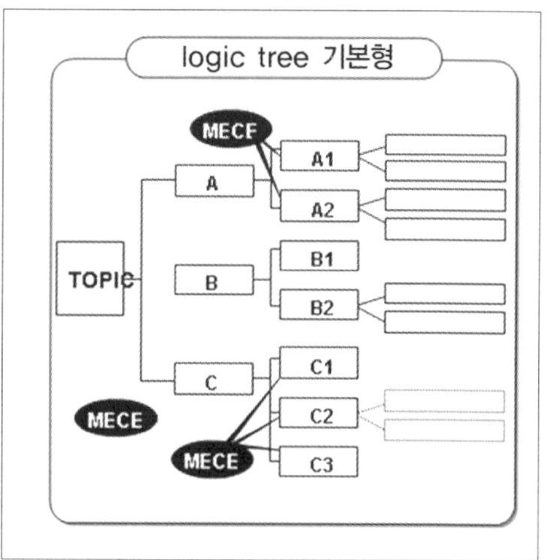

요소로 전개해나가는 것이다. 가지는 3~6단계로 세분화하며, 보통 3가지씩 분류하는 것이 일반화되어 있다. 특별히 주요한 항목들은 세부적으로 항목을 파생시키며 구체적으로 깊이 파고 들어간다. 이때 상위에서 하위로 가지가 세분화되면서 연결이 매끄러운지 확인하고, 큰 개념부터 작은 개념까지 내림차순 정돈이 제대로 되었는지 확인해야 한다.

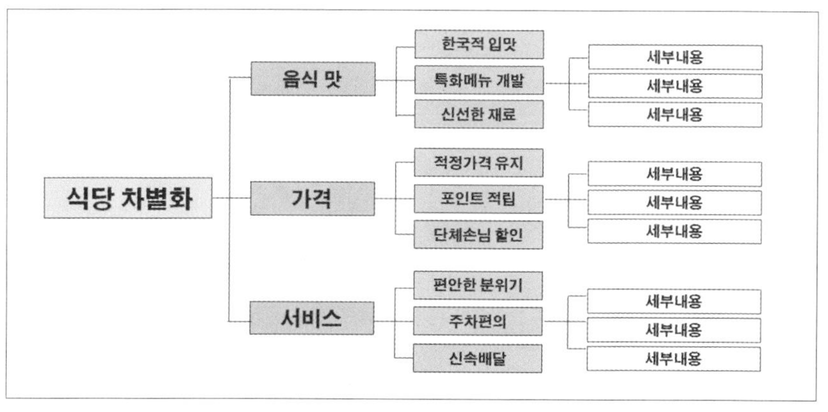

● 식당 차별화에 대한 로직트리 논리구조화

로직트리는 목적에 따라 다양한 형태를 사용한다. 6하원칙의 요소인 'why 트리', 'how 트리', 'what 트리'를 비롯해서 '전략 트리', '콘셉트 트리' 등 다양하다. 주어진 큰 핵심 키워드를 바탕으로 로직트리를 활용하여 새롭고 다양한 논리구조화를 할 수 있다. 또한 로직트리는 철저하게 MECE를 바탕으로 한다. MECE의 '중복회피', '누락회피' 개념을 기본으로 하여 논리의 가지를 전개해나가는 것이다. 큰 가지(대분류), 중간 가지(중분류), 작은 가지 또는 내용(소분류) 간에 수직적으로는 내림차순으로 분

류되면서 수평적으로는 MECE 개념이 성립되어야 한다. 따라서 수평적
논리구조화는 MECE, 수직적 논리구조화는 로직트리라고 이해하면 쉽다.

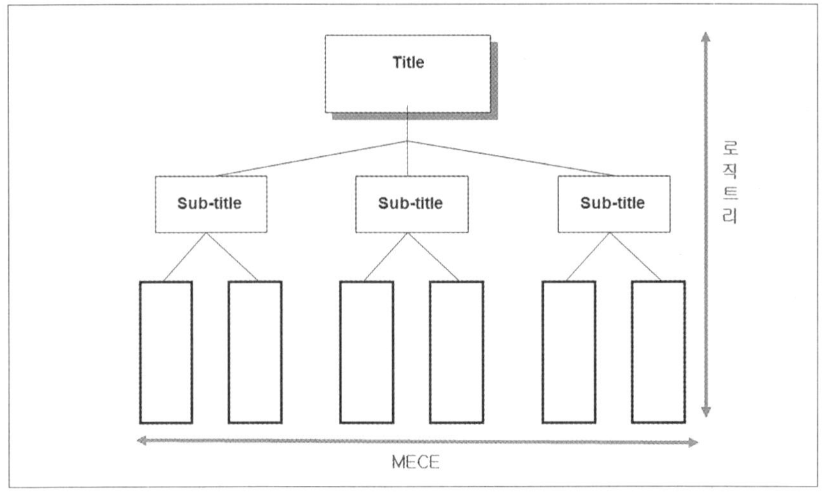

● MECE와 로직트리의 연결성

로직트리 구조화를 연습해보자. 아래의 〈보기〉에 두서없이 작성된 것
을 로직트리 논리구조화를 시도해보자. 편의상 중분류, 소분류까지만 해
보자.

〈보기〉

대분류 : 마케팅 3C

고객(customer), 전체 고객, 자사(company), 잠재 고객, 개별 경쟁사, 특정

사업 부문 경쟁사(competition), 경쟁 그룹, 전사 부문

130

이제 대분류가 나왔으니 중분류와 소분류로 가지치기를 해보자.

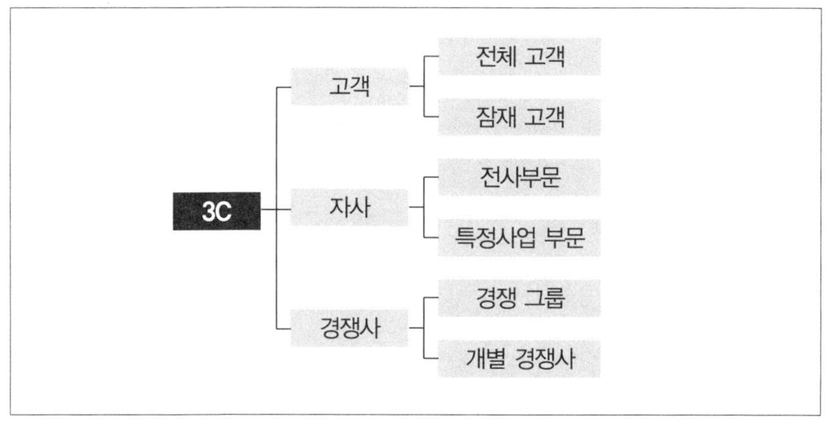

참고로 업무를 분류할 때도 로직트리를 적용하면 업무를 큰 것부터 작은 것까지 세분화할 수 있다. 인력개발(HRD) 담당, 즉 회사 교육 담당자의 업무를 로직트리로 구조화해보자.

논리구조화 바로 알기

☑ 다이어트에도 체계적인 구조가 있어야 한다

…… **아이디어에서 서열화를 넘어 구조화까지 진행하라**

☑ 빠짐없이, 겹치지 않도록

…… **MECE로 중복 없이, 누락 없이 작성하라**

☑ 큰 것부터 작은 것까지 연결된 다이어트 시도

…… **logic-tree 기법으로 논리의 가지를 쳐라**

…… **MECE와 연결하라**

기획서 핵심키워드 추출 방법

살 빼는 데 특효약을 찾아라

소문난 이사는 ○○회사 기획 담당이다. 유능한 그는 회사의 신임을 한몸에 받고 있다. 그러나 실무자들이 소 이사로부터 기획 업무와 관련된 칭찬을 듣기란 거의 불가능하다. 그는 핵심 없는 실무자들을 무척 힘들게 한다. 우물쭈물 핵심 없는 기획서를 들고 간 기획자를 그는 핵심질문으로 마구 파헤친다.

"이렇게 구구절절 핵심 없이 써놓은 기획서를 나보고 읽으라는 거야!"

"나 골탕 먹이려고 이렇게 많이 썼지?"

"알맹이가 한 조각도 없어!"

"이게 책이냐? 아예 책 한 권을 써라. "

기획서의 핵심 이탈은 죄를 짓고 도망가는 것이다. 원죄이기 때문에 공소시효도 없다. 죗값을 물지 않으려면 애초부터 핵심 없는 기획서를 만들지 말아야 한다. 그저 쓰기만 한다고 되는 것이 아니다. 어떤 긴 문장은 딱 잘라 한 문장으로 요약할 수 있고, 어떤 내용은 핵심키워드나 핵심이미지 하나로 끝낼 수 있다.

다이어트를 할 때도 운동을 통해 살을 뺀다면 나에게 적합한 핵심운동법이 있다. 이를 집중적으로 트레이닝할 때 성과를 낼 수 있다. 기획서는 거듭 말하지만 소설이나 드라마가 아니다. 소설은 형식 없는 이야기 형태로 암시적이고 비유적인 언어를 사용하지만, 비즈니스 기획서는 일정한 형식에 의거하여 가장 압축적이고 절제된 핵심용어를 주로 사용해야 한다. 따라서 다이어트 기획서는 어느 정도 선에서 핵심키워드로 요약하여 토막을 내야 한다.

소 설	기 획 서
• 주관적	• 객관적
• 문장형	• 핵심키워드, 아우트라인
• 장문	• 단문
• 늘여 쓰기	• 간단명료
• 이해의 폭이 넓음	• 이해 용이
• 간접적인 표현	• 직접적인 표현
• 발단-전개-위기-절정-결말	• 서론-본론-결론

＊ 소설과 비즈니스 기획서

요즈음은 정보의 홍수 속에 산다. 아니 정보의 쓰나미라고 표현해야 맞다. 정보가 너무 많아서 골치다. 수많은 정보 중에서 핵심적인 것을 어떻게 정리하느냐가 관건이다. 이른바 요약을 잘해야 하는 것이다. 핵심 요약을 거치지 않은 내용들은 컴퓨터 휴지통에 들어가야 할 쓰레기다. 하등의 도움이 안 된다. 말하자면 다이어트에 도움되지 않는 운동이나 마찬가지다. 더욱이 기업의 의사결정자들은 시간이 없다.

컴퓨터 파일을 압축할 때 파일 용량을 얼마나 많이 줄일 수 있느냐를 통해 압축 효율을 따지듯, 기획서도 핵심적인 사항만을 뽑아낸 정도를 보고 요약의 효율성을 따질 수 있다. 이러한 요약에는 단계적 기술이 있다. 다이어트와 비교하여 이를 설명해보자.

요약 1단계 기술은 단순히 '줄이기'다. 다이어트를 할 때 그저 몸무게만 줄이는 것이다. 몸의 균형이나 그 밖의 여러 가지를 고려하지 않은, 그저 양적인 살빼기다. 그러다 보니 부작용을 낳기도 한다. 뱃살은 뺐는데 피부에 탄력이 없어져 배가 축 늘어지는 경우다.

2단계 기술은 필요한 엑기스만을 '뽑아내기'다. 살을 뺄 때 불필요한 지방만을 골라내는 것이다. 다이어트의 최대 적인 지방을 잘 찾아내서 제거하는 것으로, 지방빼기 운동을 한다든지 지방을 줄이는 음식물을 먹는 행위 등이 여기에 해당된다. 고액을 들이는 지방흡입수술도 포함할 수 있다. 어떻게든 지방을 제거하는 것이기 때문에 뱃살이 늘어질 리는 없다. 그러나 자신의 체형에 맞지 않게 무리한 지방빼기를 감행할 경우 무리수와 부작용이 따른다.

요약 3단계는 정리하여 '체계화하기'다. 가장 설득력을 가질 수 있는 요약의 기술이다. 자신의 현재 체지방 상태를 분석하고 최적의 방법을 선택하여 지방을 제거하는 다이어트라고 할 수 있다. 비교적 부작용이 없고, 습관화할 경우 가장 성공적인 다이어트 방법이라고 할 수 있다. 요약의 기술 3단계는 초급, 중급, 상급으로 나눌 수 있다.

구 분	단 계 명	수 준	비 고
1단계(초급)	줄이기	• 단순한 양적 부피 줄이기 • 내용 가공 약함	하수(下手) 요약 기술
2단계(중급)	뽑아내기	• 본질을 알고 핵심만 뽑아내기 • 어느 정도의 내용 가공	중수(中手) 요약 기술
3단계(상급)	체계화하기	• 내용을 완전히 정리하여 양적 · 질적 요약 • 상당한 내용 가공 및 객관화	고수(高手) 요약 기술

● 요약의 단계와 수준

비즈니스 기획서는 체계화된 요약을 바란다. 특히 고수의 요약 기술이 있는 사람이 사랑받는다. 3장짜리 문서를 작성하는 것은 'worst', 2장짜리 문서는 'best', 1장짜리 문서는 'excellent'라고 하는 이유도 그만큼 요약이 중요하다는 말이다. 영화에서 재미있고 꼭 필요한 부분만 뽑아내 잘 체계화하여 제시한 것이 바로 영화 예고편이다. 예고편만 보면 재미없는 영화는 하나도 없다. 예고편은 요약을 너무 잘해놓았기 때문에 이것에 낚여(?) 후회하는 영화 마니아들이 적지 않다. 관객들에게 흥미를 유발시키는 예고편을 잘 만드는 능력도 분명한 요약 기술이다. 잘 만든 예고편은 체계화 요약이다. 단순히 영화를 줄여놓은 1단계 요약도 아니고, 핵심장면만 부각시킨 2단계 요약도 아닌, 한 편의 영화를 처음부터 끝까지 인과관계의 흐름에 따라 잘 정리하여 인상적인 부분만을 확실히 각인시키기에 고수들의 요약 기술임이 틀림없다. 멋진 영화 예고편처럼 상사나 고객을 사로잡는 요약의 달인이 되어보자.

키워드를 잡아내자

요약을 잘하기 위해서는 키워드를 확실하게 추출해내야 한다. 키워드는 말 그대로 가장 핵심이 되는 단어다. 요약을 키워드화한 것이 요점이다. 즉, 요약을 잘하기 위해서는 요점을 잘 파악하여 정리해야 한다. 요점은 가장 중요하다고 판단되는 사실이나 관점이며, 이러한 요점을 잡아서 간추린 것이 바로 키워드다. 요약은 요점의 상위개념이다. 쉽게 말하면 요점을 정리하여 위로 올라가면 요약이 되고, 요약으로부터 밑으로 내려가면 요점이 된다.

로직트리 관점에서 요약은 큰 항목이고 요점은 이를 뒷받침하는 중·소 항목이라고 할 수 있다.

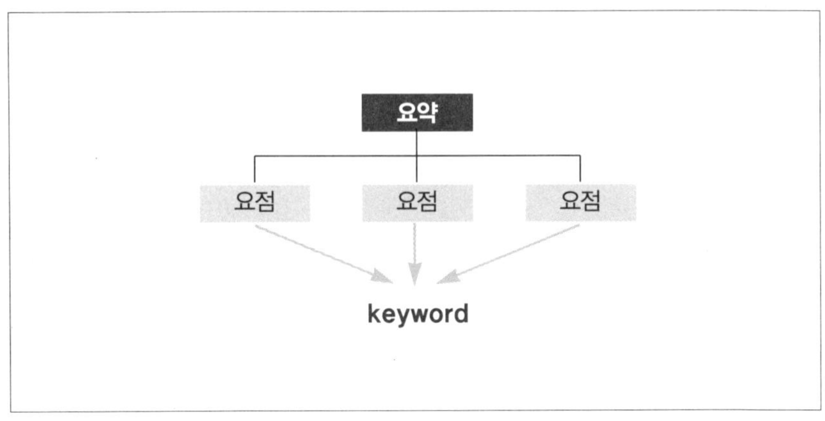

● 요약과 요점의 의미

다음 글을 보고 요약과 요점을 정리해보자.

> 9월 2일부터 5일까지 3일 동안 북태평양 고기압의 가장자리가 발달하여 뜨겁고 습한 공기가 유입되어 제20호 태풍 '휘도리'가 태풍을 동반한 비구름을 몰고 서해안 쪽으로 남하함으로써 전국적으로 집중호우가 발생할 것으로 예상됩니다.

요 약 : 9월 2일부터 5일까지 제20호 태풍 '휘도리' 남하, 전국적으로
　　　　 집중호우 발생

키워드 : 9월 2일에서 5일, 제20호 태풍 '휘도리' 남하, 전국적 집중호우

기획서는 이러한 키워드를 잘 찾아내어 요약해야 한다. 키워드만 잘 찾으면 요약은 그리 어려운 것이 아니다. 기획 분석 단계에서 수집한 정보나 자료 속에서 키워드를 찾는 것은 기획의 핵심을 파악하는 가장 기초가

138

되는 작업이다. 키워드는 단어 자체일 수도 있지만, 핵심 아우트라인으로

정리하기도 한다. 다음 문장을 읽고 키워드를 추출하여 아우트라인으로

정리해보자.

〈10대 M세대 성향 분석〉

모바일 세대 10대들의 성향은 매우 독특하다. 이들은 새로운 문화적 산물인 아이돌 스타에 매우 많은 관심을 표시하며, 타인에게 간섭받지 않고 자신만의 개성을 연출하려는 성향을 갖고 있다. 또한 실용적인 것보다 디자인 등의 디스플레이에 관심을 갖는 것으로 나타났다.

〈키워드 분석〉

10대 M세대 성향 분석

- 아이돌 스타에 관심

- 자신만의 개성 연출

- 디스플레이 선호

핵심 키워드 선정 방법

☑ 다이어트 소설 쓰기 금지

   …… 장편 소설이 아닌 단편 기획서를 작성하라

☑ 다이어트에 가장 영향을 주는 핵심 찾기

   …… 기획서의 핵심키워드를 찾아라

☑ 지금 하고 있는 다이어트를 요약

   …… 줄이기, 뽑아내기가 아닌 체계화된 요약을 하라

   …… 요약을 하고 키워드로 요점화하라

16

핵심항목 선정 논리구조화 방법
지방은 지방끼리, 근육은 근육끼리

최고민 이사가 부하직원들을 불러 모았다. 다음 주 추진하게 될 프로젝트를 진행하기 위한 사전 미팅이었다. 이번에 입사한 전공주, 반기적 사원, 입사 4년차 홍두깨, 마달품 대리, 그리고 한접대 과장, 정보만 과장, 주도권 부장 등 총 7명이 모였다. 한 방향 프로젝트를 추진하기 위해서 최고민 이사는 이들에게 서로 중복되지 않는 역할을 부여해야 한다. 그러기 위해서는 이들을 소그룹으로 나누어야 하는데, 어떻게 나누어야 할지 고민이다. 신입사원팀, 대리팀, 과장팀으로 나누어 역할을 주면 뭔가 이상하다. 사원, 대리, 과장을 각 1명씩 포함해 2팀으로 구성하면 기능적 구분이 약하다.

이때 주도권 부장이 최 이사에게 제안을 한다. 프로젝트를 원활하게 하기 위해 서로의 장점을 기준으로 소그룹으로 나누자는 것이다. 파워포인트를 잘하는 전공주 사원과 홍두깨 대리는 파워포인트팀, 자료를 잘 찾는 반기적 사원과 정보만 과장은 분석팀, 대외적인 활동을 잘하는 마달품 대리와 한접대 과장은 협력팀으로 구성하여 프로젝트 추진팀을 핵심 3개팀으로 구조화하자는 것이었다.

최 이사는 매우 흐뭇해하며 잠시 생각하더니 주도권 부장을 보고 한마디 한다.

"그럼 주 부장 자네는 뭘 하나?"

'카테고리'에 대한 개념부터 정리하자

홈쇼핑 등에서 하는 제품 광고를 보면 이른바 '3종 세트'라고 연관된 물건을 세트로 묶어서 파는 경우가 있다. 다이어트 제품도 3종 세트 판매를 종종 하고 있다. 세트 판매의 경우, 고객들에게 구매의욕을 불러일으키는 한편, 비용을 절감할 수 있는 이점이 있다. 이러한 시도가 바로 카테고리 설정이다. 적절히 묶어서 파는 세트 판매처럼 기획서도 내용을 주요 항목별로 잘 묶어 카테고리를 설정해야 한다.

카테고리는 '묶음' 또는 '범주'라는 의미를 나타내며, '카테고리화'는 이러한 카테고리 작업을 일컫는다. 즉, 동일 속성을 가진 범주끼리 잘 묶어서 정리하거나 조합을 꾀한다는 뜻이다. 핵심항목을 중심으로 잘 묶인 조합이 이루어졌을 때 카테고리가 형성되었다고 한다. 이때 각 카테고리에 대한 명칭이 바로 핵심항목이 된다. 핵심항목 논리구조화라는 것은 이러한 핵심항목을 중심으로 카테고리 작업을 하여 내용을 체계화하는 것이다.

카테고리 작업은 우리 주위에서 흔히 볼 수 있다. 정부 조직, 회사 조직 등 조직 개편 시 카테고리를 만들고 있고, 최우수 고객, 우수 고객, 관리 고객, 요주의 고객 등으로 고객을 카테고리화하기도 한다. 회식자리에서 주류와 비주류로 나누고, 이를 다시 소주파, 맥주파, 소맥파로 나누는 것도 카테고리 작업이다.

이러한 카테고리화 구성은 큰 타이틀과 이를 뒷받침하는 서브 타이틀로 이루어진다. 여기서 각각의 서브 타이틀이 카테고리를 이루고 있는 것이며, 서브 타이틀 자체가 핵심항목이 된다. 이 서브 타이틀을 키워드라

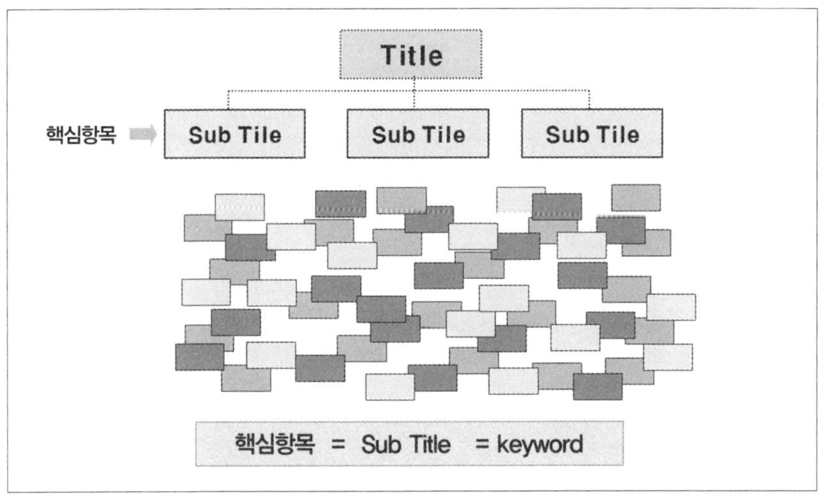

● 카테고리화 개념

고 하기도 한다.

카테고리 논리구조를 잘 이해하려면 피라미드 구조를 생각하면 된다. 앞의 MECE 논리구조화와 로직트리 구조와도 무관하지 않다. 다시 말해 어떤 상위그룹의 내용이 하위그룹으로 내려가면서 논리적으로 일정한 규칙을 따라야 하는 피라미드 구조를 바탕으로 하되, 지금까지 배운 중복이나 누락을 회피하는 MECE 논리구조화와 로직트리 논리구조화를 따라야 한다는 것이다. 따라서 카테고리 논리구조화를 제대로 이해하려면 다음과 같은 필요충분조건을 준수해야 한다.

피라미드 각 단계별 상위개념은 하위개념들의 그룹을 요약한 것이어야 한다. 핵심항목인 요점이 위로 올라가면 요약이 될 수 있다고 하였으므로 궁극적으로 상위의 타이틀은 하위의 서브 타이틀을 요약한 것이 된다.

인사법의 카테고리로 상황별 인사, 시기별 인사, 장소별 인사는 서브 타이틀끼리 어느 정도 동질감이 있다. 만일 상황별 인사, 일상 인사, 인사요령이라고 표현한다면 논리가 맞지 않는다.

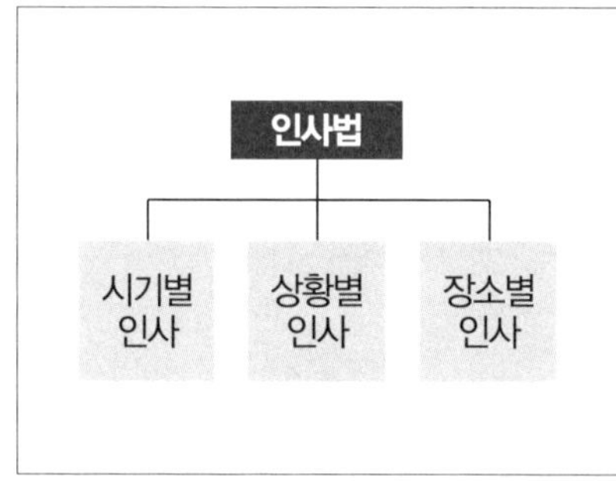

바람직한 인사법 카테고리   바람직하지 못한 인사법 카테고리

144

카테고리화 작업에서 가장 큰 작업은 핵심항목을 선정하는 것이다. 핵심항목을 선정하는 데는 나름의 순서가 있다. 앞서 언급한 아이디어—서열화—구조화를 통해 구조화에서 카테고리화하여 키워드인 핵심항목을 추출하는 것이 카테고리화 작업 절차다. 다시 말하면, 전혀 정리가 되지 않은 나열된 정보나 아이디어를 분류하여 이를 순서대로 정리한 다음(서열화), 분류된 그룹에 대한 카테고리를 만들고 핵심키워드를 찾아 궁극적으로 핵심항목 선정 논리구조화를 마치는 것이다. 이를 단계적으로 도식화해보면 다음과 같다.

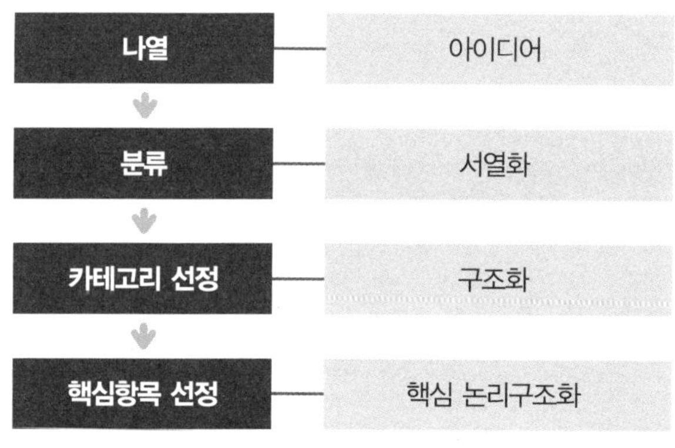

● 카테고리화 작업 절차

핵심항목 선정은 카테고리화 작업의 마지막 단계이며, 핵심항목을 선정할 때는 3가지 사항을 고려해야 한다. 이는 핵심항목을 선정하기 위한 전제조건이다.

첫째, 핵심항목은 반드시 큰 항목을 뒷받침해야 한다. 타이틀 항목을 논리적으로 받쳐줄 수 있도록 한다. 그러기 위해서 핵심항목은 큰 타이틀보다 작은 의미를 가져야 한다. 큰 항목보다 더 큰 범위의 핵심항목을 선정하는 것은 논리구조화의 원칙에 어긋나는 일이다.

둘째, 핵심항목 사이에는 일관성이 있어야 한다. 타이틀을 뒷받침하는 핵심항목은 서로 따로따로의 개념으로 기술되어서는 안 된다. 가령 신상품의 특성이 타이틀이라면 특성과 관련된 항목들이 포함되어야지 신상품의 가격이라는 엉뚱한 핵심이 나와서는 안 된다. 핵심항목들은 독립적으로 존재하지만 전체적인 논리구조의 성격에서는 타이틀과 같은 맥락이기 때문이다. 핵심항목의 키워드를 작성할 때도 이러한 부분에 착안해야 한다.

셋째, 핵심항목은 카테고리로 묶어진 그룹 세부내용들을 함축하는 키워드로 선정해야 한다. 선정된 핵심항목이 내용과 무관하거나 일부 내용이 핵심항목과 거리가 있어서는 안 된다. 내용들을 함축하지 못하면 카테고리의 의미도 없고 구조화의 의미도 약해진다.

다음 자료를 보고 핵심항목 3가지를 선정해보자. 카테고리에 해당하는 내용은 이미 분류를 한 상태이니 키워드형의 핵심항목만 선정하면 된다.

<table>
<tr><td colspan="1">신개념 PRO 카드의 특성</td></tr>
</table>

① 생명보험 상품 무료 가입
② 카드 사용 내역 실시간 휴대폰 전송
③ 기존 카드의 2배 마일리지
④ 사용 실적에 관계없이 연회비 면제
⑤ 모든 가맹점, 인터넷 결제 시 3개월 할부수수료 면제
⑥ 연체 기한 2배 연장
⑦ 휴대폰 내장 칩 부착 시 모바일 카드 기능 병행
⑧ 일정 금액 사용 시 2배의 보너스 상품 지급
⑨ 생일, 기념일 등록 시 특별한 이벤트 제공

신개념 PRO 카드의 특징을 다음 3가지 핵심으로 구조화할 수 있다. 기능이 2배로 늘어난 내용들은 확장된 개념으로, 무료 혜택과 할인이라는 부분은 경제적인 개념으로, 기본적인 서비스 외에 추가적으로 서비스를 제공하는 부분은 부가적인 개념으로 분류하여, 확장성, 경제성, 부가성으로 핵심항목을 선정하였다. 타이틀을 뒷받침하고 있고, 일관성도 있으며, 세부내용들의 이탈도 없다는 점에서 핵심항목 선정 3원칙에 충실하다.

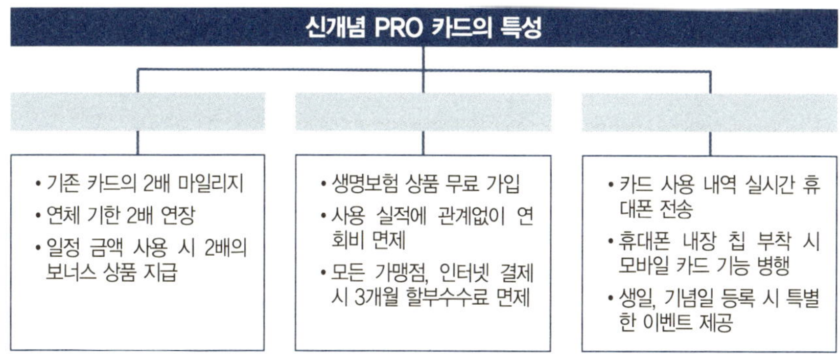

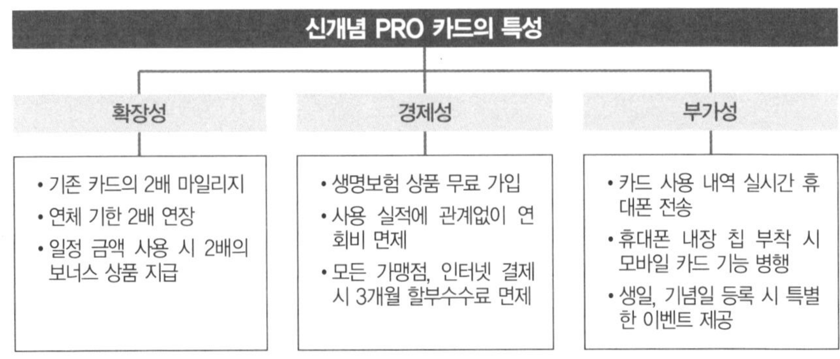

핵심 다이어트 처방

핵심항목 선정 논리구조화 방법

☑ 비슷한 다이어트 방법끼리 묶기

    …… **논리적 묶음으로서 카테고리 의미를 적용하라**

☑ 체지방 분해 핵심 절차 알기

    …… **나열—분류—카테고리 선정—핵심항목 선정의 단계를 적용하라**

☑ 중요한 사항에는 조건이 따름

    …… **'큰 항목 뒷받침, 핵심항목 간의 일관성, 세부내용 반드시 포함'이라는 핵심항목 선정 3원칙에 충실하라**

17

기획서 핵심 이탈 방지
요요현상을 경계하라

현재만 팀장은 직원 한 명과 지방 출장을 가게 되었다. 한 번도 가보지 않은 지방 거래처 방문이었다. 길은 모르지만 현 팀장의 자동차에는 똑똑한 차량 내비게이션이 있어 든든했다. 목적지를 입력하고 기분 좋게 내비게이션이 이끄는 대로 출발한 후, 거의 목적지에 이르렀을 무렵, 갑자기 내비게이션이 먹통이 되었다. 현 팀장은 당황했다. 어디로 가야 할지 막막했다. 설상가상으로 거래처 담당자도 전화를 받지 않는다. 전혀 모르는 곳인 데다가 인적도 드물어 현 팀장은 안절부절이다. 제대로 핵심을 잃어버린 꼴이다. 그런데 개념이 있는 건지 없는 건지 옆에 탄 부하직원은 세상모르고 자고 있다. 은근히 화가 치밀어오른 현 팀장은 직원을 깨우고 상황을 설명하며 그의 태만함을 다그쳤다. 그러자 부하직원은 별일 아니란 듯이 입을 연다.

"저, 거기 알아요. 지난번에 부장님하고 갔었어요."

핵심은 3가지로 각인시키자

'3'이라는 숫자는 비즈니스에서 매우 의미 있는 숫자다. 그리 복잡하지도 간단하지도 않으면서 명료함을 준다. 숫자 '3'은 동서양을 막론하고 우호적이다. 따라서 기획서를 쓸 때도 주제에 대한 핵심항목을 3으로 설정하는 것이 무난하다.

큰 제목을 중심으로 서론—본론—결론으로 이어지는 3개의 중심 테마, 그리고 그 테마별로 3개의 핵심테마를 선정하는 3방식으로 논리의 가지치기를 하면 꽤나 짜임새 있는 기획서를 만들 수 있다. 이른바 3단논법과도 같은 3×3 논리 기획이다. 기획서의 형태와 내용에 따라 유연하게 전개해야 하지만, 항상 '핵심은 3'이라는 것을 잘 알고 가끔씩 활용하면 좋다.

일반적으로 핵심이 있는 기획서는 자체의 내공이 강해서 힘이 있게 느껴지지만, 그렇지 않은 기획서는 자신감 없이 약한 느낌을 준다. 핵심이 뭔지 전혀 모르고 헤매기 때문에 읽는 사람으로 하여금 괜한 짜증을 유발하기도 한다.

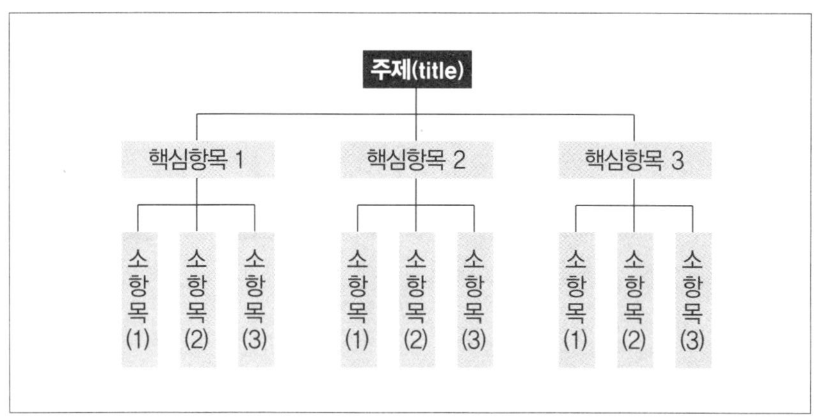

● 3가지 핵심 잡기-3X3 논리구조

핵심내용 외에는 모두 덧붙임으로

기획을 잘하는 사람들은 기획서의 내용이 아무리 많아도 이를 단순화해 핵심을 잘 뽑아낸다. 그리고 그 핵심사항을 앞부분에 정렬하고 부연설명을 하는 부분은 모조리 뒤로 뺀다. 간략한 개념, 개요, 요약 등은 앞으로 오게 하고, 나머지는 덧붙임, 별첨(별도 첨부), 별지, 참조로 보내는 식이다(이하 덧붙임으로 통일). 앞서 이야기한 '도대체 뭐야?(so what)', '근거가 뭐야?(why so!)', '어떻게 할 거야(how to!)'의 필수 부분은 기획서의 앞에 기술하고, 이를 뒷받침하는 비용, 기간, 비교 수치, 스케줄 등의 잡다한 것은 뒤로 보내는 것이다.

잘 만든 훌륭한 기획서는 수십 장의 기획 내용 중 핵심은 앞에 단 1, 2장으로 기술하고 나머지는 핵심에 추가되는 자료로 구성한 문서다. 때문에 기획 전문가들이 만든 기획서는 핵심 부분으로 내용을 집약하고 뒷받침 자료로 보강하고 있다. 기획서의 두께도 초경량으로 얇다. 세계적인 컨설팅 회사 맥킨지 컨설팅도 수개월간 수십억 원짜리 프로젝트를 진행하면서 보고서는 핵심 보고서 단 몇 장에 불과하다. 이에 대한 근거를 제시하는 소위 덧붙임 부가자료는 책 한 권 분량에 달한다. 의사결정자를 설득하는 것은 간단명료한 핵심내용만으로 충분히 가능하며, 수백 장의 부가 데이터가 핵심을 백업하기 때문에 강력한 서두 핵심설명이 오히려 빛을 발휘할 수 있다고 생각하는 것이 바로 맥킨지식 사고다.

바쁘게 사는 현대인들은 점점 더 서두에 핵심만을 요한다. 그렇다고 해서 뒤에 오는 덧붙임을 가볍게 여겨서는 곤란하다. 덧붙임은 핵심으로 내세우기에는 조금 덜 중요한 것, 의미가 다소 약한 것이라고 생각해야 한다.

덧붙임은 앞의 핵심이 자리를 지키도록 탄탄하게 묶어주는 역할을 하며, 다이어트된 기획서의 핵심을 뒷받침하는 기능을 한다. 그렇기 때문에 엄밀히 보자면 덧붙임에도 기획의 핵심 기술 노하우가 그대로 녹아 있어야 한다. 덧붙임도 기획서의 일부다. 그러므로 그저 많은 내용을 쓰거나, 뒤죽박죽 논리를 찾을 수 없거나, 구렁이 담 넘어가듯 은근슬쩍 대충대충 써서는 절대 안 된다. 보편적으로 덧붙임은 다음과 같은 기능과 역할을 한다.

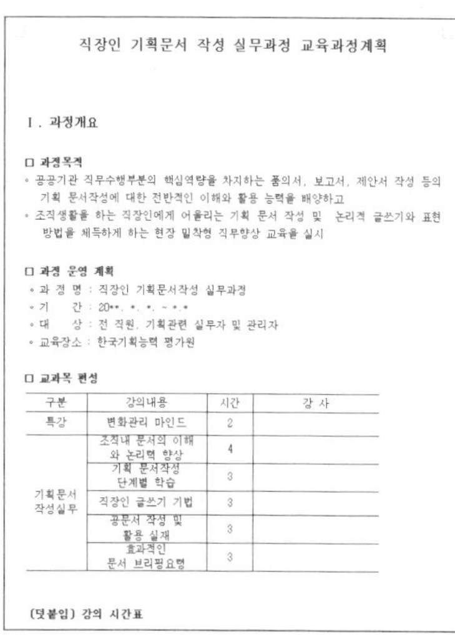

* 덧붙임이 있는 자료와 덧붙임이 없는 자료의 예

〈덧붙임의 기능과 역할〉

① 핵심 뒷받침

② 핵심의 연결고리

③ 핵심 이탈 방지 자물쇠

④ 세부내용 정리

⑤ 내용 보강

⑥ 이슈 관련 사항 이전 자료(예 : 작년도 실적 등)

⑦ 흐름을 벗어나는 사소한 내용들

⑧ 기획서 내용의 tip

핵심 이탈 방지 방법

☑ **다이어트 3종 세트를 기억**

····· **핵심은 가급적 3×3 논리구조로 전개하라**

☑ **부가적인 다이어트 처방들은 뒤로 보내기**

····· **핵심은 앞에, 나머지는 덧붙임으로**

····· **덧붙임의 기능과 역할을 바로 알고 활용하라**

CHAPTER 5

군살빼기 집중 트레이닝

기획서 레이아웃 기법

아무리 훌륭한 내용이라도 구성과 배열이 엉망이면 눈 밖에 나는 기획서다. 다이어트를 짜임새 있게 하듯 기획서는 각 장마다 나름대로의 조화와 배치를 보여주어야 한다. 레이아웃은 기획서의 훈훈한 얼굴이다. 레이아웃이 잘 나와야 그야말로 얼짱 기획서가 되어 사랑받을 수 있다.

18

기획서 내용 구성 원칙
표준체형의 유지가 중요하다

"내용은 좋은데 레이아웃이 없어! 다시 검토해서 가져와!"

호통만 부장에게 보고서 결재를 받으러 간 서배열 씨는 호 부장에게 잔뜩 지적을 받고 자리로 돌아왔다. 하지만 좀처럼 이해가 가지 않는다. 레이아웃이라니 도대체 뭘 어떻게 하라는 것인지……. 정확한 지침도 없이 다시 작성하라는 호 부장이 야속하기만 하다.

고민하던 서배열 씨는 그날 저녁 집안 제사가 있어 부모님 댁을 방문했다. 서배열 씨는 바쁜 일손을 돕고자 즐비한 제사음식을 제사상에 보기 좋게 올리는 일을 도왔다. 그때 어머니께서 오시더니 이야기하신다.

"도대체 얘가 정신이 있는 거니, 없는 거니? 제사상에 음식을 놓을 때는 일정한 요령이 있는 거야. 홍동백서, 어동육서……. 아버지한테 물어서 다시 해봐."

　서배열 씨는 어머니 얼굴이 갑자기 호통만 부장의 얼굴과 오버랩되는 것을 느꼈다.

레이아웃은 균형감각이다

레이아웃은 전체의 조화를 이루는 구성 및 배열 방법이다. 우리가 길을 가다가 흔히 접하게 되는 상가 간판과 비교하면 이해가 빠르다. 해당 건물과 잘 어울리는 간판을 보면 참으로 레이아웃이 잘되었다고 느끼며 상점에 대한 호감을 갖는다. 반대로 균형감각이 없고 어수선한 간판이 달린 상점에는 그다지 발길이 가지 않는다. 기획서가 적절한 레이아웃을 추구하지 않으면 균형감각을 잃고 산만해진다. 마치 다이어트를 그저 무리하게만 시행하여 몸 전체의 살이 골고루 빠지지 않고 어느 한쪽으로 치우쳐버려 불균형한 체형이 잡히는 것과 같다.

　간혹 어떤 기획서를 보면, 내용은 좋지만 글자나 이미지의 배치 상태가 왼쪽으로 쏠려 우측의 여백이 잠실운동장처럼 휑하니 자리 잡고 있는 경우가 있다. 이런 문서는 세련미가 떨어져 보인다. 자동차의 타이어 상태를 잘 조율하고 조향을 맞추어, 달릴 때 핸들 쏠림 현상을 방지하는 것을 얼라인먼트(alignment) 조정이라고 한다. 기획서의 콘텐츠 레이아웃 작업은 바로 이러한 얼라인먼트 조정을 하는 것이다. 적어도 내용의 쏠림 현상은 없어야 한다.

문서의 구조화 형태를 바로 알자

집을 구하려면 먼저 그 집을 방문해서 둘러봐야 하듯이 기획서 레이아웃을 잘하려면 작성하고 있는 문서가 어떤 구조로 되어 있는지, 어떠한 형태를 원하고 있는지 문서의 생김새부터 파악해야 한다. 다이어트를 할 때 뱃살에 지방이 쏠려 있으니 뱃살빼기 운동에 집중하고 다른 유산소 운동으로 표준체형을 유지하려고 하는 것과 같다.

우리가 활용하고 있는 문서는 크게 구조상, 형태상으로 분류한다. 구조상으로는 가로 문서(횡문서)와 세로 문서(종문서), 형태상으로는 텍스트 문서와 이미지 문서로 나눌 수 있다. 또한 기획서는 작성하는 프로그램에 따라서 분류하기도 한다.

먼저 기획서를 구조상으로 분류해보면, 파워포인트 슬라이드 등의 가로 문서와 일반 서식의 서류 문서인 세로 문서로 구분할 수 있다. 가로 문서에는 프레젠테이션을 위한 슬라이드 기획서, 세로 문서에는 일상적인 품의서, 보고서 등이 해당된다. 이때 세로 문서는 글쓰기 기획이 강조되고, 가로 문서는 비주얼 기획이 강조된다.

기획서를 형태상으로 분류할 때는 텍스트 문서와 이미지 문서로 나눈다. 텍스트 문서는 문장으로만 작성된 문서이며, 이미지 문서는 도표나 도형, 그림 등이 포함된 문서이다. 텍스트 문서는 문장 기획서라고 하고, 이미지 문서는 도해(圖解) 기획서라고도 한다. 여기서 도해라는 말은 '그림으로 푼다'는 뜻으로, 기획서에 텍스트보다 도형이나 객체 이미지를 많이 사용했다는 의미다.

형태상 이렇게 나눌 수 있지만, 최근에는 텍스트와 이미지를 함께 사용하는 혼합된 기획서를 작성하고 있다. 즉, 텍스트 문서는 텍스트를 주로 하되 이미지를 부분 삽입시키고, 이미지 문서는 이미지를 주로 하되 기획 내용에 텍스트를 포함하고 있다.

이처럼 기획서는 각기 분류에 따라 강조되는 바도 다르다. 텍스트 문서는 읽기에 편해야 하기 때문에 가독성(可讀性)이 강조되고, 이미지 문서는 눈에 띄어야 하기 때문에 가시성(可視性)이 강조된다.

한편, 기획서는 어떠한 문서 작성 프로그램을 쓰느냐에 따라서도 분류할 수 있다. 현재까지 주로 사용하고 있는 일반 텍스트 위주의 세로 문서 작성 프로그램으로는 한글 또는 워드 프로그램을 사용하고, 도표나 수치 계산을 주로 하는 문서에는 엑셀을 사용한다. 이미지 위주의 가로 문서는 프레젠테이션 슬라이드 제작 프로그램인 파워포인트를 활용한다. 이러한 문서 작성 프로그램은 해당 문서에 가장 적합하고 어울리는 속성을 지니고 있다. 따라서 기획서의 분류 기준에 가장 걸맞은 기획서 작성 프로그램을 사용해야 한다.

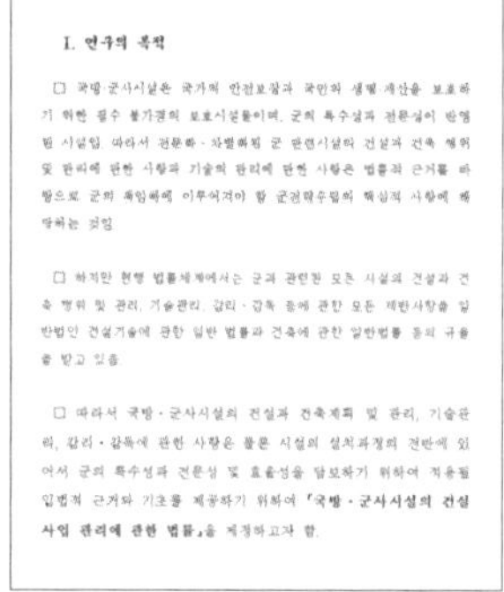

텍스트 문서(세로)

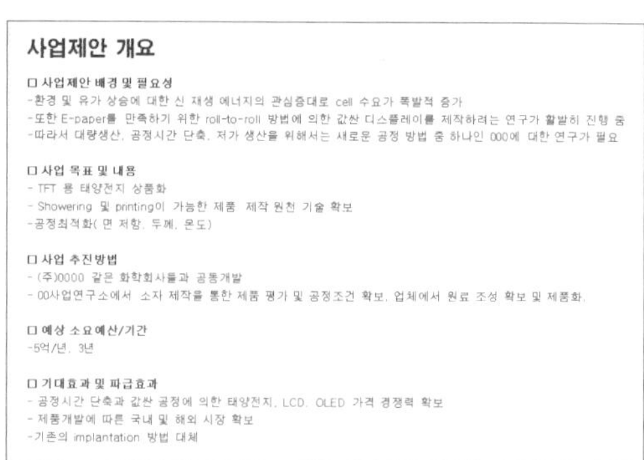

텍스트 문서(가로)

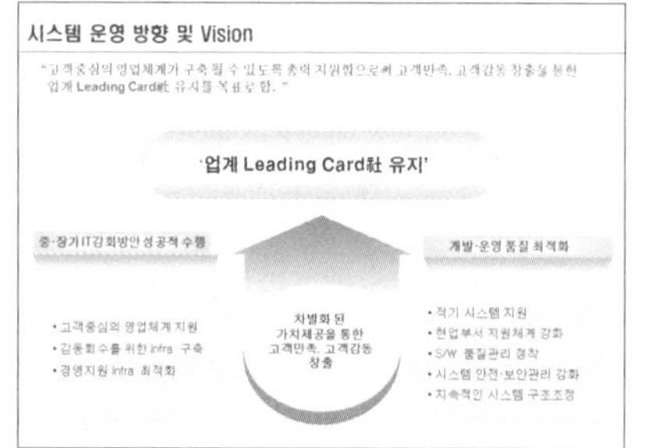

이미지 문서(도해 기획서)

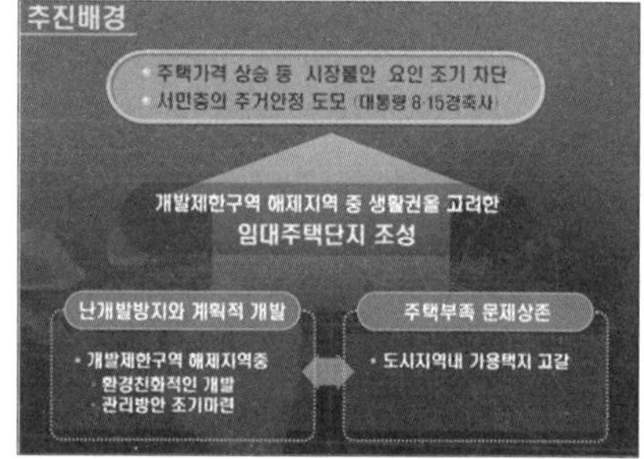

이미지 문서(프레젠테이션용 도해 기획서)

● 여러 가지 기획서 보기

표 계산, 함수 계산에 적합한 프로그램인 엑셀을 가지고 모든 회사 내 문서를 작성하는 경우가 있는데, 이는 기획서 작성의 무식한 단면을 보여 주는 것이다. 파워포인트가 아닌 한글 문서를 띄워 프레젠테이션을 하는 경우도 있다. 이는 중요한 공식 행사에 티셔츠와 청바지 차림으로 참가하는 것과 같은 엉뚱한 행동이다. 마치 다이어트를 하겠다고 선포를 해놓고 프로그램에서 제시하는 식사요법을 무시한 채 자기가 좋아하는 것을 먹는 것과 다를 바 없다.

프로그램상 분류에 따라 한글, 워드 문서는 읽기에 편한 가독성이 강조되고, 프레젠테이션 슬라이드 문서는 눈에 띄는 가시성이 강조된다.

한 글	문서 작성 프로그램	텍스트 위주	세로 문서	가독성
WINWORD	문서 작성 프로그램	텍스트 위주	세로 문서	가독성
EXCEL	표 계산, 함수 계산 프로그램	도표 위주	가로·세로문서	가독성, 가시성
POWERPNT	비주얼 프레젠테이션 슬라이드 작성 프로그램	이미지 위주	가로 문서	가시성

● 기획서의 프로그램상 분류

내용 레이아웃에는 기본 원칙이 있다

기획서가 가로 문서든 세로 문서든, 텍스트 기획서든 이미지 기획서든 일정한 내용상의 구성 원칙이 있다. 기획서의 구조는 크게 큰 항목—중간 항목—작은 항목—세부내용 순으로 이루어진다. 이 4가지 구성 요소를 적절하게 선택해 배치하는 것이 기획서의 콘텐츠 레이아웃이다.

큰 항목은 기획서의 타이틀이고, 중간 항목은 핵심항목으로서 서브 타이틀이며, 작은 항목은 다시 서브 타이틀을 받쳐주는 항목이다. 세부내용은 항목들에 대한 하위의 내용들이다. 큰 항목부터 중간 항목, 작은 항목까지가 기획의 크고 작은 뼈대를 만드는 작업이라면, 세부내용 구성은 기획의 뼈에 살을 붙이는 작업이 된다. 따라서 기획서 레이아웃의 성패는 세부내용까지를 어떻게 잘 구성하느냐에 달려 있다.

기획서 레이아웃 시 일반적으로 범하는 실수들이 있다. 이는 기획서를 작성할 때 유의해야 할 사항이기도 하다. 다음 5가지의 오류를 범하지 않아야 허점 없는 기획서를 완성할 수 있다.

첫째, 내용이 누락되어서는 안 된다. 수집된 정보나 자료 중에서 기획에 필요한 사항은 반드시 레이아웃 시 포함해야 한다. 흔히 작은 콘텐츠 하나를 누락시켜서 기획서의 중요한 사항을 놓치는 경우가 있다. 이는 줄넘기 다이어트를 한다고 하면서 운동화를 준비하지 못해 구두를 신고 하는 것과 같다. 빠짐없이 챙겨서 내용상 누락이 발생하지 않도록 해야 한다.

둘째, 산만함을 경계해야 한다. 기획서 레이아웃에서 가장 주의해야 할 것은 산만한 내용 배치다. 일관성이나 짜임새가 없으면 여기저기 내용을 섞어놓은 느낌이 든다. 줄넘기 다이어트가 테마라면 기본인 줄넘기를 꾸준히 하는 게 중요하다. 줄넘기를 하면서 이단 뛰기, 삼단 뛰기 등으로 무리하게 변화를 주려고 하면 오히려 산만해지기 쉽다. 기획서를 레이아웃할 때 앞의 MECE, 로직트리, 카테고리화 등의 논리구조화를 적용하면 산만함을 줄일 수 있다.

셋째, 불필요한 군더더기는 제거해야 한다. 사족(蛇足)을 붙인다는 말이 있다. '사족'은 뱀의 다리를 일컫는다. 뱀을 잘 그려놓고 공연히 다리를 덧붙여 그림을 망치게 되었다는 것인데, 바로 기획서 내용에 있어서의 군더더기라고 할 수 있다. 낮에 줄넘기 다이어트를 하면서 야광 줄넘기를 사는 것과 같다. 기획서 레이아웃에서도 가끔 뱀의 다리와 같은 불필요한 것까지 작성하는 오류를 범한다. 내용상 전혀 관련이 없는 것, 자료에는 나와 있지도 않은 것, 논리적 근거가 없는 사항들이 모두 사족이 된다. 불필요한 군더더기는 과감하게 제거해야 한다.

넷째, 남의 것을 도용하거나 베끼지 말아야 한다. 기획서 레이아웃의 또 하나의 오류는 창의적인 나만의 기획을 하지 못하고, 형식과 내용이 맞지 않는 것을 그대로 옮겨온다는 것이다. 말하자면 기존에 봤던 자료, 예전에 작성했던 기획서 등을 여과 없이 가져다 활용하는 것이다. 그렇게 되면 자료에 걸맞은 논리가 나오지 않고 '끼워 맞추기' 식 기획이 되어버리고 만다. 잘된 기획서의 내용을 벤치마킹하는 것은 좋지만, 그대로 옮겨오는 어리석은 행동을 해서는 안 된다.

마지막으로 기획을 하고 나서 스스로 뿌듯함에 빠지는 자만감에 유의해야 한다. 아무리 내가 잘 작성한 기획서라고 할지라도 이를 받아들여주는 상대방이 인정하지 않으면 아무 소용 없다. 섣부른 자만은 기획서의 질적인 수정을 차단하여 좀 더 나은 기획서로의 발전을 방해한다. 또한 주관적인 논리에만 치우쳐 객관적으로 논리를 바라보는 시각도 약해질 수 있다. 내가 하는 줄넘기 다이어트만이 최고라는 착각에 빠져서는 안 된다. 나보다 더 효과적인 방법으로 다이어트를 하는 사람이 있는 것처럼 내가 쓴 기획서가 완벽하다는 근거 없는 자신감은 버려야 한다.

기획서 내용 구성(레이아웃) 방법

☑ 다이어트 표준체형 유지

……　전체의 조화를 이루도록 균형 잡힌 레이아웃을 설정하라

☑ 내 몸의 비만 구조 이해

……　구조상, 형태상, 프로그램상 기획서를 분류하고, 문서의 특성에 맞게
기획서를 작성하라

☑ 원칙을 지키고 오류를 최소화

……　큰 항목—중간 항목—작은 항목—세부내용을 내림차순화하라

……　누락, 산만함, 군더더기, 답습, 자만에 유의하라

19

텍스트 기획서 레이아웃 요령
소식(小食)부터 시작하자

기획서 작성과 관련한 사내 특강에서 강사는 다음과 같은 부분을 강조했다.

"하고 싶은 내용을 기획서에 담지 마세요. 하고 싶은 그 말을 쓰지 마세요."

도무지 사원은 그 말의 의미를 이해할 수 없었다. 기획서에 쓰고 싶은 걸 쓰지 말라니, 도대체 무슨 궤변이란 말인가? 하지만 그 단순한 말의 의미를 이해하는 데는 그리 오랜 시간이 걸리지 않았다. 도무지 씨가 주저리주저리 쓴 텍스트 기획서는 번번이 결재 과정에서 낙방했다. 나중에 오기가 생겨 하고 싶은 말을 죄다 빼고 썼더니 직속 상사인 오호라 과장이 흐뭇해한다. 그 위의 소식만 부장도 마음에 들어 한다. 도무지 사원은 앞으로 모든 것을 반대로 해보리라고 결심한다.

글자나 문장 등의 텍스트로 작성하는 기획서는 문서에 항목별 넘버링을 한다. 기획서의 넘버링은 일반적으로 '글머리 기호'라고 생각하면 된다. 기획서를 레이아웃할 때는 큰 항목부터 작은 항목까지, 때로는 세부내용까지도 적절하게 넘버링을 해야 할 필요가 있다. 넘버링을 하지 않으면 내용 구분이 명확하지 않은 기획서가 되기 때문이다. 넘버링은 특히 텍스트 기획서에서 강조되는데, 보편적으로 권장하는 표준 넘버링 서식이 정해져 있다.

그러나 모든 회사, 기관, 단체 등이 이러한 넘버링을 그대로 적용하지는 않는다. 그래서 회사의 넘버링 지침이 표준 넘버링 서식에 우선하는 경향이 많다. 예를 들어 어떤 회사는 텍스트 기획서라 하더라도 넘버링을 숫자나 기호가 아닌 이미지 단추나 도형 객체 같은 것으로 대체하기도 한다.

넘버링은 단순히 콘텐츠를 구분하는 역할만을 하기 때문에 정해진 형식 없이 다양하게 작성하는 추세다. 다만 일반 공문서 기획에서의 넘버링은 내림차순의 의미로 일정한 서식을 강조하기도 한다. 예를 들면 큰 항목을 '1.'로 하고, 중간 항목을 '가'라고 하며, 작은 항목을 '(1)'로, 세부내용을 '(가)'로 하는 등 넘버링 레이아웃을 활용하고 있다. 넘버링을 어떤 방식으로 했느냐에 따라 활용하는 숫자나 기호가 달라질 수 있다. 즉, 내림차순의 원칙만 지키면 여러 가지 넘버링 시스템을 활용할 수 있다.

넘버링의 목적은 단지 내용을 구분 짓고 기획서 레이아웃을 도와주는 기능, 그 이상도 이하도 아니기 때문이다. 다만 넘버링은 하위항목을 묶는 기능이 있어 때에 따라 카테고리의 역할을 하기도 한다. 표준 넘버링 원칙은 숫자가 문자보다 상위이며, 괄호 기호가 동그라미 기호보다 상위이다.

숫자 〉문자
괄호 기호 〉동그라미 기호

혼합식(국문)	혼합식(영문)	10진법식	장절식	로마식
1.	I	I	제1장	I
가	A	1.1	제1절	1.
(1)	a	1.1.1	제1항	1)
(가)	1)	1.1.2	제1목	2)
①	a)	1.2	제2항	3)
②	i)	1.2.1	제2절	2.
(나)	ii)	1.2.2	제2장	II

● 비즈니스 문서의 넘버링 시스템

큰 것부터 중간 것, 작은 것 순으로 내림차순 정렬

텍스트 기획서는 철저한 내림차순형의 레이아웃 방법을 적용한다. 큰 것부터 중간 것, 작은 것, 세부적인 것에 이르기까지 위로부터 아래로 내려와야 한다. 큰 것은 큰 항목, 중간 것은 중간 항목, 작은 것은 작은 항목, 세부적인 것은 세부내용이라고 할 수 있다. 논리구조화에서 배운 로직트리 구조화를 연상하면 된다.

한 장의 텍스트 문서를 기준으로 레이아웃을 할 때, 가장 필수적인 요소는 큰 항목인 타이틀과 중간 항목(핵심항목)인 서브 타이틀을 정하는 것이다. 즉, 큰 항목과 중간 항목은 어느 기획서에서나 반드시 등장해야 하는 필수 콘텐츠(내용)다.

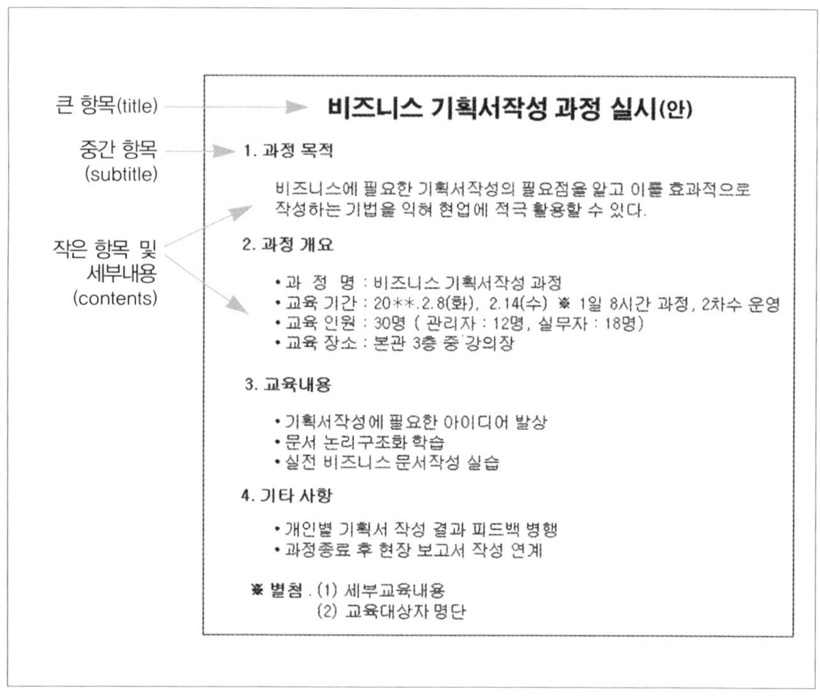

● 기획서 레이아웃 보기

기획서의 레이아웃 단계는 비로소 기획서의 모든 내용이 세팅이 되는 단계이다. 따라서 이와 같은 레이아웃 단계까지를 마쳐야 1차적인 기획을 완성했다고 할 수 있다. 또는 기획 내용의 논리구조화 작업을 끝냈다고 말할 수 있다. 텍스트 기획서의 레이아웃은 구구절절 텍스트로만 되어 있는 자료 중에서 필수적으로 큰 항목과 중간 항목을 추출해낸 후, 필요에 따라 작은 항목과 세부내용을 작성하여 전체적인 구성과 배치를 하는 과정이다.

기획서 레이아웃은 모든 내용이 세팅되고, 전반적인 1차 기획이 완성되며, 기획 논리구조화 작업을 마치게 되는 것이다.

구구절절 텍스트로

기획 레이아웃의 의미
· 모든 기획 내용의 세팅
· 1차 기획의 완성
· 논리구조화 작업 마무리

정리된 텍스트로 문서 레이아웃

● 텍스트 기획서 레이아웃 적용

그러면 실질적으로 텍스트 기획서를 레이아웃하는 방법을 단계적으로 학습해보사. 큰 항목—중간 항목—작은 항목 및 세부내용 식으로 순차적으로 작성하면 레이아웃을 마칠 수 있다. 정보 또는 자료에 불과한 아래 원문을 가공하여 한 장의 정리된 텍스트 기획서로 만드는 과정으로써 위로부터 아래의 방식(top-down)으로 작업하는 것이다.

우리 회사는 20**년 1월 2일부터 2박 3일간 지리산 콘도에서 사내 모든 임직원들과 함께 '변화와 혁신 워크숍'을 진행했다. 이에 따른 교육 성과는 크게 3가지이다. 모든 직원들이 변화의 필요성을 느낄 수 있었으며, 변화에 대한 부정적인 시각을 제거하고, 현장에서 변화와 혁신을 실천할 수 있는 분위기를 조성할 수 있는 기회를 제공했다는 점이다.

우선 큰 항목을 선정한다. 큰 항목은 내용을 가장 함축적으로 나타내고 기획서가 어떤 내용을 담고 있는지 방향성을 제시해야 한다. 예제에서의 임직원의 '변화와 혁신 워크숍' 진행에 대한 핵심을 암시하는 것이다. 따라서 큰 항목을 '임직원 변화와 혁신 워크숍 진행 성과'라고 정할 수 있다.

다음으로 타이틀을 뒷받침하는 중간 항목으로서 핵심항목을 도출한다. 핵심항목은 기획서의 카테고리를 이루는 매우 중요한 서브 타이틀이며, 기획서의 논리구조화에서 가장 중요한 키워드를 제공한다. 카테고리를 이루는 단위그룹명이기도 하다. 예제에서의 카테고리는 두 가지로 찾을 수 있다. 워크숍 진행 부분과 결과 부분 두 가지다. 따라서 2개의 카테고리를 이루는 2개의 핵심항목을 선정한다. 핵심항목을 '실시 개요' 그리고 '진행 성과'로 정할 수 있다.

마지막으로 작은 항목 및 세부내용을 작성한다. 작은 항목과 세부내용들은 기획서의 내용을 그릇에 모두 담아내는 역할을 한다. 한 장의 기획서에 작은 항목과 세부내용 모두를 레이아웃할 필요는 없다. 이들은 선택적으로 활용하는 사항이다. 기획서의 내용에 따라 두 가지를 모두 명시하거나 작은 항목만 또는 세부내용만 나타내기도 한다. 예제에서는 작은 항목과 세부내용의 역할을 동시에 하는 핵심항목의 하위 콘텐츠만 잘 선정하면 된다. 실시 개요라는 핵심항목에는 워크숍 진행에 대한 전반적인 사항을 기술하고, 진행 성과라는 키워드를 뒷받침하는 3가지 긍정적인 결과를 기술하면 된다.

이와 같은 레이아웃을 종합해서 나타내면 다음과 같다.

제목(큰항목)

● 핵심항목1(중간항목1)
  • 내용
  • 내용

● 핵심항목2(중간항목2)
  • 내용
  • 내용
  • 내용

임직원 '변화와 혁신' 워크숍 진행성과

● 실시 개요
  • 기간 : 20**.10.2 ~ 3. (2박3일간)
  • 대상 : 사내 전 임직원
  • 장소 : 지리산 콘도

● 진행 성과
  • 전직원 변화의 필요성 공감
  • 변화에 대한 부정적 시각 제거
  • 현장의 변화혁신 실천 분위기 조성의 기회 제공

● 레이아웃 형식과 레이아웃 완료

텍스트 기획서 레이아웃 요령

☑ 넘버링으로 다이어트 진행 상태를 표기
   …… **숫자와 문자 또는 기호의 넘버링 구조를 이해하라**

☑ 순서에 입각하여 순차적 다이어트 진행
   …… **뼈대 항목부터 세부내용 살에 이르기까지 유기적으로 내용을 논리구조화하라**
   …… **정리된 아우트라인 텍스트로 짜임새 있게 작성하라**

20

이미지 기획서 레이아웃 요령
식사요법만으로 살을 뺄 수는 없다

여러 부서의 기획 제안서를 발표하는 자리. 사장이 참석한 가운데 각 부서별로 사업 계획 제안서를 발표하고 있다. 10개 부서의 제안서의 형태는 주로 텍스트 형태로 밋밋하다. 변화 없이 반복되는 발표에 집중력이 떨어진 사장은 지루한 모습이 역력하다.

8번째 발표를 맞게 된 상품기획팀의 김다홍 과장이 나섰다. 그는 앞선 부서들의 텍스트 문서와는 달리 객체나 이미지를 써서 깔끔하게 파워포인트로 구현한 슬라이드 기획서를 제시했다. 한눈에 들어오는 기획서에 사장은 관심을 갖고 발표가 끝난 후 칭찬을 아끼지 않는다. 김다홍 과장은 흐뭇해하며 중얼거린다.

'멋진 이미지를 가져와서 그냥 붙여 넣었을 뿐인데……'

기획서를 텍스트로만 작성하면 읽어주는 기획서에 그친다. 보여주는 기획서가 되지 못한다. 요즘 기획서는 '읽어주고'와 '보여주고'를 동시에 충족시켜야 한다. 그렇기 때문에 이왕이면 보여주는 이미지 기획을 권장한다. 이미지 기획은 도형이나 객체 등으로 기획서를 레이아웃하는 것이다. 색을 입히고 포토샵 작업 등을 하는 요란한 비주얼 기획이 아니라 텍스트로 작성한 것보다 더 눈에 띄게 구조화하는 것이 이미지 기획이다. '도해 이미지 기획'이라고도 한다. 우리가 프레젠테이션 슬라이드를 만들어 주로 활용하는 파워포인트 프로그램은 가장 보편적인 도해 이미지 기획서 작성 도구다. 보통 슬라이드 기획서라고 한다. 파워포인트로 만든 슬라이드 기획의 가장 큰 장점은 다양한 형태나 객체를 이미지화하여 눈에 띄는 기획서를 제작할 수 있다는 점이다. 때문에 파워포인트로 만든 기획서는 일반 문서나 텍스트 기획서에 비해 독특한 장점을 가지고 있다.

일반 텍스트 기획서	슬라이드 기획서
• 가독성이 강조됨	• 가시성이 강조됨
• 읽어야 전달됨	• 보고 읽어 전달됨
• 쉽게 표현하기 어려움	• 쉽게 전달할 수 있음
• 텍스트 위주의 기획	• 텍스트＋도해 이미지 기획 병행
• 문장력에 의존	• 객체나 이미지 논리 강조
• 시각적 동기부여 약함	• 시각적 동기부여 강함

● 일반 텍스트 기획서와 슬라이드 기획서의 비교

다음의 두 자료를 비교해보자. 왼쪽의 자료는 단순한 텍스트로 레이아웃한 자료이며, 오른쪽 자료는 이미지를 활용하여 레이아웃한 자료다. 오른쪽 문서가 확실히 호감이 가는 것은 어쩔 수 없다. '보기 좋은 떡이 먹기에도 좋다'는 말처럼 보기 좋은 문서가 같은 내용이라도 더 호감을 주는 것이 사실이다. 우리가 다이어트를 하는 이유도 단순히 체중을 줄이는 게 아니라 나아가 남들에게 보기 좋은 모습을 만들려는 데 있는 것도 이와 무관하지 않다.

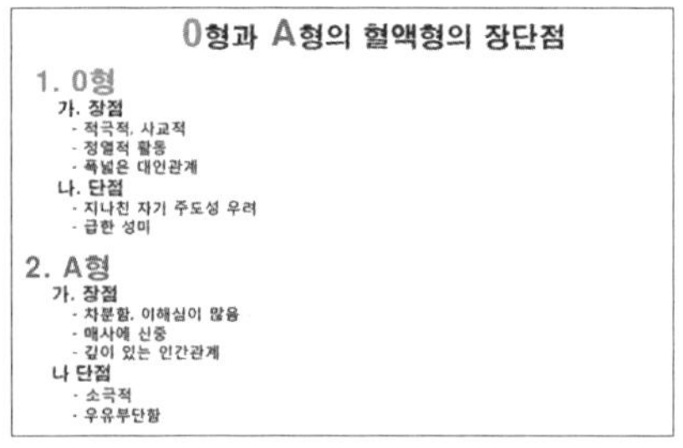

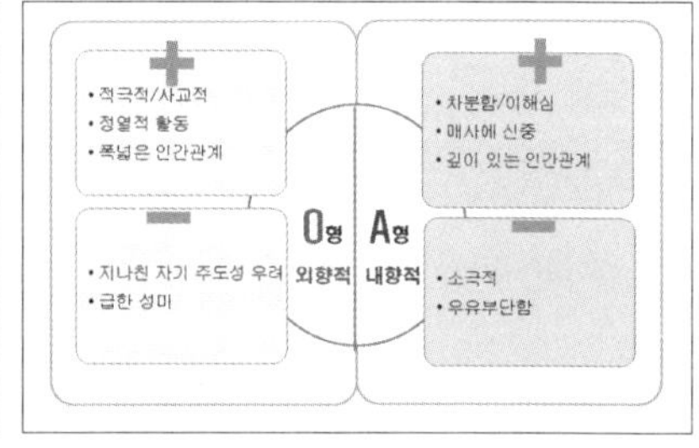

● 텍스트 기획서와 이미지 기획서

슬라이드 레이아웃 원리를 알고 응용하자

슬라이드 기획서는 이왕이면 도해 이미지 기획을 권장한다. 파워포인트 슬라이드 기획서 또한 기본적으로 레이아웃의 원칙이 있다. 파워포인트 슬라이드를 분해해보자. 다음 자료는 표지와 결론의 슬라이드를 제외하고 본문 슬라이드에 대한 표준 구성 형태를 나타낸 것이다. 슬라이드 제목인 큰 항목을 중심으로 핵심항목과 더불어 세부내용까지 정렬되어 있으며, 부가적으로 슬라이드 마스터라는 기능으로 고정적인 서식 형태를 갖추고 있다. 마스터는 정형화된 형식이 없어 경우에 따라서 생략하기도 한다. 중요한 것은 슬라이드 제목으로부터 중간 항목과 작은 항목, 세부내용으로 이어지는 기획서 논리구조화의 원칙이 슬라이드 레이아웃에도 변함없이 적용된다는 사실이다.

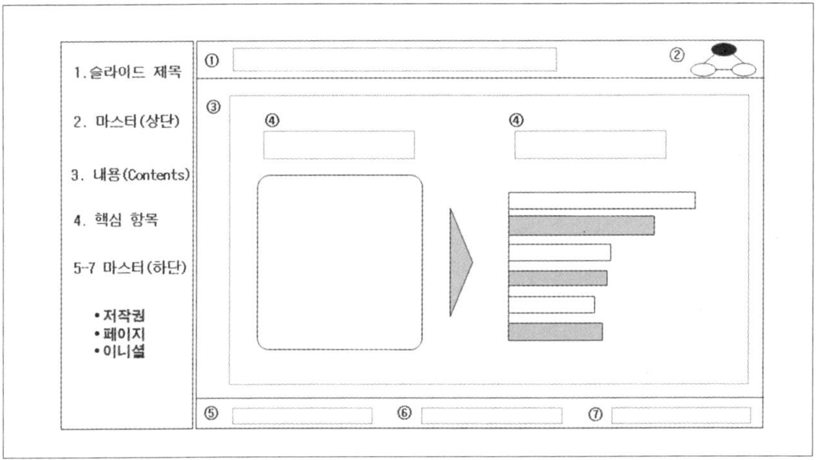

● 슬라이드 레이아웃 내용 구성 원리

효과적인 슬라이드 레이아웃을 하려면 전체적인 슬라이드 콘텐츠의 배치가 균형과 조화를 이루어야 한다. 균형감각 없이 어느 한쪽으로 쏠리거나 콘텐츠 간의 연결성이 전혀 없이 이리저리 구성을 해놓은 슬라이드는 기획서의 반열에 오르지 못한다.

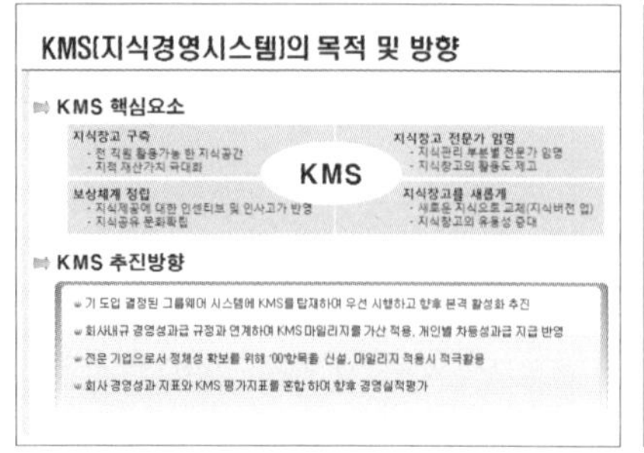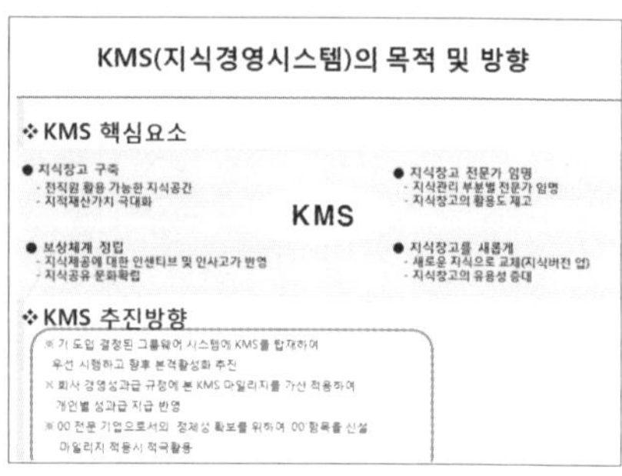

● 균형 있는 레이아웃과 균형 없는 레이아웃

다이어트를 할 때도 효과적인 실행 패턴이 있듯이 슬라이드 이미지 기획 또한 레이아웃을 할 때 일정한 원칙의 이미지 패턴이 있다. 이를 '도해 이미지 패턴'이라고 한다. 도해 이미지 기획에는 6가지 논리적 패턴이 있다. 이는 파워포인트 슬라이드 기획의 원칙이 되는 논리의 콘셉트라고 할 수 있는데, 이를 기본으로 하여 다양한 이미지 기획을 응용할 수 있다. 6가지 도해 이미지 패턴은 각각 2가지 패턴을 나타내고 있으므로 독립적으로 보면 12가지 패턴이 된다.

원이나 사각형 등 도형 객체를 중복, 공동, 또는 경쟁, 대조시켜 상호관계의 교차성과 대립을 나타낼 때는 교차 대립형 이미지 패턴을 사용한다. 제휴관계도나 각종 개념 설명도, 또는 객체 간의 대칭 구도를 이야기할 때 많이 쓰인다. 교차 대립형이지만 혼합된 패턴을 적용하지 않고, 교차형과 대립형으로 구분할 수 있다. 가령 A회사와 B회사가 전략적 제휴를 하거나 C학교와 D기업이 산학연계 공동 프로젝트를 수행한다는 개념을 나타낼 때는 교차형 패턴이 어울린다. 반면, S사와 L사의 상호 경쟁 구도, 회사 내 사업 부문 간의 갈등 구조 등을 이야기할 때는 대립형 패턴이

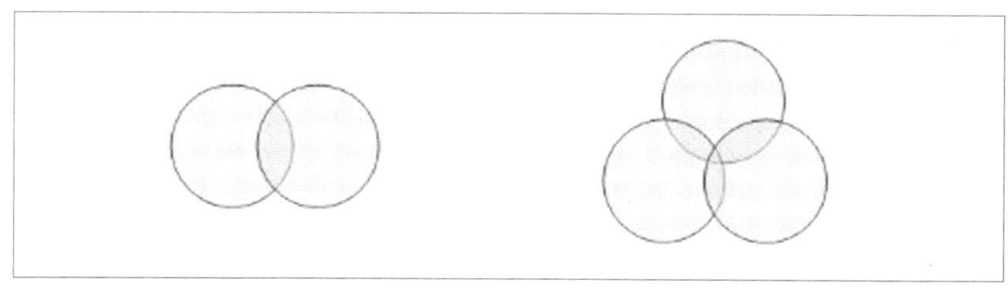

● 교차형 패턴

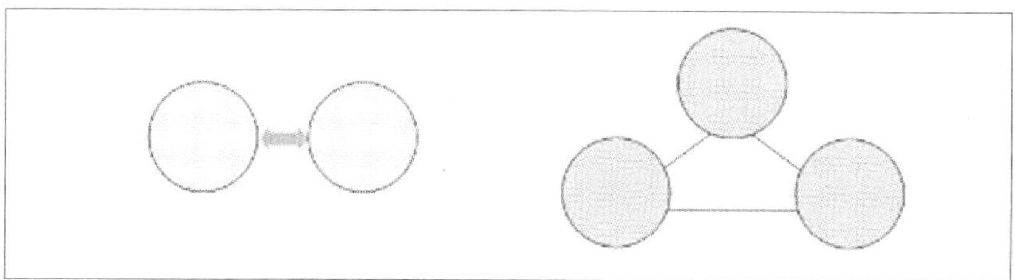

● 대립형 패턴

적용된다.

객체나 이미지를 인과관계 논리로 설명하거나 시간의 흐름을 좇아가는 개념으로 나타낼 때는 전개 추이형 패턴을 사용한다. 일반적으로 원인과 결과 구조, 순서도, 작업 공정도, 일정 스케줄의 개념에 적용한다. 자동차를 만드는 회사가 자동차 조립을 단계적으로 수행하는 것을 나타낼 때는 전개형 패턴을, 올해의 성과를 바탕으로 내년도 성과를 예측하는 내용을 설정할 때는 추이형 패턴을 활용한다.

177

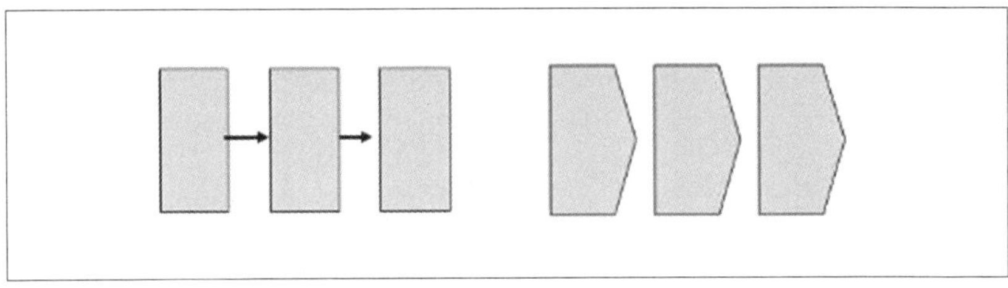

● 전개형 패턴

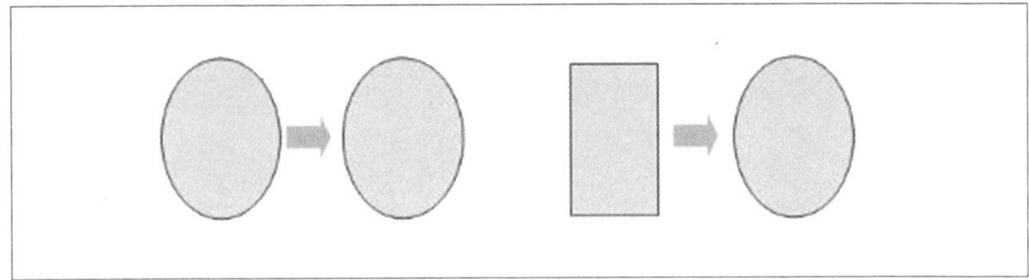

● 추이형 패턴

상승 구도, 단계적 성장도, 목표 설정, 비전 설정 개념 등에는 상승 발전형 도해 패턴을 주로 사용한다. 도해 패턴의 수직 구조는 상승형, 계단 구조는 발전형 패턴이다. A회사가 도입기—도약기—발전기—성숙기 과정을 통해 상승한 단면을 보여주고 싶다면, 상승형 패턴이 어울리며, A회사의 연간 단계적 매출 신장의 내용을 레이아웃할 때는 발전형 패턴을 적용해야 한다.

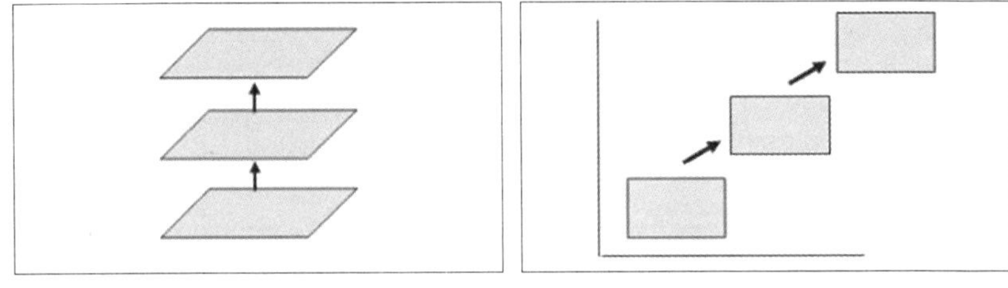

● 상승형 패턴   ● 발전형 패턴

178

순환 반복형 도해 이미지 패턴은 서로 연결된 시스템적인 도해 기획에 어울린다. 순환되는 관계 구조는 순환형, 순환이 되면서 피드백을 통해 반복되는 과정은 반복형 패턴을 적용한다. 주로 제품 순환도, 상품 개발도, 시스템 순환도, 반복훈련 과정도에 응용할 수 있다. B학교의 교육 과정이 매 학기마다 학습해야 할 교과 과정을 선정하여 순환식으로 이루어진다면 순환형이며, 학사일정이 매 학기마다 똑같이 반복되는 구조라면 반복형 패턴이다.

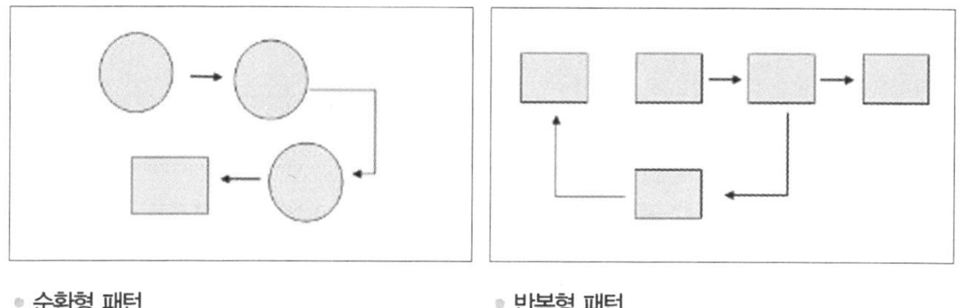

● 순환형 패턴　　　　　　　　　　　● 반복형 패턴

기능 구조를 설명할 때 주요 활용하는 도해 이미지 패턴은 확산 수속형이다. 어느 한 구심으로부터 파생되는 기능과 요소를 설명할 때는 확산형 패턴이, 반대로 요소나 기능을 취합하여 어느 한 중심으로 모이게 할 때는 수속형 패턴이 적용된다. 뻗어나가면 확산형, 모이면 수속형인 것이다. 가령 회사의 조직도나 업무 기능을 소개할 때는 확산형 패턴을 사용해야 하며, 회사의 구조조정을 위한 기능 통합 구조를 설명할 때는 수속형 패턴을 활용해야 한다.

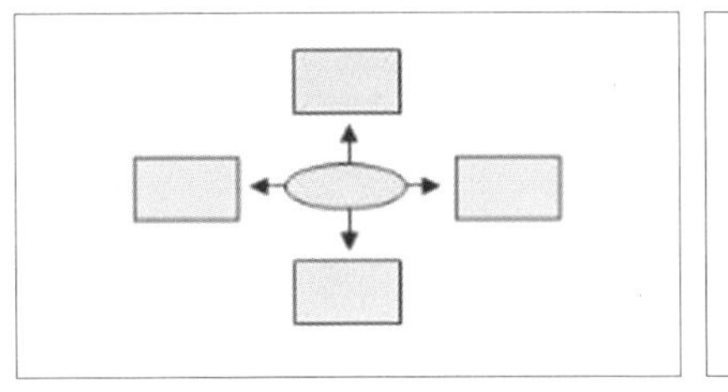

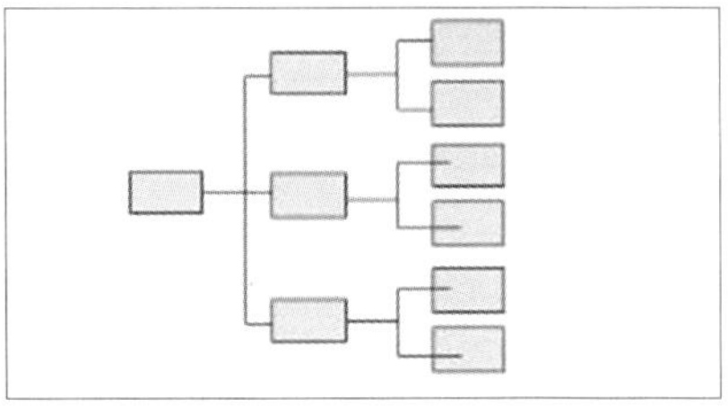

입체 분포형은 입체적인 조감, 매트릭스(matrix) 구조나 평면상의 분포를 나타내는 도해 패턴이다. 피라미드 구조, 포지셔닝, 마케팅 구조, 설문 분포, 매트릭스 설계 등에 많이 활용된다. 회사의 계층별 조직 구조를 설명한다면 입체형 패턴을, 수요의 많고 적음, 공급의 많고 적음 등 수요와 공급이라는 두 가지 변수의 유무에 의한 상품 포지셔닝을 나타낸다면 분포형 패턴을 응용할 수 있다.

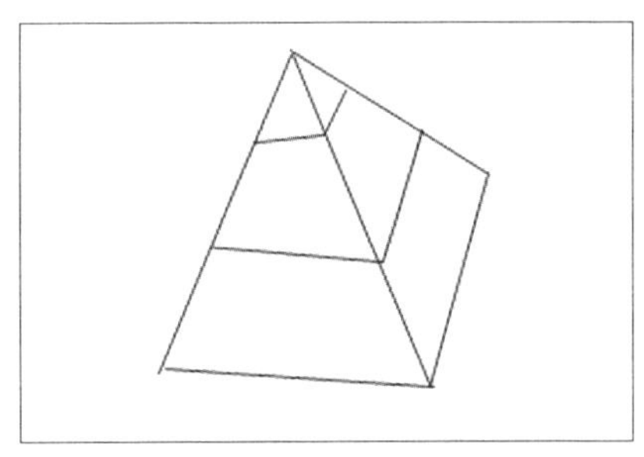

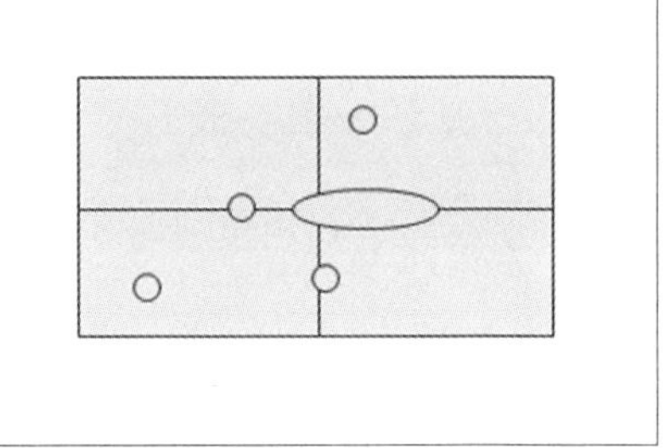

이러한 도해 이미지 패턴은 슬라이드 내에서 카테고리 형태로 자리를 잡는다. 또한 각 패턴들은 하나 또는 몇 개의 단위를 이루고 있다. 그 단위를 이루는 하나하나의 요소를 객체라고 했을 때, 도해 이미지 자체가

180

객체로서 내용을 감싸고 있는 카테고리인 셈이다. 객체들의 조합인 구성단위는 슬라이드를 이루는 카테고리의 개수라고 할 수 있다. 객체 구성단위로써 카테고리의 갯수는 이미지 레이아웃에 많은 영향을 미친다. 객체의 덩어리, 즉 카테고리를 몇 개로 하였느냐에 따라 기획서의 양과 질이 달라지기 때문이다. 보통 슬라이드 객체는 2~5개의 구성단위를 활용한다.

한 장의 슬라이드에서 구성단위, 즉 카테고리의 개수가 6개 이상이 되면 슬라이드 레이아웃에서의 집중력이 떨어진다. 객체 구성단위는 도해 이미지 기획에서는 적을수록 좋다. 다이어트 기획서는 객체의 구성단위를 몇 가지로 단순화하여 핵심을 잘 나타낸 것이다. 아래의 그림은 이러한 슬라이드 객체 구성단위를 소개하고 있다.

도해 이미지 기획 구성은 다양한 형태로 활용할 수 있다. 6가지 도해 이미지 패턴과 4가지 경우의 객체 구성단위를 응용하여 다양한 도해 이미지 기획을 할 수 있는 것이다.

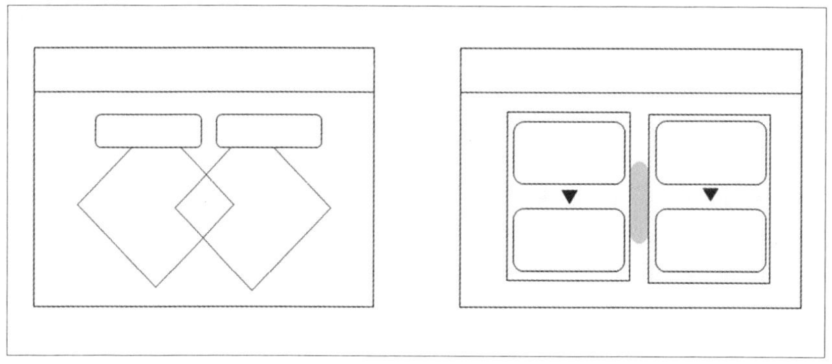

● 2개의 구성단위 레이아웃

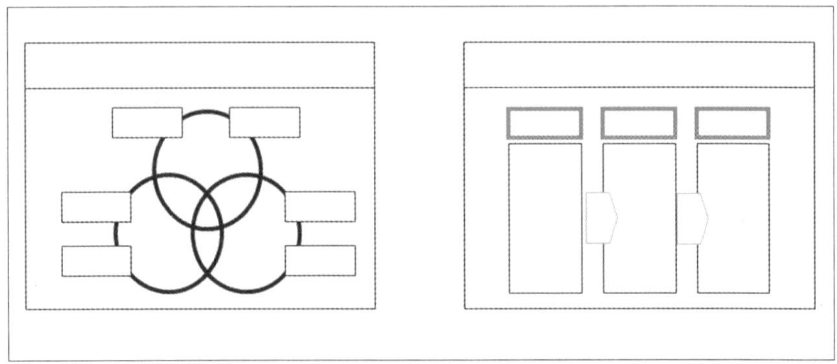

3개의 구성단위 레이아웃

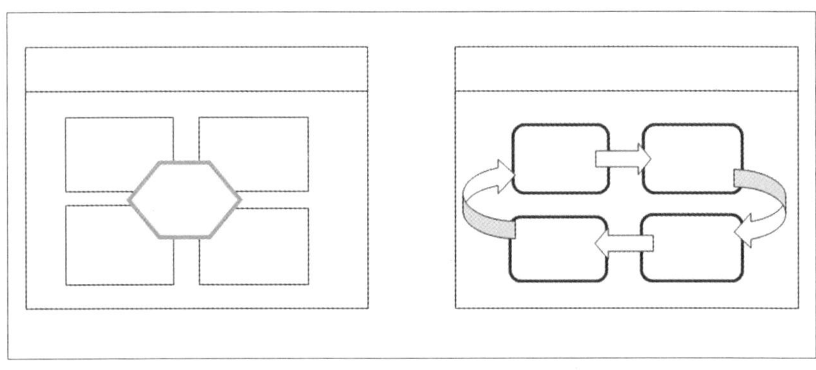

4개의 구성단위 레이아웃

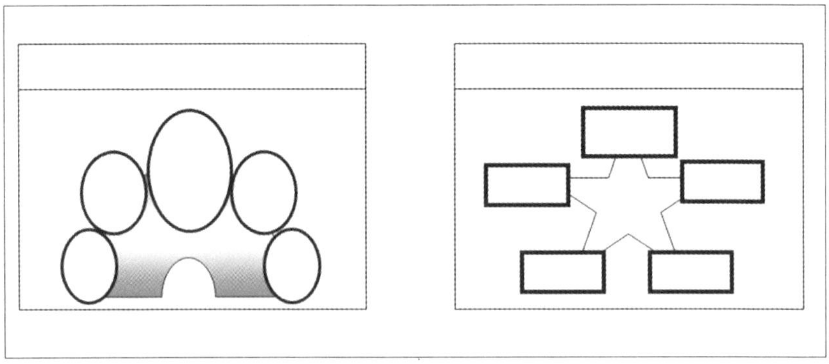

5개의 구성단위 레이아웃

182

6개의 패턴을 쪼개어 12개의 패턴으로 나누고 이를 2~5개의 객체 구성 단위와 결합시켰을 때 무수히 많은 이미지 패턴을 만들어낼 수 있다. 게다가 패턴과 구성단위를 적절하게 조합한다면 상대방이 흡족해할 도해 이미지 기획이 가능하다.

예를 들면, 확산 수속형 패턴을 확산형과 수속형으로 나누고 이를 입체 분포형과 조합시켜서 확산 분포형의 패턴을 만들 수 있고, 이 패턴을 다시 객체 구성단위에 접목시켰을 때 수많은 형태의 도해 이미지를 양산할 수 있다. 그러나 이미지 기획은 이러한 전형적인 패턴과 객체 이외에도 보다 창의적인 패턴과 객체의 활용을 허용하고 있다.

그렇게 되면 우리는 원칙적인 조합 뿐 아니라 융통성 있는 조합에 의해 무궁무진한 도해 이미지 패턴을 기획서에 담을 수 있다. 레이아웃 형태가 이제 너무 많아서 골치다. 파워포인트 자료가 너무 많아 무엇을 기획서에 선택할지 고민하는 것과 같다.

따라서 이제 슬라이드 기획은 무엇을 선택하여 구성하느냐가 아니라 이를 창의적 또는 논리적으로 어떻게 구현하느냐가 문제다. 다이어트 적용 모델은 너무나 많지만 어떤 식으로 어떻게 하느냐가 중요한 것처럼. 앞에서 제시한 도해 이미지 패턴과 객체 구성단위는 그저 참고로 하고, 가장 핵심적인 부분을 명확하게 다양한 방법으로 표현할 수 있도록 해야 한다.

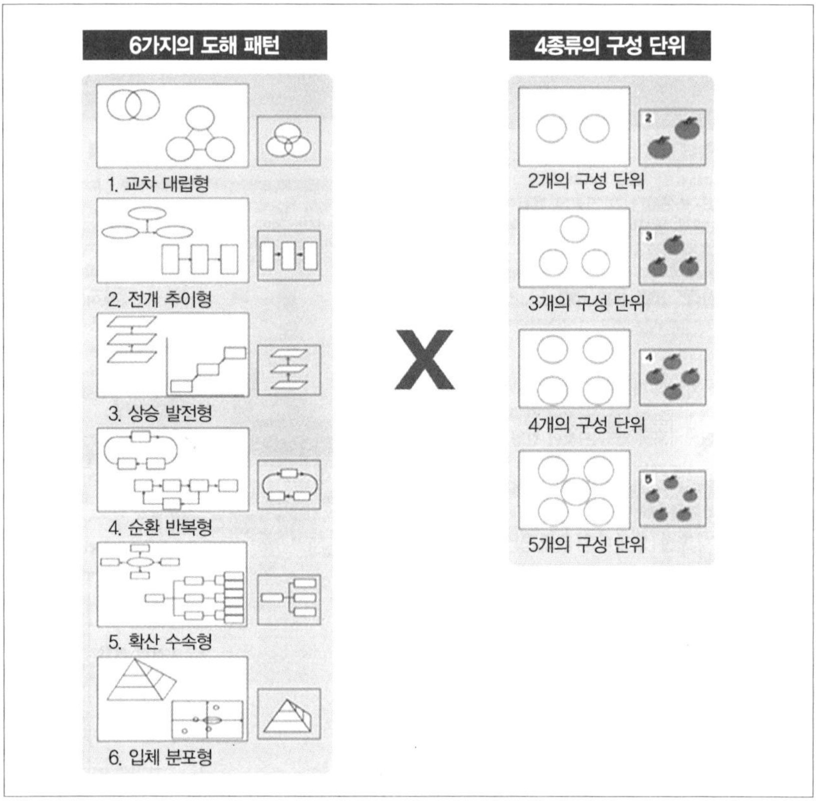
6가지의 도해 패턴
1. 교차 대립형
2. 전개 추이형
3. 상승 발전형
4. 순환 반복형
5. 확산 수속형
6. 입체 분포형
X
4종류의 구성 단위
2개의 구성 단위
3개의 구성 단위
4개의 구성 단위
5개의 구성 단위

◦ 도해 이미지 패턴 응용 원리

① 확산 대립형
② 확산 순환형
③ 대립 수속형

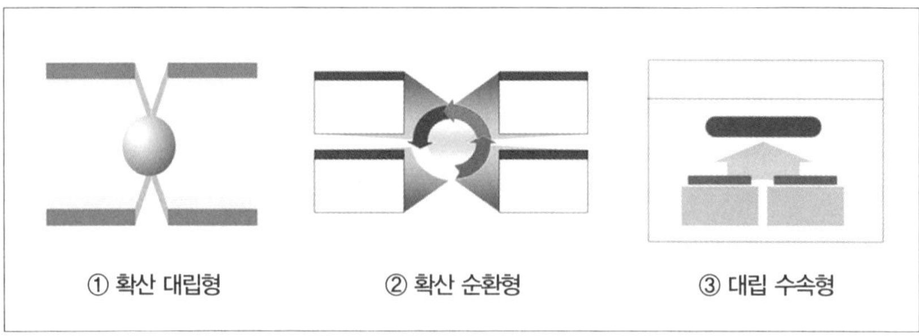

◦ 여러 가지 도해 패턴 응용

파워포인트 슬라이드 이미지 기획을 할 때는 레이아웃상 5가지 주의할 사항이 있다. 이를 10계명처럼 5계명으로 생각하고 외우고 다녀야 한다. 그래야만 더욱 효과적이고 짜임새 있는 기획서를 만들 수 있다.

첫째, 시선을 집중시켜야 한다. 슬라이드 기획서는 프레젠테이션과 연관성이 있기 때문에 이 중 '눈에 띄게'라는 부분을 더욱 강조하고 있다. 눈에 띄는 슬라이드 기획이 되기 위해서는 전체적인 레이아웃에서 시선을 집중시키는 무엇인가가 있어야 한다. 레이아웃이 된 것을 보고 내용에 적합한 도해 패턴을 확실히 알게 하는 것도 시선을 집중시키는 방법이다.

다음 예제를 비교해보면 집중력 있게 슬라이드 레이아웃을 해야 한다는 사실을 잘 알 수 있다.

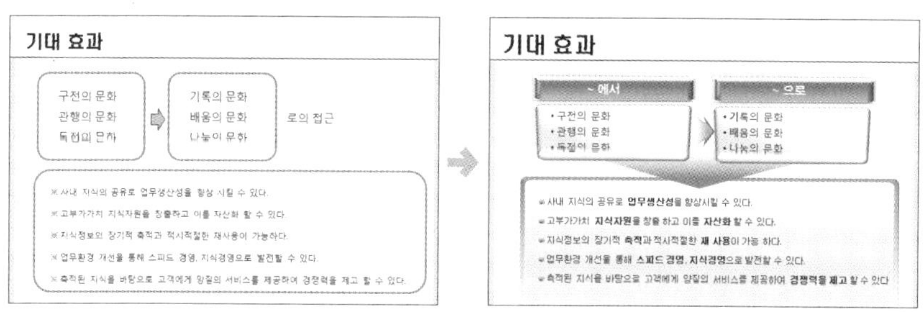

둘째, 내용을 남발하지 않아야 한다. 흔히 파워포인트 슬라이드에 내용을 빽빽하게 작성해서 꽉 찬 느낌을 주는 경우가 있다. 하지만 많은 내용은 오히려 핵심을 놓치게 만들고, 기획서를 무겁게 보이게 한다. 도해 기획은 선정된 도형 객체 안에 가장 필요한 내용을 구성하는 것으로 작성해야 한다. 가로형 슬라이드 기획은 다른 기획서에 비해서 더 압축을 필요로 한다.

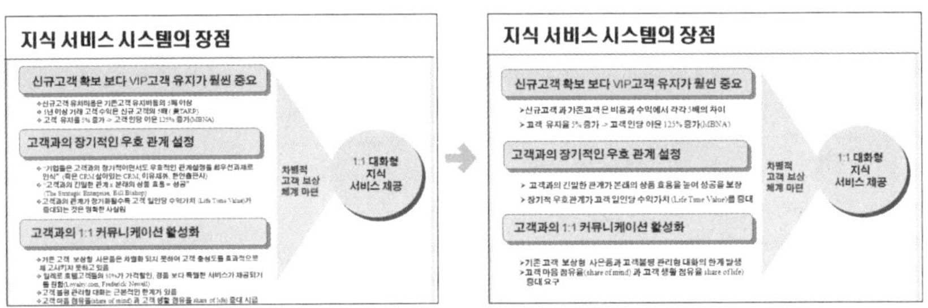

셋째, 흐름과 조화가 있어야 한다. 흐름과 조화는 곧 논리의 연결성이다. 슬라이드 도해 기획에도 논리를 부여해야 한다. 앞의 슬라이드 도해 패턴도 다양한 논리로서 구분한 것이다. 어떤 슬라이드를 보면 내용들이 제각각 다른 형태로 슬라이드 내에서 둥둥 떠다니는 모습을 보게 된다. 그렇게 되면 일관성이 떨어져 조잡해 보인다.

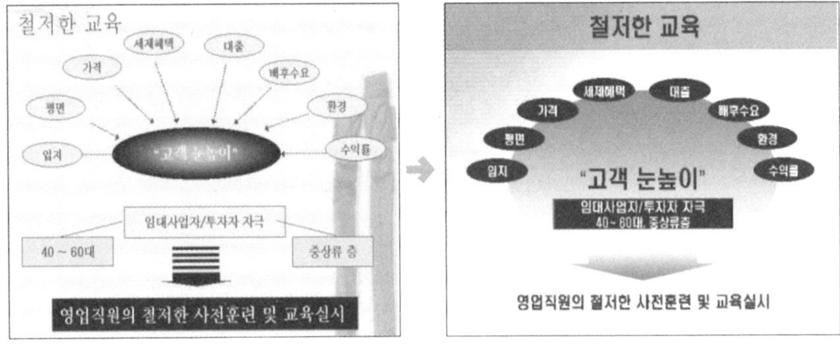

넷째, 텍스트와 이미지를 구분지어서는 안 된다. 텍스트 따로, 이미지 따로 식으로 작성하는 기획서는 양분화된 기획서로 세련되지 못하다. 도해 기획은 기본적으로 텍스트와 도해를 병행하여 활용하는 것이며, 정해진 도형 객체와 이미지 내에 텍스트를 자연스럽게 표현해야 한다. 커다란 도형 객체 틀 안에 아무런 내용이 없으면 속 빈 강정이라고 할 수 있다.

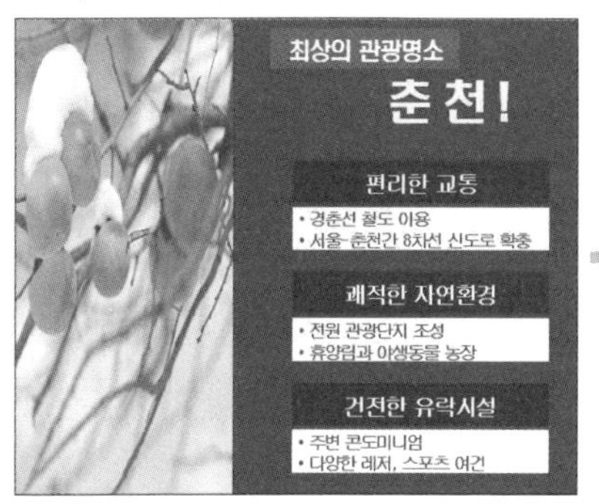

다섯째, 비주얼은 마지막에 강조한다. 기획에서의 비주얼 부분은 기획의 마지막 작업 영역이다. 프레젠테이션을 할 때 시각적인 연출을 강조한다면 비주얼 기획이 필요하겠지만, 일반 기획에서의 비주얼은 1차적인 기획과 수정을 다 하고 난 후이 차후의 문제다. 일단 논리적으로 도해 기획을 잘 레이아웃하고 나서 비주얼 부분을 고민해야 하는 것이다. 아예 비주얼을 없애거나 최소화하는 기획서도 있다. 지나치게 모든 객체마다 비주얼 효과를 주는 것도 금지해야 한다. 꼭 필요한 포인트 부분에만 보기 좋게 꾸며야 한다.

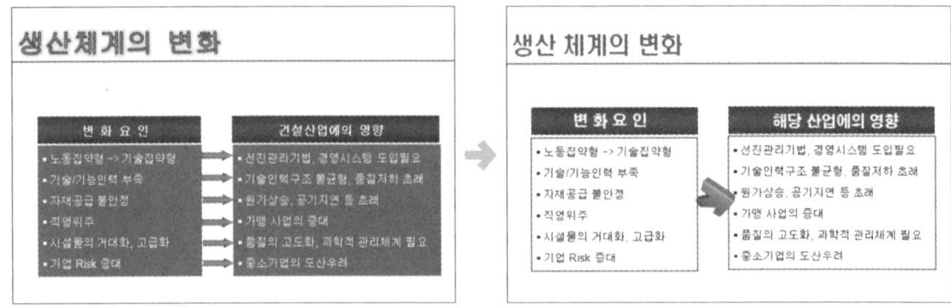

핵심 다이어트 처방
이미지 기획서 레이아웃 방법

☑ 이왕이면 보여주는 다이어트를

  …… **텍스트＋이미지 기획을 병행하라**

☑ 다이어트에도 일정한 패턴을 유지

  …… **교차 대립, 전개 추이, 상승 발전, 순환 반복, 확산 수속, 입체 분포형**

  패턴의 특성을 알고 적용하라

  …… **2~5개의 객체 구성단위를 적절히 활용하라**

☑ 다이어트 5계명 숙지

  …… **시선 집중, 적절한 내용, 흐름과 조화, 텍스트 이미지 조화, 비주얼**

  최소화를 준수하라

21

차트 기획서 작성법
다이어트 진도 차트를 그려라

차팔구 대리는 자동차 영업사원이다. 그는 열심히 노력하여 뛰어난 영업실적을 거두었다. 6개월 동안 판매대수가 꾸준히 늘어난 것이다. 그래서 올해의 판매왕 후보까지 올랐다. 본사에서는 판매왕을 선발하여 포상할 계획이니 우수한 실적을 한 장의 보고서로 제출하라고 한다. 차 대리는 내심 기대하며 보고서를 올렸다.

1월—5대, 2월—9대, 3월—13대, (…), 12월—30대.

그런데 정작 판매왕은 차 대리보다 적게 판 다른 영업소의 마구판 과장이 차지했다. 차 대리는 억울했다. 마 과장은 자신보다 판매대수가 적었기 때문이다. 본사에 이의를 제기한 차 대리는 다시 한 번 억울함을 경험

할 수밖에 없었다. 차트로 보고서를 만들어 제출하지 않았기에 포상 담당자가 차 대리의 12월 판매대수 '30'에서 '0'을 빼고, 3대로 계산했다는 것이다.

차트는 주로 외국에서 통용되는 말이다. 차트는 도표 또는 그래프를 말한다. 쉽게 그래프를 그리는 것이라고 이해하면 된다. 따라서 보통 차트 기획이라고 하면 그래프를 활용하여 기획서를 작성하는 것이라고 할 수 있다. 'say it chart!(차트로 말하라!)'라는 말이 있다. 차트는 기획서에서 강력한 전달효과를 줄 수 있다. 다이어트 프로그램 진행과정을 설명할 때 이를 차트화해 전달하면 확인하기도 수월하고 체크하기도 편하다.

숫자나 분포 등의 데이터 또는 정보는 가급적 차트로 표현하는 것이 바람직하다. 차트 기획을 하기 위해서는 각각의 차트가 나타내고자 하는 바를 정확하게 알아야 한다. 이를 차트의 비교항목이라고 하는데, 여기에는 5가지 요소가 있다.

차트는 시간적 추이를 나타낸다. 6개월 동안의 실적, 향후 10년 동안의 매출 등 시간의 흐름에 따른 변화 상황은 차트로 보여줄 때 효과적이다.

예시된 부분은 바로 시간적 추이를 나타내는 차트의 비교항목이다.

예 1) 우리 회사의 상반기 주가가 하락하고 있다.

예 2) 매출이 6개월간 꾸준히 증가하고 있다.

차트를 이용하면 수치정보를 그래프나 도표 형태로 계량적으로 구성할 수 있다. 특히 점유율, 비율 등의 수치정보를 계량적으로 표현할 수 있다.

예 1) 영업시간은 하루 근무시간 중 1/3을 차지한다.

예 2) 광고 마케팅에 할애하는 예산이 전체 마케팅 예산의 절반이 넘는다.

크다, 작다, 길다, 짧다, 같다 등 정도의 차이나 항목 간의 순위 등의 정렬항목을 나타낼 때도 차트를 활용한다. '가장 크다', '가장 작다' 등의 표현 등 계층, 등급 순위를 설명하는 항목 표시에도 차트가 어울린다. '인기가요 순위 차트' 등이 이와 같은 차트 유형 중 하나다.

예 1) ○○대리점 판매량은 최하위이다.

예 2) 10월의 두 부서의 성과는 나머지 부서의 성과를 크게 앞질렀다.

전체 중 일부 또는 어느 영역이 차지하는 비중을 이야기하는 비교항목, 특히 %로 표시할 수 있는 부분은 대표적 분포 형태의 차트로 표현해야 한다.

예 1) 직장인의 명예퇴직이 가장 많은 연령대는 40~45세 연령 집단이다.

예 2) 10억 이상의 재산을 가지고 있는 부유층은 전체 인구의 3%에 달한다.

위 다섯 가지 비교항목에서 제시된 예제는 모두 차트화 할 수 있는 것이다. 차트는 상관성을 잘 나타낼 수 있다. 두 가지 이상의 변수 간의 상호 관계성을 표현할 수 있다.

예 1) 휘발유 차보다 경유 차가 가격 대비 효율이 더 좋다.

예 2) 연봉과 업무만족도는 관계가 크다.

위 다섯 가지 비교항목에서 제시된 예제는 모두 차트화할 수 있는 것이다. 차트 기획을 할 때 곧바로 차트를 만들어내는 것은 체계적이지 못하다. 아무런 지침 없이 맨땅에 기획서를 만드는 것과 같다. 또 나에게 맞는 다이어트 정보도 없이 남들 좋다는 다이어트를 무턱대고 시도하는 것과도 같다. 차트 기획은 3단계의 변환 과정을 거친다. 1단계 '메시지 결정' 단계, 2단계 '비교항목 결정' 단계, 3단계 '차트 형식 선택' 단계다.

1단계 '메시지 결정' 단계는 무엇을 강조할 것인지, 분명하게 전달하고자 하는 내용을 결정하는 단계이고, 2단계 '비교항목 결정' 단계는 앞의 5가지 차트의 성격을 비교하여 한 가지를 선택하는 단계이며, 3단계 '차트 형식 선택' 단계는 여러 가지 다양한 차트 형식 중 가장 적합한 차트를 선택하는 단계이다.

● 데이터의 차트 변환 과정

각 단계별 활동에 대해 알아보자. 차트 형식을 최종적으로 선택하기 위해서는 먼저 전달할 메시지가 무엇인지 분명하게 하는 '메시지 결정' 단계를 거쳐야 한다. 최초로 데이터 가공 작업을 하여 '데이터에서 메시지로' 변환시키는 과정이다.

메시지를 염두에 두지 않고 곧바로 차트를 선택하는 것은 눈을 가리고 옷을 고르는 것과 같다. 또한 메시지를 결정할 때는 해야 할 바람직한 사항과 하지 말아야 할 바람직하지 못한 사항을 숙지해야 하는데, 이는 다음과 같다.

바람직함	바람직하지 못함
• 하나의 문장에 한 메시지 작성 • 너무 짧거나 길지 않게(10~40자) • 명확한 문장으로 작성	• 하나의 메시지를 여러 장에 작성 • 지나치게 광범위하게 • 모호한 문장으로 작성

● 메시지 결정 단계 시 숙지 사항

2단계 '비교항목 결정'은 메시지와 차트 형식을 연결시키는 교량적 역할을 한다. 메시지가 무엇이든 강조하는 요점이 무엇이든 비교항목은 앞의 5가지 유형을 참고하여 결정한다. 5가지 비교항목의 포인트는 다음과 같다.

시간적 추이	계량적 구성	정렬 항목	분포	상관성
• 변화, 성장 • 증가, 감소	• 점유율 • 전체비율	• 정도의 차이 • 순위	• 집중 • 빈도	• 관계 • 비교

● 비교항목별 강조사항

마지막 단계인 '차트 형식 선택' 단계는 비로소 차트가 결정되어 이루어지는 단계다. 5가지 비교항목이 무엇이든 마지막 차트 형식으로 귀결된다.

내용과 주제에 맞는 그래프를 활용하자

차트를 그래프라고 명칭하자. 그래프는 기획서의 내용과 걸맞은 것을 선택하여 활용해야 한다. "그래 맞아, 여기에는 이 그래프가 딱 어울려"라는 느낌이 나와야 한다. 그래프를 활용할 때 제일 먼저 생각해야 할 것은 그래프가 보는 사람에게 얼마나 정확한 정보를 제시하느냐다. 딱 맞는 그래프를 제시하기 위해서는 역시 그래프의 기본 유형을 알고 응용해야 한다. 일반적으로 그래프는 막대그래프, 꺾은선그래프, 원그래프, 점그래프, 퓨전형그래프의 5가지 기본 유형이 있다. 각각의 그래프의 특성과 활용을 살펴보자.

차트 중 가장 많이 사용하고 있는 그래프가 바로 막대그래프다. 막대그래프는 세로 막대그래프 유형과 가로 막대그래프 유형으로 나뉜다. 막대그래프는 기준 시점을 중심으로 여러 가지 항목의 구성비를 나타낼 때 많이 쓰인다. 부서별 컴퓨터 판매 목표량, 경쟁사별 분기별 판매 현황, 관리자와 사원의 실적 비교 등을 나타낼 때 막대그래프를 활용한다. 막대그래프는 다양하게 응용, 활용할 수 있다.

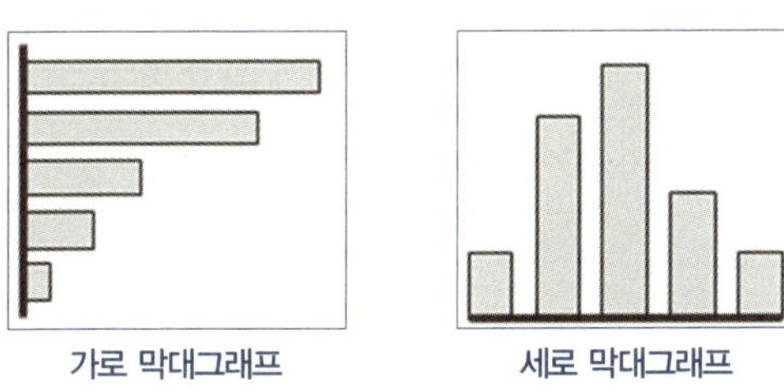

가로 막대그래프   세로 막대그래프

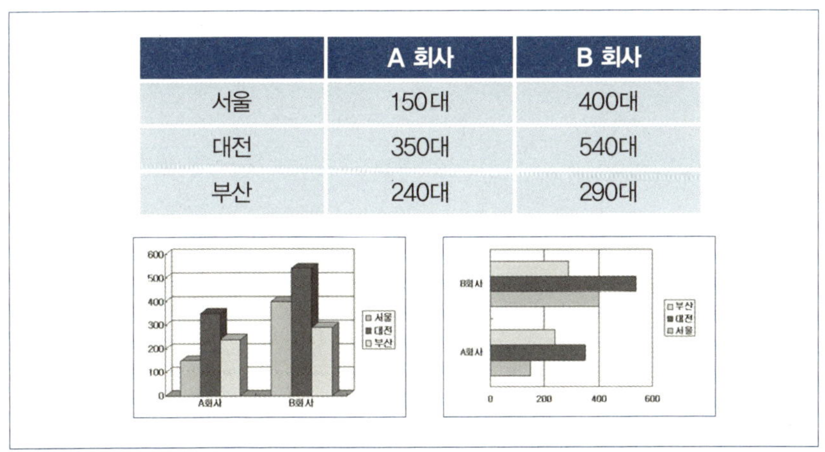

	A 회사	B 회사
서울	150대	400대
대전	350대	540대
부산	240대	290대

● 막대그래프 차트화

꺾은선그래프는 시간 경과에 따라 어느 항목이 어떻게 변화되어 갔는
지의 추이를 나타내는 데 적합한 차트다. 비교항목 중 시간적 추이에 해
당한다. 가장 그리기 쉽고 증가, 감소 등의 변동 현황을 한눈에 잘 나타낼
수 있어 많은 기획자들이 선호한다. 주식 동향, 매출 신장 추이, 월별 예
산 추이 등의 내용에 꺾은선그래프가 적합하다.

꺾은선그래프는 단순 선그래프와 영역을 표시한 영역그래프의 두 가지
형태가 있다. 두 개 이상의 결과를 비교하고자 할 때는 단순 선그래프 중
'그룹 선그래프'를 사용한다. 만일 우리 회사와 경쟁사의 성과의 추이를
비교하여 보여주고자 한다면 막대그래프보다 그룹 선그래프가 어울린
다. 영역그래프는 그래프의 기본선과 선그래프의 공간을 면으로 채우는
형태다.

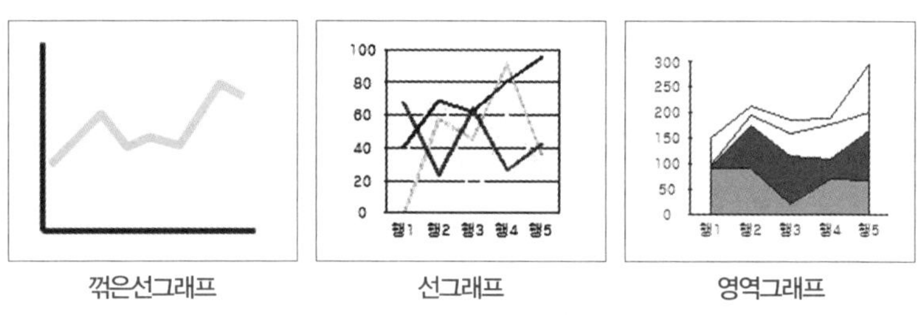

꺾은선그래프   선그래프   영역그래프

5년 동안의 시간적 추이를 나타내기 때문에 다음의 도표 자료를 꺾은
선그래프로 그리면 효과적이다.

구분	2011년	2012년	2013년	2014년	2015년
A회사	5	13	27	46	58
B회사	6	19	39	22	38

◉ 두 회사의 '5년간 성장률 비교' 꺾은선그래프 그리기

원그래프는 일명 '파이그래프'라고도 한다. 각종 통계 결과, 상호 간의 비율 조사, 점유율, 여론조사 결과 등에서 원그래프가 많이 활용된다. 비교항목 결정 중 %와 관련한 빈도 등을 표현하는 데 적합하다. 원그래프는 4가지 그래프의 유형 중 가장 사용 빈도수가 적지만, 가장 효과적인 시각화를 보여줄 수 있다.

지점 간의 분포나 상관관계, 포지셔닝, 평면적 분류 상태를 표현하는 매트릭스 방식의 차트를 점그래프라고 하는데, 비즈니스 기획에서 이러한 점그래프의 활용이 점점 증가하고 있는 추세다.

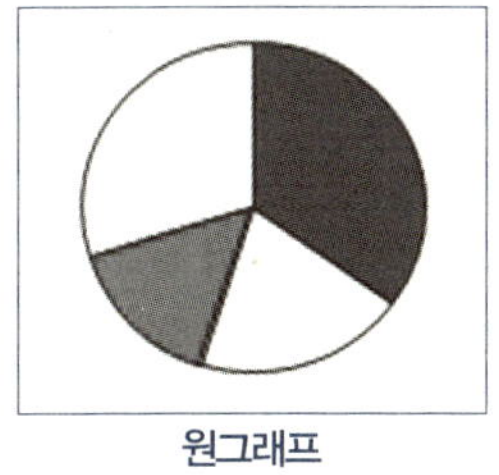

원그래프　　　　　점그래프

197

점그래프는 점이 차지하는 분포로 이해되는 차트이기 때문에 플로 차트나 포지셔닝 차트 산포도 등에서 많이 활용하는 유형이다.

스트레스 유형	빈 도
업무 과부하	35%
인간관계 갈등	21%
능력 부족 좌절감	19%
미래 부담감	13%
기 타	12%

퓨전형그래프를 그리자

'퓨전(fusion)'은 '조합' 또는 '섞는다' 라는 의미다. 요즘은 퓨전형 사고가 대세다. 여러 가지 장점을 조합하여 만든 퓨전 다이어트 방식도 소개되고 있다. 퓨전형 사고방식이 차트 기획에도 적용된다. 여러 가지 그래프를 혼합하여 새로운 차트 기획을 하는 것이다. 숫자 데이터는 가능한 한 그래프(차트)로 표현하는 것이 원칙이지만, 무조건적으로 정해진 차트만 적용해서는 안 된다.

여기에 각 그래프의 장점을 모아서 한눈에 여러 가지 데이터를 종합하여 보여주면 더 효과적이다. 가장 많이 쓰이는 퓨전형그래프는 막대그래프와 꺾은선그래프의 퓨전이다. 막대그래프 위에 시간적 추이의 꺾은선그래프를 올려놓는 방법이다. 예를 들어 하반기 매출 실적을 보고한다면 9월부터 12월까지 월별 매출 현황은 독립된 막대그래프로 그린 다음, 막대그래프 위에 꺾은선그래프를 넣어 월별 증감 상태의 변화를 한눈에 알아보기 쉽게 나타내는 방법이다.

그래프만 있는 경우, 눈에 띄는 시각화 효과는 있지만 짜임새 있는 정리가 다소 아쉬울 때가 있다. 따라서 그래프 위에 잘 정리된 도표를 올려놓

● 퓨전형그래프 – 막대그래프와 꺾은선그래프

은 도표와 그래프의 퓨전 방법도 많이 활용하고 있다. 설문조사 결과를 나타낼 때 원그래프로 각 핵심요소 항목의 빈도를 나타낸 다음, 그 위에 해당 요소 항목에 대한 상세한 문항을 도표로 표시하기도 한다. 그러면 설문 빈도를 그래픽으로 이해하고, 해당 텍스트를 도표로도 함께 이해할 수 있다.

22

원 페이지 기획서 작성 요령
한 번에 균형 있게 군살빼기

'2월 1일, 월요일부터 사내의 모든 기획서는 원 페이지로 통일함.'

아침에 회사에 출근한 원한피 대리는 사내 인트라넷에 공지된 이와 같은 문구를 보고 갑자기 정신이 멍해졌다. 어젯밤 집에서 수십 장의 기획서를 만들었는데, 오늘부터 원 페이지로 작성해서 보고하라니 그저 황당할 따름이다. 그 많은 양의 기획서를 다시 원 페이지로 만들려니 엄두가 나지 않았다. 더구나 페이지별로 내용을 압축하는 게 너무나 힘들고 유독 줄여지지 않는 몇몇 페이지가 골치였다. 늦게까지 사무실에 남아 해당 페이지를 어떻게 원 페이지에 핵심만 골라 써 넣을지 끙끙대고 있을 때, 청소아주머니가 청소를 하다 말을 건다.

“원 대리, 무슨 일 있어?”

원 대리는 그저 별 기대 없이 기획서 작성의 고민을 이야기했다. 그랬더니 청소아주머니가 명쾌한 해답을 주셨다.

“그래? 그냥 고민되는 슬라이드는 날려버려!”

원 페이지 작성이 더 어렵다

날씬한 S라인의 다이어트가 유행이듯 요즘 기획서가 날씬해지고 있다. 두꺼운 기획서는 더 이상 환영받지 못한다. 기획서가 얇을 대로 얇아져 소위 모든 내용을 한 장으로 만들어내는 '원 페이지 기획서 작성'이 새로운 기획 트렌드가 되어버린 지 오래다. 그러나 좀처럼 S라인을 만들기가 어렵듯 문서를 길게 쓰는 것보다 원 페이지로 줄여 쓰는 것이 더 어렵다. 여러 장을 쓰면 뭔가 있어 보이고 조금 서툴러도 페이지를 넘겨가며 어느 정도 부족한 부분을 만회할 수 있지만, 원 페이지 기획서는 한 장 안에 모든 내용을 명확하게 담아내야 하기 때문에 핵심 압축 실력이 없으면 더 엉성한 기획서가 되기 때문이다. 그래서 원 페이지 기획서 작성은 고난도 기획서 작성 스킬을 요구한다. 고민하고 고민하고 또 고민해야 한다.

또한 한 장이라고 우습게 보고 바로 작성하려 하니까 더 힘이 드는 것이다. 원 페이지 기획서 작성은 기획서 작성의 1급 자격증을 따는 것과 같다.

기획 좀 한다고 하는 사람들도 원 페이지 기획서에는 쩔쩔맨다. 5년 이상 묵은 기획 실력자가 되어야 원 페이지 기획서 작성 역량이 생긴다고 볼 수 있다. 먼저 자신이 원 페이지 기획서 작성에 어느 정도의 역량을 갖추고 있는지 진단해보자.

문 항	내 용	해당란에 체크(V 표시)		
		그렇다	아니다	모르겠다
1	기획서 작성 목적을 분명히 파악하고 있다.			
2	상대방이 원하는 기획 의도를 알고 있다.			
3	기획서 작성에 필요한 자료를 확보하고 있다.			
4	서론—본론—결론의 기획 논리 흐름을 알고 있다.			
5	한 장에 꼭 필요한 핵심 키워드를 추출할 수 있다.			
6	구체적이고 현실적인 근거를 제시할 수 있다.			
7	한 장으로 얼마든지 내용을 이해하게 할 수 있다.			
8	원 페이지로 짜임새 있게 내용을 배치할 수 있다.			
9	서술식 문장과 개조식 문장을 적절히 통제할 수 있다.			
10	많은 내용을 단숨에 요약할 수 있다.			
11	다른 사람이 만든 문서를 제대로 교정할 수 있다.			
12	원 페이지 만으로도 의사결정을 유도할 수 있다.			
13	원 페이지를 작성하는 시간이 그리 많이 걸리지 않는다.			
14	원 페이지 내용을 성리하여 표현힐 수 있다.			
15	어떤 내용이든 원 페이지로 구조화할 자신이 있다.			

* 평가 결과 : '그렇다' 라고 답한 항목의 개수 파악

① 12개 이상 – 상당한 정도의 프로 기획 능력 보유
② 9~11개 – 어느 정도의 원 페이지 기획서 작성 능력 갖춤
③ 6~8개 – 원 페이지 기획서 작성을 위해 다소의 노력이 요구됨
④ 5개 미만 – 원 페이지 기획서 작성을 위해 많은 노력이 요구됨

● 원 페이지 기획서 작성 역량

원 페이지 기획서는 작성 조건이 있다. 조건에 부합해야 가장 효율적인 기획서라고 할 수 있다. 원 페이지 기획서는 다음과 같은 성격을 요구한다.

첫째, 한눈에 띄어야 한다. 구구절절 두툼하게 작성된 기획서는 한눈에 들어오지 않는 단점이 있다. 그럴 바에는 딱 한 장으로 요약하여 한눈에 들어오게 하는 것이 효과적이다. 복잡한 책의 내용도 앞에 한 장으로 요약을 해주기도 하고, 수많은 신문기사를 머리글만 따로 모아 한 장에 요약 브리핑하기도 한다.

둘째, 압축이 생명이다. 불필요한 부분, 중요하지 않는 부분을 압축하여 꼭 필요한 부분만 챙겨야 한다. 50쪽짜리 기획안을 제출했지만 분량이 너무 많아 읽고 파악하는 데 시간이 걸린다면 그 기획안은 설득력을 잃게 된다.

셋째, 핵심논리만 뒷받침되면 한 장도 충분하다. 단 한 장의 요약 보고로도 얼마든지 의사전달을 할 수 있다. 그러나 가장 간결하고 함축적인 표현을 했을 때다.

넷째, 1~2분 내에 승부해야 한다. 기획서를 프레젠테이션할 때는 1~2분 이내에 판가름이 난다. 처음 몇 마디의 가장 중요한 핵심 언급이 의사결정에 중요한 역할을 한다. 이러한 시작 부분의 강력한 핵심 메시지와 같은 역할을 기획서에서는 원 페이지가 한다. 그러기 위해서 원 페이지 기획서는 가장 짧은 1~2분 내에 승부수를 띄워야 한다.

다섯째, 가장 적은 양의 정보를 제시해야 한다. '과유불급(過猶不及)'이라고 넘치면 문제다. 많은 양의 내용은 의사결정자에게 오히려 부담을 주어 결정을 앞당기는 게 아니라 오히려 지연시킨다. 열심히 썼으니 다 읽어줄 것이라는 기대는 금물이다. 한 장도 잘 읽지 않으려고 하는 것이 오늘날의 의사결정자다.

원 페이지 기획서 작성의 실효성은 패트릭 G. 라일리의 《THE ONE PAGE PROPOSAL》이라는 책에 잘 나타나 있다. 《THE ONE PAGE PROPOSAL》에서 제시하는 로드맵은 다음과 같다.

로드맵	특 성
제목	• 기획서 전체의 규명 • 기획서의 얼굴
부제	• 기획서의 범위 • 제목의 한계 규명
목표	• 기획서가 추구하는 궁극적인 목적
2차 목표	• 목표의 구체적인 규정 • 기획서의 달성 가능한 효과
논리적 근거	• 기획서의 논리 • 실행이 필요한 합리적인 이유
재정	• 예신 및 비용 상대 • 거래 관련 금전적 부분 명시
현재 상태	• 기획서와 관련된 현재의 상황과 여건 • 현재 일의 진행 상태
실행	• 구체적인 실행 계획 • 기획서를 읽는 사람에게 원하는 행동 명시

● 《THE ONE PAGE PROPOSAL》 로드맵

《THE ONE PAGE PROPOSAL》에서 주장하는 원 페이지 개념과 특징적인 로드맵을 적절하게 벤치마킹하여 우리 실정에 맞게 보완하여 적용한다면 기획서 작성이 한결 수월해질 것이다.

<table>
<tr><td>장문의 텍스트</td><td rowspan="5">→</td><td>단문의 텍스트</td></tr>
<tr><td>텍스트 기획</td><td>텍스트+이미지 기획 응용</td></tr>
<tr><td>8단계 로드맵</td><td>단계 조정 보완</td></tr>
<tr><td>시각화 결여</td><td>필요 시 시각화</td></tr>
<tr><td>서구식 멘트</td><td>동양적 멘트</td></tr>
</table>

● 《THE ONE PAGE PROPOSAL》 응용 방향

이러한 응용 방향에 맞춰 각 로드맵 항목별로 작성 요령과 우리 실정에 맞는 로드맵을 재설정하면 다음과 같다.

제목	헤드라인처럼 써라	문서 TOPIC
부제	제목을 보강하라	안건
목표	원하는 바를 진술하라	달성 목표
2차 목표	목적을 상세히 밝혀라	기대 효과
논리적 근거	6하원칙을 준수하여 전개하라	본문 핵심내용
재정	숫자로 말하라	비용, 예산 부문
현재 상태	사업이 위치한 현 상태를 기술하라	현재의 역량
실행	부탁하는 것을 말하고 서명 날인하라	향후 계획

● 《THE ONE PAGE PROPOSAL》 로드맵 작성 적용

우리 실정에 맞는 원 페이지 비즈니스 기획서를 만들려면 모든 기획서

에 그대로 적용하지 않더라도 다음과 같은 논리적 전개에 의하여 내용을 구성해야 한다. 이는 앞서 기획서 작성의 필수 콘텐츠인 상사나 고객이 원하는 기획의 필요점과 같다.

so what	기획서의 핵심포인트. 한두 줄의 스토리 라인으로 요약 기술
why so	결론 도출 근거나 데이터, 핵심포인트를 뒷받침하는 논리적인 장치
how to	기획서가 나아가고자 하는 방향 또는 방법론 향후 계획, 이후 조치, 시사점 및 방향, 실행 관련 사항 등의 언급

● 원 페이지 기획서의 필수 구성 내용

이러한 원 페이지 구성에 맞춰 실질적인 원 페이지 작성을 해보자.

당사 미래 경영자의 체계적인 양성을 목적으로 과장급 이상 직무 성과가 우수한 직원을 선발하여 총 1개월에 걸쳐 '차세대 리더 양성 과정'을 온라인 교육(3주)과 집합교육(1주)으로 실시하고자 합니다(온라인 과정은 현업 업무와 동시 수행).
교육의 목표는 회사 경영철학 및 핵심가치를 공유하고, 글로벌 수준의 종합리더 역량을 강화하며, 해당 부문 전문가로서 현장 리더십을 배양하는 데 있습니다.
교육 대상은 과장 2~3년 차 이상의 핵심인력으로, 1차적으로 총 48명을 양성할 계획입니다.
교육 과정은 20**년 1월부터 진행합니다.
합숙교육 시 바람직한 리더상을 정립하기 위한 action learning을 병행 실시합니다.
이번 과정을 통해 학습하는 리더십 역량으로는 비즈니스 업무 수행 능력을 향상시키는 business leader, 대내외 인간관계와 원활한 교류를 촉진하는 network leader, 원만한 부하 육성과 동기부여를 도모하는 empowering leader, 정직·투명함으로 윤리경영에 앞장서는 moral Leader입니다.
선발된 자원에 대한 부서별 세부 명단은 교육 실시 2주 전 사내 게시판에 공지할 예정입니다.
각 부서는 기간 내(특히 합숙교육 시) 교육 대상자에 대한 업무 조정과 해당 조치를 취해주시기 바랍니다.

먼저 원 페이지 기획서의 제목을 정한다. 제목은 내용을 한눈에 암시할 수 있도록 한 줄로 간략하게 설정한다. 위 내용은 차세대 리더를 양성하는 것을 요지로 하고 있다. 제목을 '차세대 리더 양성 과정 실시 계획'이라고 정한다.

제목 밑에 스토리 라인을 구축한다. 스토리 라인이란 전체 핵심내용을 정리하여 서술식 문장으로 기술하는 것이다. 사실 스토리 라인만 읽어보아도 개략적으로 무슨 내용인지 알 수 있다. 기획서가 무슨 내용을 이야기 하는지 알려주는 곳으로, 앞서 'so what' 부분에 해당된다. 여기에서는 '차세대 리더 양성 과정'에 대한 전반적인 사항을 요약하여 한두 줄의 서술식 문장으로 표현한다.

'why so'는 본문 내용에 해당하는 부분으로, 논리적 근거를 작성한다. 데이터나 근거자료, 각조 예시 등을 서술한다. 차세대 리더 양성 과정 운영에 대한 세부적인 안내사항이 포함된다. 스토리 라인은 서술식으로 풀어서 쓰는 것이 바람직하지만 논리적 근거가 되는 본문 내용은 핵심항목을 추출하여 개조식으로 작성하는 것이 효과적이다. 기획 내용 구성과 배치 요령에 맞게 중간 항목—작은 항목—세부내용을 균형과 짜임새 있게 작성한다.

<h2 style="text-align:center;">차세대 리더 양성 과정 실시 계획(안)</h2>

미래 경영자의 체계적인 양성을 위하여 선발된 우수직원을 대상으로 총 1개월에 걸쳐 온라인과 집합교육을 병행한 '차세대 리더 양성 과정'을 실시함.

1. 과정 목표

    가. 회사 경영철학 및 가치 공유

    나. 글로벌 수준의 종합 리더 역량 강화

    다. 해당 전문가로서 현장 리더십 배양

2. 교육 기간 : 20＊＊년 1월부터 4주간 시행(온라인 교육 3주, 집합교육 1주)

3. 교육 대상 : 과장급 2~3년차 이상 직무 성과가 우수한 핵심인력

4. 리더십 역량 학습 내용

    가. 비즈니스 업무 수행 능력을 향상시키는 business leader

    나. 대내외 인간관계와 원활한 교류를 촉진하는 network leader

    다. 원만한 부하 육성과 동기부여를 도모하는 empowering leader

    라. 정직 · 투명함으로 윤리경영에 앞장서는 moral leader

5. 선발된 자원에 대한 부서별 세부 명단은 교육 실시 2주 전 사내 게시판 공지 예정

    ※ 각 부서의 기간 내(특히 합숙교육 시) 교육 대상자에 대한 업무 조정과 해당 조치 요망

● 원 페이지 문서 작성 결과

마지막으로 원 페이지 기획서의 실행 방향성을 나타내는 방향성 문장을 작성한다. 즉, '궁극적으로 어떻게 할 것인가?'의 추진 방법을 제시한다. 문서의 'how to' 부분에 해당한다. 예제에서는 과정 안내 후 이후 활

동에 대한 공지사항에 해당하는 부분을 기술한다. 추진상의 고려사항이나 후속조치, 부가적인 사항에 대해 언급도 이 부분에서 이루어진다.

원 페이지 기획서 작성법

☑ 단번에 S라인 가꾸기가 대세

······ 원 페이지 기획의 장점과 의미를 알고 효율적으로 활용하라

······ 잘 만든 원 페이지 기획서의 로드맵을 벤치마킹하라(제목—부제—목표—2차 목표—논리적 근거—재정—현재 상태—실행)

☑ 원 스톱 다이어트 절차 준수

······ 'so what', 'why do', 'how to'를 필수 콘텐츠로 삼아라

······ 제목→스토리 라인→논리적 근거→방향성 순으로 작성하라

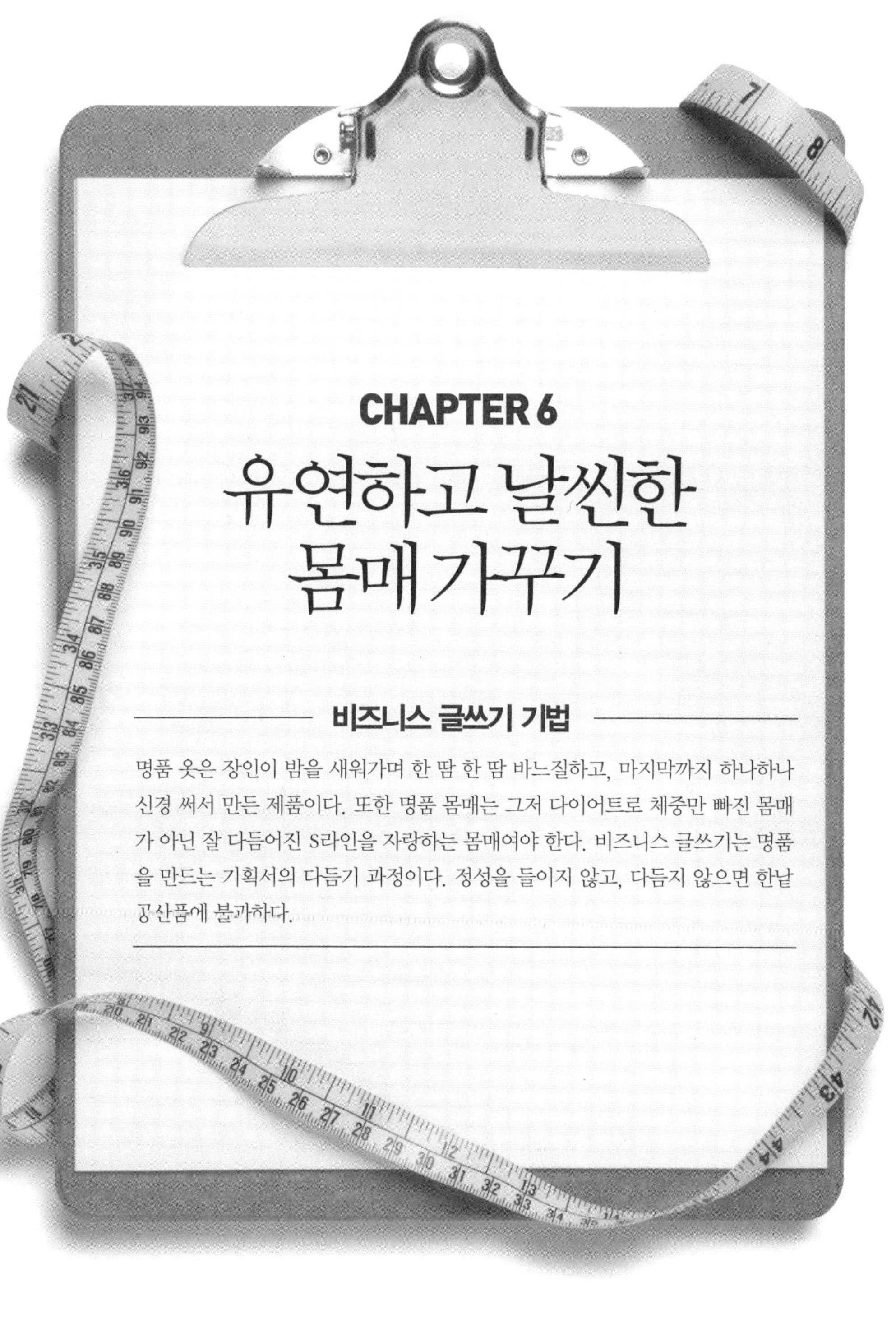

CHAPTER 6
유연하고 날씬한 몸매 가꾸기

비즈니스 글쓰기 기법

명품 옷은 장인이 밤을 새워가며 한 땀 한 땀 바느질하고, 마지막까지 하나하나 신경 써서 만든 제품이다. 또한 명품 몸매는 그저 다이어트로 체중만 빠진 몸매가 아닌 잘 다듬어진 S라인을 자랑하는 몸매여야 한다. 비즈니스 글쓰기는 명품을 만드는 기획서의 다듬기 과정이다. 정성을 들이지 않고, 다듬지 않으면 한낱 공산품에 불과하다.

23

비즈니스 글쓰기 방법론
'S라인'을 만들기 위한 요건

신세대 신입사원 허당인 씨는 마케팅 부서에서 일하게 되었다. 어느 날 허 사원의 직속상사인 변사도 과장이 중요한 회사 내 행사에 대한 고지를 마치고, 사내 인트라넷을 통해 마케팅 행사 참여 신청을 독려하는 메일을 각 부서에 공지할 것을 허 사원에게 부탁했다. 허당인 씨는 의기양양하게 대답하고, 컴퓨터 앞에 앉아 곧바로 메일링을 통해 전 부서에 회람 공지를 보낸다. 얼마 후 허 사원의 메일을 확인한 변사도 과장은 졸도할 지경이었다. 그가 회사 내 전 부서로 보낸 공지 메일은 다음과 같다.

'다음 주 행사 일정이 완전 바쁜 관계로 요 며칠 전 울 마케팅 부서에서 이미 알린 행사 참여 인원을 빨랑 통보해주삼 ㅋㅋ. 그럼 이만 꾸~벅.'

기획서를 작성할 때 직장이나 조직에서 사용하는 비즈니스 글은 일반 글쓰기와는 다르다. 늘 하던 내 방식대로 평소에 이야기하듯 작성해서는 곤란하다. 비즈니스 글은 엄격한 격식을 갖추어 품위 있게 작성해야 한다. 그래서 다른 글쓰기보다 더 중요하고 어렵다. 기획서 작성의 상당 부분을 차지하는 비즈니스 글쓰기는 '비즈라이팅(biz writing)'이라는 새로운 개념으로 자리 잡았다. 비즈니스를 줄인 'biz'와 글쓰기의 'writing'을 합친 합성어로 '비즈라이팅'이라 부르게 된 것이며, 보편적으로 '직장인 글쓰기'라고 이야기한다.

과거에는 비즈니스 글쓰기라는 말은 기획에서 별도로 다루지 않았고, 비즈라이팅이 그다지 중요한 개념으로 받아들여지지 않았다. 그동안 '글쓰기'라고 하면 수필이나 소설 등 작가들의 글쓰기를 떠올리고, 직장인들의 글쓰기는 매우 낯설고 한정된 것으로 인식했기 때문이다. 직장에서도 사무직 등 일부 관련 부서나 직무를 제외하고는 글쓰기가 필요 없다고 느끼는 사람들이 대부분이었다. 그러나 이러한 생각들은 분명 고정관념이다. 이제 글쓰기는 거의 전 영역에서 필요로 하게 되었다. 학교에서 학생들이 제출하는 리포트나 논문에서도 글쓰기가 필요하며, 직장인들은 매일매일 결재 문서뿐 아니라 각종 보고서와 제안서를 만들고, 이메일을 작성하는 등 글쓰기를 생활화하고 있다.

하다못해 글쓰기와 무관한 영업사원과 생산직 사원들도 고객에게 감사의 글을 써야 하고, 사내 아이디어 제안 글쓰기 등을 해야 한다. 뿐만 아니라 이메일이나 휴대폰 문자, 각종 스마트기기들의 SNS(소셜 네트워크 서비스) 프로그램들이 대중화되면서 간략한 글쓰기는 꼬리표처럼 따라다니게 되었다.

따라서 비즈니스 글쓰기는 매우 비중 있게 다루어져야 한다. 그럼에도 불구하고 직장인 10명 중 7명은 글쓰기가 어렵다고 한다. 그렇다면 직장인들은 도대체 왜 글쓰기를 어렵게 생각하는 것일까?

직장인들이 글쓰기가 그리 녹록지 않다고 생각하는 이유는 우선 글쓰기에 대한 부담감 때문이다. 직장인들은 글을 쓰라고 하면 겁부터 집어먹는다. 완벽하고 대단한 글을 써야 한다는 강박관념 때문이다. 자칫 잘못된 글을 썼을 때 상사에게 꾸중을 듣거나 괜한 능력을 의심받을까 봐 두려워하는 것도 이유다. 이러한 부담감이 글쓰기를 어렵게 느끼게 하는 것이다. 비즈니스 글쓰기는 소설이나 시를 쓰는 것처럼 대단한 것이 아니다. 완벽하게 쓰려고 할 필요도 없다. 정확하고 구체적인 메시지를 전달하기만 하면 된다. 편한 자세로 비즈니스 글쓰기에 임해야 한다.

글쓰기 경험이 부족한 것도 한 이유다. 매일매일 일기를 쓰는 사람이 드물 정도로 직장인들은 평소 글쓰는 것에 익숙하지 않다. 게다가 글쓰기보다는 말하기를 더 많이 하고 있다. 웬만한 일은 전화로 처리하고, 만나서 일을 수행하다 보니 글을 쓰는 상황은 더더욱 제한적이 되고 만다. 그러다 보니 막상 글을 써야 하는 일이 생기면 어디서부터 어떻게 써야 할지 부담을 느끼는 것이다. 하지만 글쓰기는 무엇보다 많이 해본 사람이 잘하게 되어 있다.

준비 소홀은 글쓰기의 어려움을 더욱 가중시킨다. 아무런 준비도 하지 않고 있다가 막연하게 글을 쓰려고 하면 저절로 글쓰기가 될 리 없다. 모든 글은 한순간에 불쑥 써지지 않는다. 좋은 글을 쓰려면 준비를 철저히 해야 한다. 생각을 정리하고 자료를 찾고 몇 번이고 고민해서 글을 써야 한다. 그래야만 글쓰기가 그만큼 쉬워진다.

글쓰기에 대한 교육 부족도 큰 이유 중 하나다. 상사나 선배들이 후배와 부하직원에게 체계적으로 글쓰기를 가르쳐주는 경우는 거의 없다. '내가 직장생활을 할 때도 그랬으니 알아서 배우며 커라'라는 식이다. 비즈니스 글쓰기를 소위 '홀로서기 식'으로 스스로 알아서 해온 것이다. 요즘이야 교육 과정도 있지만 이전에는 글쓰기에 대한 체계적인 교육 프로그램이 없어 글쓰기 능력을 키울 방법이 없었다. 비즈니스 글쓰기 능력은 선천적인 능력보다 후천적인 노력이 중요하다. 학습을 통해 어느 정도 글쓰기에 대한 부담감을 해소하고 글쓰는 요령과 테크닉을 익힐 수 있다.

글쓰기는 다이어트처럼 반드시 필요한 부분이다. 나의 몸이 비만이라면 건강에 좋지 않으니 언젠가는 다이어트를 하는 게 좋듯이 글쓰기 역시 피할 수 없다. 피할 수 없다면 즐기면서 정면 돌파해야 한다. 우선 나의 글쓰기에 대한 사전 역량을 진단해보자.

다음에 자신의 글쓰기 성향과 준비 상태를 점검해볼 수 있는 평가 항목을 제시하였다. 항목에 해당되는 사항에 'V' 표시를 하면 된다. 15개 항목 중 체크된 항목이 많을수록 비즈니스 글쓰기에 많은 노력이 필요하다.

체크 항목이 많다고 진단 결과에 집착하거나 실망하지 않도록 하자. 체크 항목이 많은 진단 결과는 현재 상태의 부족한 결과다. 그러나 누구나 다이어트를 하면 현재의 비만에서 벗어날 수 있듯이, 부족한 부분을 개선하기 위해 노력하면 글쓰기 능력 또한 얼마든지 향상시킬 수 있다.

문항	내 용	체크
1	말보다 글로 표현하는 것이 어렵다.	
2	글쓰기의 첫 줄 쓰기부터 고민할 때가 많다.	
3	공식 비즈니스 문서를 작성해본 경험이 적다.	
4	문서 작성 시간이 남보다 오래 걸린다.	
5	글쓰기에 대한 학습을 따로 한 적이 없다.	
6	매끄럽게 글을 풀어 쓰는 것이 어렵다.	
7	독창적인 글쓰기보다 주로 자료에서 베끼는 편이다.	
8	읽는 사람의 성향을 제대로 파악하여 글을 쓰는 것이 힘들다.	
9	문서를 작성하면서 의도하는 방향과 다르게 쓰는 경우가 종종 있다.	
10	문서 작성 후 작성된 문서에 대해 만족감이 약한 편이다.	
11	문서 작성 후 몇 번이고 교정하기 바쁘다.	
12	독창적인 문장 작성에 어려움이 있다.	
13	습관적인 글쓰기 스타일이 몸에 배어 있다.	
14	작성한 문서에 대해 만족도가 높지 않다.	
15	작성한 문서를 보고할 때 상대로부터 질문을 많이 받는다.	

*** 평가 결과**

① 1~3개 : 글쓰기에 대한 준비 역량이 뛰어남
② 4~7개 : 어느 정도 글쓰기에 대한 능력과 준비를 갖추고 있음
③ 8~10개 : 글쓰기에 대한 다소의 노력이 요구됨
④ 11개 이상 : 글쓰기에 대한 상당한 노력이 요구됨

● 비즈 라이팅 진단

비즈니스 글쓰기는 기획서 내에서 문장으로 작성된다. 회사나 조직의 기획서에 사용된 문장은 그 회사나 조직을 대변한다. 따라서 일반적인 문서와 다른 격식을 갖추어야 한다. 품위 없이 쓴 기획서는 그 회사의 격도 떨어지게 한다. 가령 공문서를 발송했는데 오탈자투성이에 문맥의 연결이 매끄럽지 못하다면 읽는 사람들은 문서 자체를 나무라는 것이 아니라 문서의 발송지를 탓한다.

식사요법에 의한 다이어트를 할 때도 일반 식단과는 다른 식단 편성을 해야 한다. 탄수화물, 육류, 채소, 과일, 지방 등을 적절하게 조합하여 가장 우수한 다이어트 식단을 편성해내듯, 비즈니스 글쓰기 또한 비즈니스에 적합한 표현만을 잘 골라내 떳떳하게 그 회사, 그 조직의 문서임을 과시해야 한다. 비즈니스 문장이 일반 문서의 문장과 달라야 하는 것은 다음과 같은 요건이 있기 때문이기도 하다.

비즈니스 문장은 조직이나 단체의 내용을 담은 공식적인 글이다. 개인 정보가 아닌 공적 정보를 다루다 보니 그만큼 공식적인 성격이 강하다. 작성한 문장은 사적 용도가 아닌 공적 용도로 사용되고, 소유권 또한 공적 소유권을 갖게 된다. 따라서 개인적인 성향과 의견보다는 공식적인 부분을 더욱 반영해야 한다.

비즈니스 글은 품위와 격식을 강조한다. 일반 글은 특별한 형식에 구애

받지 않고 내용 전달에만 신경 쓰면 되지만, 비즈니스 문장은 일정한 기준과 형식을 따져야 한다. 공식 문서의 경우, 내용보다 형식이 더 강조될 때도 있다. 대외적인 공신력을 갖추기 위해 품위는 꼭 필요한 것이다.

일반 글은 독자층이 넓거나 불특정 다수를 상대하지만, 비즈니스 글은 읽는 사람이 한정되어 있다. 주로 상사나 고객, 협력 부서나 업체 등이다. 어떤 때에는 특정한 한 사람에게 의사결정을 유도하는 글을 쓸 수도 있다. 그렇기 때문에 보편적인 것도 중요하지만, 특정 대상이 만족하는 문서 작성이 되어야 한다.

또한 비즈니스 문장은 조직 커뮤니케이션을 대변한다. 일반 글은 자기 중심적이다 보니 독자가 읽어주든 읽어주지 않든 자신의 논리를 글로 표현하면 된다. 그러나 비즈니스 문장은 조직에서 읽혀지는 것으로, 글을 쓰는 사람은 회사의 입장에서 글을 써야 한다. 즉, 기획자는 조직의 커뮤니케이션의 대변자 역할을 한다. 전달하고자 하는 바를 말보다 선명하게 글을 통해 전달해야만 한다.

비즈니스 글은 업무상의 글쓰기이다. 직장 내의 모든 업무는 대부분 문서를 통해 이루어진다고 할 수 있다. 비즈니스 문장은 문서 내에서 업무를 기술한다. 작성된 문장은 업무를 기록하는 기능도 가진다. 말은 별도로 녹음하지 않으면 내뱉는 순간 사라진다. 그러나 문장은 글로 남기 때문에 비즈니스 글은 업무 기록물로서 중요한 가치를 지닌다. 또한 중요한 일이 발생했을 때 근거자료로 활용되기도 한다. 때문에 기록물로서 보존되는 비즈니스 문서 작성에 더욱 신중해야 한다.

비즈니스 글쓰기는 '무엇을(what)', '어떻게(how)' 쓰느냐가 중요하다. 비즈니스 글 속에는 전달하고자 하는 분명한 실체가 있어야 한다. 또한 객관적인 사실이나 내용을 잘 전달하기 위해 설득력 있는 문장으로 담아내야 한다. 넓은 의미에서 문장을 읽었을 때 '무엇을'과 '어떻게'라는 항목을 잘 반영했다면 비즈니스 문장으로서의 기능을 충실히 이행한 것이다. 좁은 의미에서도 문장 작성 기술을 알고 글을 써야 한다. 이는 곧 비즈니스 문장 작성법이 된다.

비즈니스 문장 작성에 대한 5가지 원칙을 배워보자.

첫째, 한눈에 읽을 수 있게 써야 한다. 전체적인 기획서를 쓰는 방법과 똑같이 비즈니스 문장 또한 작성된 문장을 한눈에 읽어볼 수 있어야 한다. 주저리주저리 장황하게 쓰거나 이것저것 덧붙인 군더더기 문장이 있어서는 안 된다. 한눈에 읽을 수 있는 문장이 되기 위해서는 간결하게 짧은 문장으로 써야 한다. 말하자면 다이어트를 위해 적게 먹는 소식(小食)을 하고 식탐(食貪)을 줄여야 하는 것이다. 긴 문장은 오히려 복잡하게 얽혀 글의 의미를 파악하기 어렵게 만든다. 급한 전달사항이 생겨 직원에게 문자를 보낼 때의 상황을 비교해보자.

좌측의 문자메시지는 문장을 읽다가 지치고 상황의 긴박함을 표현하는 데도 부적절하다. 우측의 한두 문장으로 용건만 간단히 전달하면 된다.

간결하지 못한 문장	간결한 문장
이동해 대리, 영업 잘하고 있지? 연락이 잘 안 되네. 거래처 일로 많이 바쁜가 보군. 다름이 아니라 사장님이 급히 영업자료를 요청하셨는데 이 대리가 자리에 없어서 찾을 수가 없네. 간단한 실적비교인데 말이야. 메시지를 받는 대로 바로 연락 좀 해주게. 급한 사항이야.	"대표이사 요청 자료 발생, 즉시 연락 요망."

* 간결하지 못한 문장 vs 간결한 문장

문장이 너무 긴 경우에는 몇 개의 짧은 문장으로 나누어 써야 읽기에 편하다. 한 문장에는 한 가지 내용만 기술하는 것이 좋다. 보통 문장의 경우 30자에서 50자 내외로 작성한다. 다음 문장의 예를 들어보자.

예) 행사에 소요되는 비용은 거의 확정된 범위에 있기 때문에 재검토의 여지가 없지만 인건비와 장비 임대료 부분은 최초 계획에서 고려하지 않았기 때문에 해당 부분에 대한 소요 비용을 추가하여 이를 행사 계획에 적극적으로 반영해야 합니다.

주어진 예시는 문장이 너무 길어서 한눈에 들어오지 않는다.
이를 짧은 문장으로 나누어 고쳐보자.

→ 행사에 소요되는 비용은 거의 확정된 범위에 있기 때문에 재검토의 여지가 없습니다. 하지만 인건비와 장비 임대 비용은 최초 계획에서 고려하지

않은 상태입니다. 해당 부분에 대한 소요 비용을 추가하여 행사 계획에 적극적으로 반영해야 합니다.

둘째, 쉽게 써야 한다. 쉽고 간단하게 쓸 수 있는 내용을 굳이 복잡하고 어렵게 표현함으로써 글을 늘어지게 하고 의미를 파악하기 힘들게 만드는 경우가 있다. 자신만 이해할 수 있는 어려운 문장으로 글을 쓰면 읽는 사람이 무슨 뜻인지를 파악하기가 어렵다. 쉽게 기술하는 것은 문장 작성의 기본이다. 전문용어를 많이 사용하는 것 또한 쉬운 표현에 어긋난다. 눈에 거슬리는 수식어를 빼도 쉬운 문장이 된다. 읽는 사람이 쉽게 생각하는 단순한 문장이 좋은 문장이다.

예) 우리가 매일 마시는 공기 중 산소의 고마움을 제대로 인식하지 못하고 있듯이 우리는 가족의 소중함을 마음속에 깊이 되새기지 못하고 살아가는 경우가 종종 있다.

제시된 문장은 일부분이 어려운 문장으로 기술되어 있다. '제대로 인식하지 못하고', '깊이 되새기지 못하고'라는 부분은 쉬운 표현이 아니다. 이를 쉽게 고쳐보자.

→ 우리가 매일 마시는 공기 중 산소의 소중함을 모르듯이 우리는 가족의 소중함을 잊고 살아가는 경우가 종종 있다.

셋째, 세련되게 써야 한다. 비즈니스 문장은 무엇보다 잘 정돈된 세련된 문장으로 표현해야 한다. 주어와 서술어, 목적어와 서술어 등의 문장 구조를 바로 알고 문장에 가장 잘 어울리는 적합한 단어를 선정하여 품위 있는 문장이 되어야 한다. 대외적인 공식 문서나 중요한 문서에서 상황과 내용에 걸맞지 않은 세련되지 못한 표현이 등장하는 경우가 종종 있는데, 이는 글쓰기의 실패를 넘어 비즈니스의 실패가 된다.

예) 아무리 열받는 일이 있다 하더라도 자식들 앞에서 큰소리를 내서는 안 될 것이다. 큰 소리를 치는 그 자체가 더 큰 재앙을 부르는 일이란 사실을 잊어서는 안 될 것이다.

예문은 문맥상 결함은 없으나 세련미가 떨어진다. '것이다'를 남발할 경우 품위 없는 문장이 된다. 다음과 같이 고쳐보자.

→ 아무리 화가 나더라도 아이들 앞에서 큰소리를 내서는 안 된다. 큰 소리 치는 그 자체가 더 큰 화를 부른다는 사실을 잊어서는 안 된다.

넷째, 문어체임을 잊어서는 안 된다. 말하는 것은 구어체, 글로 쓰는 것은 문어체이다. 구어체와 문어체는 문체가 다르다. 글쓰기는 분명 문어체이다. 말로 하는 부분을 글로 표현해야 하기 때문에 말보다 더 정리되고 절제된 글이 선보여야 한다. 말하듯이 자연스럽게 적다 보면 자칫 글이

장황해지고 매력이 떨어질 수 있다. 더욱이 기록으로 남는 부분이기 때문
에 가능하면 구어체적 문장이 나오지 않도록 해야 한다.

　　예) 돈이 없다고, 부채가 많다고 해서 더 이상 투자를 안 하는 기업은 결코
　　　초우량 기업의 순위에 못 들어간다.

　예제에서는 일상 대화에서 쓰는 표현이 많다. 문어체 문장으로 고쳐야
한다.

　　→ 돈이 없거나 부채가 많다고 해서 더 이상 투자를 하지 않는 기업은 결코
　　　초우량 기업의 순위에 들어가지 못한다.

　다섯째, 완성된 글로서 신뢰감을 주어야 한다. 비즈니스 글쓰기는 완성
도가 높은 문장으로 진실하고 정직한 신뢰감을 주어야 한다. 미완성의 글
은 마무리 공사를 하지 않은 건축물과 같다. 완성도가 높지 않은 문장은
불완전한 문장이다. 상사가 글쓰기 날림공사를 했다고 지적할 수 있다.
완성된 글에서는 기획자의 포스(force)를 느끼지만, 미완성의 글에서는 기
획자의 빈틈을 느낀다. 실속 없는 내용, 겉만 번지르르한 문장 또한 완성
도가 떨어져 신뢰감까지 같이 떨어질 수 있다. 문장을 완성된 글로 만드
는 것은 글의 다듬기 영역이다.

격정의 70~80년대에는 소위 금지곡이라는 것이 있었다. 반정부적이거나 선정적인 노래, 시대 정서에 어긋나는 노래는 표현의 자유를 박탈당했다. 다이어트에도 반드시 먹지 말아야 할 음식이 있다. 살찌는 데 최적의 도우미인 칼로리가 높은 햄버거, 초콜릿 등은 금기시해야 하는 음식들이다. 비즈니스 문장도 마찬가지로 보편적으로 쓰지 말아야 할 금지 표현이 있다. 표현의 자유를 박탈하는 정도까지는 아니더라도 가급적이면 피해야 한다. 비즈니스 글쓰기에서 피해야 할 표현들을 알아보자.

첫째, 상투적 표현은 지양한다. 상투적인 글쓰기란 판에 박힌듯한 표현, 흔해 빠진 표현을 하는 것, 또 이전부터 늘 써오던 고리타분한 표현을 하는 것을 말한다. 상투적인 표현은 읽는 사람에게 아무런 느낌도 주지 못하고, 때로는 성의 없이 작성한 문서로 오인되기도 한다.

문장 작성 시 상투적인 표현은 다음과 같은 것이 있다. 문장 내에서 이러한 글쓰기는 삼가는 것이 좋다.

~라 할 것이다. / ~라 아니할 수 없다. / ~를 필요로 한다. / ~라고 생각된다.

예 1) 정부의 이와 같은 조치는 행정편의주의라 아니할 수 없다.(×)

　　　정부의 이와 같은 조치는 행정편의주의다.(○)

예 2) 신입사원들에게는 어려운 상황에도 포기하지 않는 도전정신을 필요로

한다.(×)

신입사원들에게는 어려운 상황에도 포기하지 않는 도전정신이 필요하

다.(○)

둘째, 군대식 용어의 사용을 자제한다. 유연하지 못한 투박한 문장은 딱딱한 느낌을 준다. 군대식 표현을 지나치게 나열한 글쓰기는 읽는 이로 하여금 불편함을 느끼게 한다. 이는 군대에서 브리핑할 때나 어울린다.

~ 극대화 / ~ 고취 / ~ 무장화 / ~ 확충 / ~ 구축

예) 중장기 회사 발전 방안을 구축하는 전략회의가 열렸다.(×)

중장기 회사의 발전 방안을 마련하기 위한 전략회의가 열렸다.(○)

셋째, 소설식 문장을 지양한다. 비즈니스 글은 논리적이고 객관적인 문장으로 기술해야 한다. 수설처럼 작가의 의도가 전적으로 반영된 지극히 주관적인 표현은 사절이다. 암시적이고 비유적인 표현도 적합하지 않다. 비즈니스 글은 소설보다는 더 단순하고 짧은 문장이며 직접적인 표현이라고 할 수 있다. 특히 소설에 나오는 수사적 표현을 기획서에 넣었을 때 읽는 사람이 정서적 감동을 받을 것이라는 기대는 절대 하지 않도록 해야 한다.

예) 고객의 뺨이 복숭앗빛처럼 발그레하게 변했다.(×)

고객의 뺨이 분홍빛으로 변했다.(○)

넷째, 명사형 나열은 금지한다. 명사를 지나치게 많이 나열한 문장은 짧고 압축된 문장으로서 장점이 있지만, 읽기 불편할 뿐 아니라 의미를 파악하기 어려우므로 피하는 것이 좋다. 한정된 지면에 많은 이야기를 담으려는 욕심이 이와 같은 오류를 범하게 한다. 또한 지나치게 명사형을 나열하면 글의 리듬이 깨지고 딱딱한 문체가 된다. 프레젠테이션 등에서는 핵심키워드형 명사를 나열하기도 하지만, 기획서의 문장은 읽어서 이해하는 글쓰기 성격을 살려주어야 한다. 명사형이 3개 이상 나열되지 않도록 하고, 적절한 조사를 삽입하여 이를 매끄럽게 이어주도록 해야 한다.

예 1) 자기의 창작 활동뿐만 아니라 지역 사회 봉사 일에도 노력하고 있다.(×)

자신의 창작 활동뿐만 아니라 지역 사회에 봉사하는 일에도 노력하고 있다.(○)

예 2) 회사 권장도서 목록 선정에 신중을 기해야 한다.(×)

회사 내 권장 도서 목록을 선정하는 데 신중을 기해야 한다.(○)

다섯째, 부적절한 단어는 피한다. 단어도 타고난 성격에 따라 어울리는 문장이 있다. 단어와 문장이 서로 조화로운 짝을 이룰 때 가장 자연스러

226

운 문장이 된다. 특히 한자의 뜻을 몰라 부자연스럽게 문장에 결합시키는 경우가 종종 있는데, 해당 단어가 가진 의미와 특성을 생각하여 가장 적절한 낱말을 선택하도록 해야 한다.

- 앙금이 : 가시다(O), 가라앉다(×)

- 혜택을 : 받다, 보다, 누리다(O), 입다(×)

- 확률이 : 높다, 낮다(O), 적다, 많다(×)

예 1) 동계올림픽 유치를 통해 한국의 위상을 올려야 한다.(×)

동계올림픽 유치를 통해 한국의 위상을 높여야 한다.(O)

예 2) 현지 공장에서는 지난달부터 본격 생산을 시작했다.(×)

현지 공장에서는 지난달부터 본격 생산을 하고 있다.(O)

핵심 다이어트 처방
비즈니스 글쓰기 방향

☑ 마음대로 다이어트 시작 금지
  …… **글쓰기는 어렵지만 체계적으로 경험과 학습을 시도하라**
  …… **비즈니스 글쓰기에 적합한 문체와 문장 작성 요건을 지켜라**

☑ 다이어트에 도움되지 않는 음식 취식 금지
  …… **상투적 표현, 군대식 용어, 소설식 문장, 명사 나열, 부적절한 단어 사용을 피하라**

24

문장 삭제 및 압축의 기술
쓸모없는 체지방 제거하기

한문구 대리는 공들여 만든 기획서를 편삭감 팀장에게 제출했다. 그러나 그의 기획서는 거의 난도질을 당한 채 되돌아왔다. 한 대리는 무척이나 서운했다. 오랜 시간을 두고 생각하고 또 생각해서 만든 문장을 한방에 날려버린 편 팀장이 야속했다. 그러나 편 팀장은 그의 기획서가 잘못된 것이 아니라 불필요하게 많이 작성된 부분을 삭제하라고 주문한 것이었다. 그럼에도 한 대리의 불평은 수그러지지 않았다. 자신이 고생한 흔적을 지워버리는 것 같아서다. 그렇게 투덜거리며 수정 작업을 하던 한 대리는 작업을 하면서 편 팀장의 의도에 깊이 공감하게 되었다. 수정안을 읽어내려가던 한 대리는 무릎을 탁 치며 소리쳤다.

"아! 바로 이것이구나. 삭제만 잘해도 훌륭한 기획서가 되는구나."

상사에게 기획서를 제출했을 때, 상사가 빨간 펜으로 문장을 수정해준 경험이 있을 것이다. 문장 다듬기는 비즈니스 기획서 작성의 마지막 영역이며, 글쓰기 능력 향상의 핵심 스킬이다.

직장에서 직급이 올라가서 상사나 리더가 될수록 더욱 강조되는 기획 역량이 바로 이 부분이다. 부하직원이 열심히 써온 기획서에서 기껏 오탈자나 찾거나 글자 크기나 배율을 지적하고, 아무런 코칭도 해주지 못하는 상사는 무능한 상사다. 반대로 다듬어지지 않은 기획서를 들고 가서 상사에게 읽는 고통과 결재에 부담을 주는 실무자도 무능한 부하직원이다.

'진정한 비즈니스 글쓰기는 다듬기에 있다'는 말이 있다. 다이어트에서도 체중 감량에 성공한 후 마지막 몸을 만드는 부분에 큰 의미가 있다. 문장 다듬기의 의미는 다음 몇 가지로 정리할 수 있다.

문장 다듬기는 글쓰기의 완성이다. 비즈니스 글쓰기는 문장 다듬기까지 거쳐야 비로소 완성되었다고 할 수 있다. 다듬어지지 않은 문장이 있다면 그것은 미완성된 기획서다.

다듬기를 통해 기획안의 수준을 가늠할 수 있다. 예쁘고 사랑받는 비즈니스 기획서가 되기 위해서는 문장 마무리를 잘해야 한다. 잘 작성된 수준 있는 기획서는 문장의 오류가 하나도 없는 깔끔함을 자랑한다. 바로 명품 기획서다.

문장 다듬기는 글쓰기의 최종 감수 작업을 거치는 것이다. 제품으로 말하자면 최종 테스트와 심사라고 할 수 있다. 최종적으로 품질 테스트를 마친 제품이 소비자에게 제공되듯, 문장 다듬기를 통해 수정 보완을 거친 문서여야 최종적으로 의사결정자에게 제출할 수 있다.

그렇다면 기획서의 어떤 부분을 어느 정도로 다듬어야 할까? 문장 다듬기에도 일정한 범위가 있다. 모든 문장을 완전히 새로운 문장으로 바꾸는 것은 문장을 새로 쓰는 것이지 다듬는 것이 아니다. 그렇기 때문에 기획 문장 다듬기는 다음과 같은 3가지 범위 내에서 이루어진다.

첫째, 불필요한 부분 삭제다. 불필요한 체지방과 같은 군더더기는 존재해서는 안 된다. 꼭 필요한 내용만 정확하게 표현해야 한다. 또한 내용이 중복되는 것도 피해야 한다. 불필요한 문장은 뱃살 주위를 둘러싼 지방질과도 같다. 이럴 때 적절하게 문장을 도려내는 기술이 바로 다듬기에서의 삭제 기술이다. 이 기술을 적절하게만 발휘해도 문장이 달라진다.

둘째, 내용 압축이다. 마치 실타래를 풀어놓은 듯 길게 쓴 글은 반드시 줄여서 써야 한다. 핵심적인 사항으로 문장을 기술하는 것, 내용이 너무 넓지 않게 좁혀주는 작업은 문장 작성에서 압축의 개념이다. 보통 문장에서 꼭 필요한 부분만 챙겨 내용이 넘치게 하지 않는다는 의미에서 압축을 축소와 비슷한 성격으로 규정한다.

셋째, 교정이다. 교정은 글쓰기의 개선 작업이다. 교정을 거쳐야 글이 더 논리적인 짜임새를 갖추게 되며, 허점이 없는 문장이 된다. 기획서의 교정을 많이 하는 상사는 얄밉지만 존경스럽기도 하다. 교정은 몇 번씩 봐야 더욱 완성된 글이 나온다.

구 분	체크 항목
삭제	• 불필요한 단어나 문장이 있는가? • 의미상 생략해도 무방한 부분이 있는가? • 단어나 문장을 도려냈을 때 문맥에 어긋남이 없는가?
압축(축소)	• 문장의 표현은 간결한가? • 중복되는 단어나 문구가 있는가? • 의미를 줄여도 내용 전개상 문제가 없는가?
교정	• 꼭 들어가야 할 내용 중 빠진 것은 없는가? • 철자나 맞춤법에 어긋난 부분은 없는가? • 오탈자가 있는가?

◉ 기획서 다듬기 범위 체크리스트

삭제는 다듬기의 필살기

다이어트를 할 때는 불필요한 체지방을 없애버리는 것이 제일 중요하다. 체지방은 몸속에 있는 지방의 양을 말한다. 필요 시 분해되어 우리 몸에 필요한 에너지를 만들어내지만, 그렇지 못하고 몸속에 남아 있는 지방은 비만의 원인을 제공하는 미운 녀석이다. 일명 '군살'이라고 하는 이런 나쁜 녀석들은 과감하게 도려내야 한다. 기획서도 마찬가지다. 괜히 보고서나 제안서 내에서 자리만 차지하는 것들은 과감하게 구조조정을 해야 한다. 때로는 삭제가 가장 확실한 처방이 된다. 다음의 문장을 한 번 읽어보자.

> 작년도 실적은 **매우** 좋았다.
> 전**번**년도에 대비하여 **대략** 20%나 상승했다.
> 이런 상승세가 계속된다면 금년에는 **가능한 한** 빠른 시일 내에
> **괄목할만한** 성과가 나타날 것으로 기대된다.
> **그리고** 올해에는 **확실히** 30% 이상의 매출 성장을 목표로 하고 있다.

위의 문장은 큰 무리가 없어 보이나 불필요한 부분이 군데군데 노출되어 있다. 이럴 땐 적절하게 도려내는 지혜가 필요하다. 불필요한 체지방을 제거하는 것처럼 적절하게 삭제만 잘해도 문장은 더욱 세련되게 다듬어진다.

> 작년도 실적은 좋았다.
> 전년도에 대비하여 20%나 상승했다.
> 이런 상승세가 계속된다면 금년에는 빠른 시일 내에
> 성과가 나타날 것으로 기대된다.
> 올해에는 30% 이상의 매출 성장을 목표로 하고 있다.

비즈니스 기획서는 중복되거나 불필요한 내용까지 언급하는 것을 바라지 않는다. 그렇다면 삭제에도 기술이 필요한 것인가? 그렇다. 삭제는 다듬기의 필살기이므로 기술적으로 해야 한다. 불필요한 단어나 문장이 없는지, 의미상 생략해도 무방한지, 단어나 문장을 없앴을 때도 문맥에 어긋남이 없는지를 잘 살펴 삭제해야 한다. 특히 다음과 같은 것들은 언제

삭제해도 무방한 체지방과 같은 녀석들이다. 이는 곧 '삭제의 3원칙'이라 할 수 있다.

원칙 1 : 불필요한 수식어는 삭제한다

수식어는 절제하는 것이 원칙이다. 수식어가 많아지면 문장이 늘어지고 읽기 불편해진다. 수식어를 많이 쓴다고 해서 의미가 강조되는 것도 아니다. 기획서를 쓸 때는 분해되어 영양분을 만들어내는 좋은 체지방 수식어는 살리고 나머지 체지방 수식어는 없애야 한다.

예) 감탄할만한 우수한 성과를 낸 직원이 압도적으로 승진에 유리하다.

→ 우수한 성과를 낸 직원이 승진에 유리하다.

(* '감탄할만한', '압도적으로'는 불필요한 수식어다.)

원칙 2 : 근거 없는 모호한 문구는 생략한다

어디서 왔는지 정체를 모르는 체지방은 제거해야 한다. 근거 없는 수식어를 사용하면 글의 명료성이 떨어지고 산만해진다. 논리적 근거가 받쳐주지 않는, 검증되지 않는 단어도 문장 자체의 애매모호함만 가중시키므로 생략하는 것이 좋다. '거의', '조만간', '그 정도', '어느 정도', '대체로'와 같은 표현은 하지 않는다.

예) 새 건물에 대체적으로 만족할만한 넓은 사무실을 제공할 예정이다.

→ 새 건물에 넓은 사무실을 제공할 예정이다.

(* '대체적으로', '만족할만한'은 모호한 표현이다.)

원칙 3 : 접속어는 가급적 쓰지 않는다

접속어는 문장과 단락을 부드럽게 이어주는 역할을 하지만, 과도한 사용은 역시나 비만을 부른다. 비즈니스 글쓰기에서는 접속어 없이 앞 뒤 문장이 자연스럽게 이어지도록 하는 것이 좋다.

예) 그러한 아이디어를 내고 그리고 실현하지 않은 것은 어리석은 행위이다.

→ 아이디어를 내고 실현하지 않는 것은 어리석은 일이다.

(* '그러한', '그리고' 등은 불필요한 접속어다.)

부피를 줄여 압축하자

압축은 비중을 작게 만드는 것이다. 축소와 같은 의미다. 압축은 기획서를 무겁지 않게 하고 두껍지 않게 하는 매우 중요한 역할을 한다. 비즈니스 기획서는 핵심 위주로 내용을 축소하여 줄여 쓰는 것이 상책이다. 꼭 필요한 부분에서 압축을 얼마나 잘했느냐도 능력이다. 다이어트도 지방

질이 가장 많은 부위인 뱃살과 허벅지 살을 줄여야 다이어트를 잘했다는 표시가 나고 보기에도 좋다. 전문 기획자는 살릴 걸 살리면서 내용을 축소하는 사람이다. 압축은 효율적으로 해야 한다. 효율적인 압축을 위해서 역시 3가지 압축 원칙을 지켜야 한다. 이를 압축(축소)의 기술이라 한다.

원칙 1 : 중복어구는 축소한다

상대방이 같은 이야기를 계속 반복한다면 싫증이 날 것이다. 비즈니스 문장에서도 중복된 단어를 계속 사용한다면 글이 지루하고 답답해진다. 다양한 단어를 구사하고, 중복을 피할 수 있도록 문장을 축소해야 한다. 중복된 부분을 다른 단어로 바꾸어주거나 줄여 쓰면 더욱 세련된 문장이 된다.

예 1) 우리 모두는 아이디어를 우리 모두의 마음속에 품고 있습니다.

→ 우리 모두는 아이디어를 마음속에 품고 있습니다.

(* '우리 모두'라는 단어가 중복되어 있다. 중복되는 문구를 없애서 축소한다.)

예 2) 수업시간에 배운 것은 수업시간에 다 복습하고 넘어가야지 수업시간에 배운 것을 놓치면 다음 진도를 따라가기 힘들다.

→ 수업시간에 배운 것은 그 시간에 다 복습하고 넘어가야지 한번 놓치면 다음 진도를 따라가기 힘들다.

(* '수업시간'이 3번 중복되는 것을 피하기 위해서 문맥에 맞게 적당히 다른 말로 바꾸어 압축한다.)

원칙 2 : 수식어는 하나로 통합한다

정확한 수식어를 사용해야 문장을 이해하기가 쉽다. 그렇다고 수식어를 남발해서는 안 된다. 특히 한 문장에 여러 개의 수식어를 함께 쓰는 것은 바람직하지 못하다. 한 문장에 동시에 두 개의 수식어를 사용했다면 수식어를 통합하여 축소해야 한다.

　　예) 건물 옥상에 깨끗하고 편안한 휴게실을 만들기로 결정했다.

　　　→ 건물 옥상에 쾌적한 휴게실을 만들기로 결정했다.

　　　(*'깨끗하고', '편안한'이라는 2개의 수식어가 있다. 2가지 의미를 동시에 만족시킬 수 있도록 수식어를 통합해야 한다.)

원칙 3 : 조사는 압축하여 쓴다

반드시 써야 하는 경우가 아니라면 조사는 줄여 쓰거나 생략하는 것이 원칙이다. 문장 속에서 복수임을 분명히 아는 경우에는 '~들'이라는 용어를 생략한다. '~의'도 마찬가지로 너무 많이 사용하는 것을 피해야 한다. 장황하게 늘여쓰거나 길게 쓰인 단어나 문장은 의미를 손상시키지 않는 범위 내에서 제거하거나 압축하는 것이 좋다.

　　예) 가정에서의 스트레스는 직장에서의 스트레스보다 크지 않다고 생각하는데 말도 안 되는 이야기이다.

　　　→ 가정에서 받는 스트레스가 직장에서 받는 그것보다 크지 않다는 생각

은 옳지 않다.

(* '가정에서의 스트레스', '직장에서의 스트레스'가 중복된다. 이를 압축해 표현

해야 한다.)

25

기획서 문장 교정 기술
옷에 몸을 맞춰라

오탈자 이사가 이끄는 프로젝트팀은 강원도로 새해맞이 워크숍을 갔다. 함께 해돋이를 보며 한 해의 경영 성과를 기원했다. 문득 오탈자 이사는 서울에 있는 가족에게 문자를 보내야겠다는 생각이 들어 핸드폰을 꺼냈다. '여보 사랑해, 새해에는 행복하세요'라고 짧지만 감동이 가득한 멘트를 보내 놀라게 해주려는 마음에서 열심히 자판을 두드리고 발송버튼을 눌렀다. 오 이사는 곧바로 '이 인간이 미쳤나?'라는 답장을 받았다. 깜짝 놀란 오 이사가 자신이 보낸 발신 메시지를 확인했다. '여보 사망해, 새해에는 항복하세요.'

책을 출간할 때는 다듬기 과정이 중요한 비중을 차지한다. 교정을 통해 초안 작성을 마친 원고를 꼼꼼하게 바로잡는 작업을 한다. 이와 같은 교정 작업을 통해 문장은 비로소 완전한 문장으로 거듭난다. 또한 교정은 옥의 티를 찾아내는 것이기도 하다. 만일 중요한 기획서에 사소한 실수가 하나라도 있다면 그 기획서의 가치는 떨어진다. 중요한 단어를 잘못 표기하거나 수치를 다르게 기입하면 기획서에 치명타를 입히기도 한다. 그래서 기획서를 다 작성하고 나서 교정을 통해 다듬어진 문장으로 바로잡는 것이다.

급한 마음에 교정도 보지 않고 상사에게 기획서를 가져가는 실무자들이 종종 있다. 기획서는 시간을 두고 교정을 보면서 조금 숙성시켜야 한다. 프린터에서 갓 출력한 따끈한(?) 기획서를 그대로 상사에게 들고 가는 것은 상사에게 교정을 봐달라고 떼를 쓰는 몰지각한 행위다. 상사들은 기획서를 하나하나 읽어가며 교정을 보지 않는다. 처음에 조금 해주다가 교정할 부분이 많이 나오면 오히려 짜증을 낸다. 고쳐 와도 잘 보지 않고 절대 두 번은 읽지 않는다. 때문에 허점을 잡히지 않도록 교정을 해서 들고 가야 한다. 교정은 다이어트 프로그램을 끝낸 후, 체형에 맞게 미세한 부분을 개선하는 것과 같다. 교정을 통해 발전된 모습으로 문장이 개선되어야 한다. 이러한 교정에도 3가지 원칙이 있다.

원칙 1 : 해당 의미에 맞는 용어를 사용해야 한다

같은 용어라도 의미가 다를 수 있다. 필요하면 국어사전을 찾아보고 문장에 맞는 명확한 의미를 바로 알고 사용해야 한다. 용어는 문장에 적합한 고유한 의미를 갖고 있기 때문이다. 예를 들어 장본인은 부정적인 곳에, 주인공은 긍정적인 곳에 잘 어울린다.

예 1) 김 대리가 문제를 해결한 장본인이다.(×)

김 대리가 문제를 해결한 주인공이다.(○)

예 2) 이번 동계올림픽은 세계 130개국이 참석했다.(×)

이번 동계올림픽에는 세계 130개국이 참가했다.(○)

참석은 비교적 작은 규모의 모임이나 회의에 함께해 자리를 차지하는 것이고, 행사, 대회 등 규모가 큰 경우에는 참가라는 표현이 맞다.

원칙2 : 어법에 맞게 써야 한다

같은 용어라도 의미가 다를 수 있다. 아무리 좋은 내용이라도 일정한 어법에 맞아야 한다. 어법에 맞지 않으면 훌륭한 글에 흠집이 날 수 있고, 논리적이지 못한 글이 된다.

예) 나와 상대방은 생각이 틀리다.(×)

나와 상대방은 생각이 다르다.(○)

'다르다'는 '서로 같지 않다'는 뜻으로 단순한 차이를 의미하지만, '틀리다'는 '그릇되거나 잘못되다'는 뜻이므로 '생각이 다르다'고 표현해야 한다.

예) 정부가 4대강 정비사업을 밀어부쳤다.(×)

정부가 4대강 정비사업을 밀어붙였다.(○)

'붙이다'는 '떨어지지 않게 하다', '관계를 맺다'는 뜻이고, '부치다'는 '힘이 미치지 못하다', '편지나 물건을 보내다'라는 뜻이다. 사업을 적극적으로 추진하는 의미에는 전자의 '붙이다'가 맞다.

원칙3 : 교정부호의 의미를 알고 적용하자

학교에서 원고지에 글을 쓸 때 여러 가지 교정기호를 써서 글을 다듬은 적이 있을 것이다. 매우 치밀하고 정교한 원고 마무리 작업이다. 이메일과 SNS 프로그램, 스마트폰 사용이 보편화되면서 실시간 문서와 문장 교

교정 부호	교정의 보기	교정 부호	교정의 보기
	오고 있는이는		원고지에
	가는 지 모르겠다.		…라고 했다.
	노래한 사람은		그러나 그는
	교정에 적었다.		바람이 인다. 연못가운데
	높기가 으이고		하였다
	교지정에		그는 웃었다 그러나
	편지지에		붉은 잎
	우리 나라는		네모질 구석마다

● 여러 가지 교정부호

환이 이루어지다 보니 원고지에서와 같은 교정의 수고로움을 등한시하고 있다. 그래서 문장이 너무 즉흥적이고 세련되지 못한 상태로 네트워크상에 범람하고 있다. 디지털 수단이더라도 확실하게 교정을 해야 한다. 오히려 교정을 하지 않고 발송했다가 낭패를 보기도 한다. 기획서의 문장은 원고지에 하나하나 꼼꼼히 짚어보는 글처럼 수정 작업을 거치는 습관을 가져야 한다.

12가지 문장 교정법을 익히자

교정에는 일정한 방법이 있다. 물론 수학공식처럼 정답으로 삼아야 하는 것은 아니지만 치아교정을 통해 가지런한 치아를 자랑하듯 교정은 문장을 보다 논리에 맞게 합리적으로 재배열하는 역할을 한다. 12가지 문장 '교정수칙'을 알아보자.

교정수칙 1 : 능동형 문장으로 기술

문장은 가급적 수동형 문장보다 능동형 문장으로 작성해야 한다. 수동형을 자주 사용하면 읽는 데 부담이 될뿐더러 읽고 싶은 마음을 감소시킨다.

예) 계약을 성사시키기 위하여 고객 정보가 확인된 후 통보될 것이다.

242

→ 계약을 성사하기 위하여 고객 정보를 확인한 후 통보할 것이다.

(*'성사시키기~', '확인될~', '통보될~' 등은 모두 수동형 문장이기에 능동형

문장으로 바꾸어주어야 한다.)

교정수칙 2 : 부정형보다 긍정형 문장으로

가급적 부정형 문장보다 긍정형 문장으로 기술한다. 비즈니스에서는 부

정적인 것을 오히려 긍정적으로 포장하는 경우가 많은 만큼 같은 표현이

라도 긍정형으로 바꾸는 것이 좋다. 종종 이중부정으로 긍정의 의미를 전

하는 경우가 있는데, 이는 수능 언어영역에서나 나오는 말이다.

예) 요청한 물품은 약속한 시일까지 보낼 수 없다.

→ 요청한 물품은 약속한 시일 이후에 보낼 수 있다.

(*뒷부분의 부정형을 긍정형으로 바꾼다.)

교정수칙 3 : 주어와 서술어 일치

주어와 서술어의 연결이 매끄럽게 이루어져야 한다. 문장의 기본 요건인

주어와 서술어의 궁합이 잘 맞지 않으면 어색한 문장이 된다. 특히 긴 문

장일수록 연결이 부드럽지 않고 따로따로 작성될 수 있으니 주어와 서술

어의 이음새를 잘 살펴보아야 한다.

예) 증시 전문가들은 대외적인 악재로 하반기 주식 전망이 불투명하다는 지

적이다.

→ 증시 전문가들은 대외적인 악재로 하반기 주식 전망이 불투명하다고
지적한다.

(＊'전문가들이'라는 주어가 '불투명하다는 지적이다'라는 서술어와 매끄럽게 연
결되지 못하고 있다. 주어와 서술어의 연결을 먼저 바로잡아야 한다.)

교정수칙 4 : 존칭어 생략

원칙상 존칭어는 문장에서는 쓰지 않는다. 흔히 상사나 윗사람들을 의식
하여 직책이나 직위 또는 성명 뒤에 존칭어를 써 넣는 경우가 있는데, 이
는 바람직하지 못하다. 자칫 '아부형' 문서가 된다. 그러나 회사에서 관례
상 존칭어를 쓰고 있다면 어느 정도는 이해해야 한다. 원칙보다 관례를
우선시하는 기업문화가 있기 때문이다.

예) 대표이사님 강조사항이 각 부서장님께 전달되어야 한다.

→ 대표이사 강조사항이 각 부서장에게 전달되어야 한다.

(＊'대표이사님', '부서장님'이라는 존칭어를 사용하지 않아야 한다.)

교정수칙 5 : 저속한 표현 배제

다소 품위가 떨어질 수 있는 표현들은 과감하게 수정해야 한다. 우리가
말할 때 가볍게 던지는 이야기들이 비즈니스 기획서에 기술되어서는 안
된다.

예) 회사가 망할 가능성이 있다.

　　→ 회사가 도산할 가능성이 있다.

　　(*'망할'이라는 표현은 저속한 표현이다.)

교정수칙 6 : 전문용어 사용 절제

굳이 우리말로 표현해도 될 말을 영어나 다른 전문용어로 표현하는 일이
없도록 해야 한다. 전문용어를 남발하면 잘난척하는 문장이 되고 작성된
문장 또한 유치하게 보인다.

예) 클라이언트사의 니즈는 라이벌 사에 근무하는 직원들의 생각이기도 하다.

　　→ 고객사의 요구사항은 경쟁사에 근무하는 직원들의 생각이기도 하다.

　　(*'클라이언트사', '니즈', '라이벌 사'라는 용어를 우리말로 바꿔야 한다.)

교정수칙 7 : 맞춤법에 어긋나지 않게 작성

사소한 부분이라 할지라도 맞춤법에 어긋나는 경우가 없도록 작성해야
한다. 한글 맞춤법 통일안의 원칙에 맞춰 작성하고, 틀리기 쉬운 문장에
더 관심을 가져야 한다.

예) 제가 부재중임으로 전화를 받을 수 없게 되어 있습니다.

　　→ 부재중이므로 전화를 받을 수 없습니다.

　　(*쓰는 주체가 자신이기 때문에 '제가'라는 말을 생략해야 한다. '～때문에'라

는 의미로 문장이 쓰였을 때는 '~임으로'가 아닌 '~이므로'가 되어야 한다.)

교정수칙 8 : 외래어도 표준어를 사용

외래어나 일부 단어들은 발음대로 쓰거나 표준화된 원칙에 어긋나도 상관없다고 생각하는 경우가 있는데, 외래어를 사용할 때도 보편적으로 통용되는 표준어를 사용해야 한다. 글로벌 시대에는 더욱더 이를 일원화해 중구난방으로 작성하는 일이 없도록 해야 한다.

예) 메뉴얼에 의존하지 말고 직접 카다로그를 보고 플랭카드를 제작하길 바란다.

→ 매뉴얼에 의존하지 말고 직접 카탈로그를 보고 플래카드를 제작하길 바란다.

(* '메뉴얼'은 '매뉴얼'로, '카다로그'는 '카탈로그'로, '플랭카드'는 '플래카드'로 써야 표준어다.)

교정수칙 9 : 사소한 오탈자에 유의

과거 신문에 대통령(大統領)을 견통령(犬統領)으로 기재한 오탈자 사건이 나서 해당 신문사가 곤욕을 치른 적이 있었다. 분명히 전달하고자 하는 의미를 알 수 있다 하더라도 문장에서 단 한 글자라도 오탈자가 나오는 것을 허락해서는 안 된다. 그 오탈자 하나로 기획서의 주가가 하락한다. 또한 깐깐한 상사에게 오탈자는 그야말로 질책의 빌미를 제공하는 것이다. 오탈자로 인해 기획서는 공신력을 잃는다.

예) 오전에 결제를 올렸습니다. 결과는 매일이 아닌 휴대폰 문자로 확인하여 주십시요.

→ 오전에 결재를 올렸습니다. 결과는 메일이 아닌 휴대폰 문자로 확인하여 주십시오.

(*의미상 '결제'가 아닌 '결재', '매일'이 아닌 '메일'이 맞는 표현이다. 마지막의 '요'는 '오'로 바꾸어 써야 한다. 작은 오탈자라도 주의를 놓쳐서는 안 된다.)

교정수칙 10 : 문장 내 숫자 사용에 신중

어느 관공서에서 예산을 기재한 기획서에서 숫자 한 자리를 누락한 채 의사결정을 얻어낸 탓에 계획된 예산보다 1/10이 삭감된 예산이 집행된 사례가 있었다. 문장 작성에서 숫자 사용은 많은 주의가 요구된다. 숫자를 풀어서 그대로 쓰는 경우가 없도록 해야 한다. 숫자를 사용할 때는 일반적으로 '숫자 + 단위', 또는 '만 원 단위'로 숫자를 끊어서 표기해야 한다.

예) 이번 달 우리 부서가 지출한 금액은 2,000,000원이다.

→ 이번 달 우리 부서가 지출한 금액은 2백만 원이다.

→ 이번 달 우리 부서가 지출한 금액은 200만 원이다.

(*2백만 원이라는 금액을 풀어서 쓰니 부담스럽다. 2,000,000원을 숫자와 단위로 나누어 쓰거나 만 원 단위로 맞추어 써야 한다.)

교정수칙 11 : 약어는 풀어서 쓰기를 병행

'SM'이라는 약어는 'sales manager(판매관리자)'라는 뜻도 되지만 'self management(자기경영)'라는 의미도 있다. 10대들의 속어로 'small mind(소심한 사람)'라고도 한다. 따라서 'SM'이라고만 표시를 하면 판매관리자인지 자기경영인지 소심한 사람인지 알 수 없다. 따라서 약어를 쓸 때는 괄호를 사용하여 해당 약어를 풀어서 써주거나 별도 항목으로 각주 표시를 해야 한다.

예) TFT를 만들어 AC를 수료할 수 있도록 한다.

→ T.F.T(Task Forced Team)를 만들어 AC(America Course)를 수료할 수 있도록 한다.

(*'TFT'와 'AC'는 약어를 풀어서 함께 써주어야 한다.)

교정수칙 12 : 유행어구 사용금지

시대의 트렌드를 반영하려고 유행어구를 문장에 삽입하는 경우가 있는데, 유행어구는 사용하지 않는 것이 원칙이다. 유행어구를 자주 사용하면 문장이 경박하고 유치하게 보인다. 더구나 유행어구는 언제든지 의미가 바뀔 수 있기 때문에 본연의 기획 의도가 변질될 수 있다. 기획서는 끝까지 기록물로 남겨 보관하는 매체인데, 트렌드가 바뀐 다음에 기획서에 적힌 유행어구의 의미를 제대로 이해하지 못하는 경우가 발생한다면 큰 문제가 아닐 수 없다.

예) 8090세대! 차도남에 대한 선호도가 높아지고 있다.

(*'80년대, 90년대 학번'이라는 뜻의 '8090', '차가운 도시 남자'라는 뜻의 '차도남' 등은 다른 말로 대체하거나 가급적 쓰지 않는 것이 좋다.)

사소한 것도 교정 범위에 넣자

교정을 하려면 사실 한도 끝도 없다. 정확한 공식에 의해 나오는 답이 아니기 때문이다. 때로는 무심코 지나친 사소한 것 하나가 전체 문장에 영향을 미치기도 한다. 앞에서 이야기한 12가지 교정법 이외에도 고려해야 할 것들이 있다. 흔히 교정을 맞춤법 중심으로 하는 경향이 있는데, 교정은 엄밀한 의미에서 말하면 문장 조정도 포함한다. 단어의 배열, 조사의 활용, 반복어구, 쉼표와 마침표, 띄어쓰기도 모두 교정 영역에 해당하는 것이다. 이를 교정 부가 테크닉이라고 할 수 있다. 5가지 교정의 부가 테크닉을 알아보자

테크닉 1 : 단어를 효율적으로 배열하라

문장 내에 여러 개의 명사를 나열할 때는 의미가 잘 통하도록 효율적으로 배열해야 한다. 어떤 명사를 먼저 쓰느냐에 따라 글의 품위도 달라진다. 수식관계를 잘 살펴서 의미가 잘 통하게 문장을 구성해야 한다.

‘아동 학대 임시보호소’라고 하면 아동을 학대하는 임시보호소로 착각하게 된다. 학대받는 아동에 대한 임시보호소의 의미인 ‘학대 아동 임시보호소’로 해야 한다.

일반적으로 수식하는 용어는 수식받는 용어 앞에 있도록 한다. ‘~의’처럼 매끄러운 연결을 도와주는 조사를 적절하게 활용하는 것도 좋은 방법이다.

예 1) 영업관리 본사 조직을 2배로 늘여 영업 현장 감독 활동을 강화했다.(×)

      본사 영업관리 조직을 2배로 늘여 현장의 영업 감독 활동을 강화했다.(○)

예 2) 새로운 프로그램은 상품별 실시간 보유 현황 조회가 가능하다.(×)

      새로운 프로그램은 상품별 보유 현황의 실시간 조회가 가능하다.(○)

테크닉 2 : 조사를 정확하게 사용하라

조사는 글과 글의 문법적 관계를 표시하고, 글의 뜻을 용이하게 해석하는 데 도움을 주는 역할을 하는 품사다. 그러므로 조사의 쓰임새를 정확히 알고 사용해야 한다. 어법과 문맥에 적합한 조사의 선택이 원만한 글쓰기를 도와준다.

‘~를’, ‘~는’, ‘~도’라는 조사는 어떻게 쓰느냐에 따라 뜻이 달라진다.

• 공부를 잘한다 : 단순히 공부를 잘하는 사실을 나타냄.

• 공부는 잘한다 : 다른 것은 못하지만 공부 하나는 잘한다는 의미를 내포.

- 공부도 잘한다 : 다른 것도 잘하고 공부도 잘한다는 의미를 가짐.

예 1) 업무를 잘했지만 대인관계에서도 매우 친근한 성격을 지녔다.(×)

업무도 잘했지만 대인관계에서도 매우 친근한 성격을 지녔다.(○)

예 2) 김 과장이 퇴직한다는 것은 생각할 수가 없는 일이다.(×)

김 과장이 퇴직한다는 것은 생각할 수조차 없는 일이다.(○)

테크닉 3 : 반복되는 연결을 회피하라

한 문장을 자연스럽게 연결하지 못하고 마치 두 개의 문장처럼 조사를 반복하여 사용하는 일이 있다. '~이', '~가', '~을', '~를'을 불필요하게 많이 사용할 경우, 읽기에 불편하고 글이 부자연스럽다. 한 단어로 처리하여 간결하고 세련된 문장으로 만들어야 한다.

예 1) 협상이 가까스로 타결이 됐다.(×)

협상이 가까스로 타결됐다.(○)

예 2) 15일까지 결제를 하는 고객에게 사은품을 드립니다.(×)

15일까지 결제하는 고객에게 사은품을 드립니다.(○)

테크닉 4 : 숫자와 쉼표에도 주의를 기울여라

숫자를 잘못 기입하는 것은 물론이고 쉼표 하나만 빠져도 세련되지 못한 글쓰기가 된다. 특히 숫자, 날짜 등은 위치 선정에도 주의를 기울여야 한다. 숫자나 날짜가 연이어 문장에 나오면 혼란스러우므로 가능한 한 쉼표 등을 사용하여 끊어주거나 위치를 바꾸어 적절하게 조정하는 것이 좋다.

예 1) 통신사들은 12일 15일부터 통신요금을 인하한다고 발표했다.(×)

통신사들은 12일, 15일부터 통신요금을 인하한다고 발표했다.(○)

통신사들은 15일부터 통신요금을 인하한다고 12일 발표했다.(○)

예 2) 기상청은 16일 집중호우로 인해 동해안 선박운항이 불가능할 것으로 예상했다.(×)

기상청은 집중호우로 인해 동해안 선박운항이 불가능할 것으로 16일 예상했다.(○)

테크닉 5 : 띄어쓰기에 유의하라

'아버지가방에들어가신다'를 '아버지가 방에 들어가신다'라고 해야 하는 데 '아버지 가방에 들어가신다'라고 한다. 띄어쓰기 하나로 어처구니없는 문장을 만든 좋은 예다. 문장은 어떻게 띄어쓰느냐에 따라 의미가 달라지고 리듬이 달라진다. 적절한 띄어쓰기를 하여 의도한 문장이 되도록 해야 한다. 띄어쓰기 자리에 찍는 쉼표 하나로도 문장의 의미가 달라질 수 있다.

- 철수는울면서떠나는순이를 배웅했습니다.
- 철수는 울면서, 떠나는 순이를 배웅했습니다.(철수가 우는 경우)
- 철수는, 울면서 떠나는 순이를 배웅했습니다.(순이가 우는 경우)

예) 나는 환하게 웃으며 돌아오는 그녀를 맞이했습니다.

나는, 환하게 웃으며 돌아오는 그녀를 맞이했습니다.(그녀가 웃는 경우)

나는 환하게 웃으며, 돌아오는 그녀를 맞이했습니다.(내가 웃는 경우)

문장 교정법

☑ 다이어트 프로그램 적용 후 체형을 교정
 ····· 해당 의미에 맞고 어법에 맞으며 맞춤법에 맞게 문장을 교정하라
 ····· 12가지 문장 교정수칙을 숙지하라

☑ 사소한 것도 개선이 된다면 적용
 ····· 단어의 효율적 배열, 정확한 조사의 사용, 숫자나 쉼표, 띄어쓰기 등
 의 부가 교정에도 주의를 기울여라

26
비즈니스 문장 멋 내기 기술
몇 번씩 거울을 보고 또 보고

부서 책임자로 이줄자 팀장이 새로 부임했다. 들리는 소문에 의하면 업무스타일이 매우 꼼꼼하다고 한다. 팀원들은 기획서 결재를 받을 준비를 하며 긴장감을 늦추지 못한다. 그런데 이상한 일이 발생한다. 아무리 잘 만든 기획서를 가져가도 혼쭐이 나고, 반대로 다소 미흡한 보고서에는 오히려 별다른 지적이 없는 것이다. 기획의 달인이라고 자부하는 송 과장은 혼나고, 기획 업무가 뭔지도 모르는 신입사원은 칭찬을 받는 식이다. 팀원들은 이러한 이 팀장의 종잡을 수 없는 기획 스타일을 좀처럼 이해할 수가 없다.

나중에 밝혀진 사실은 다음과 같다. 이줄자 팀장은 이전 부서에서 소위 '30cm 팀장'으로 통했다. 그는 기획서가 자신에게 오면 무조건 30cm 자를 문서에 들이댄다. 좌측 정렬이 잘 되었는가를 확인하는 것이다. 기획서의 내용은 뒷전이다. 곧 부서에는 이런 소문이 돌기 시작한다.

"30cm 팀장에게는 좌측 정렬만 조심하라!"

상호 정렬이 우선이다

한 장의 백지 문서는 빈 과일상자다. 빈 상자에 사과를 담을 때 이리저리 울룩불룩하게 담아보라. 상자 안에서 사과는 제멋대로 자리를 잡을 것이다. 급기야 몇 개의 사과는 이리저리 흩어지고 상자 밖으로 튀어나온다. 또한 사과를 한쪽으로만 담아보라. 어느 쪽은 사과들이 공간을 못 잡아 치고받고 하지만, 어느 쪽은 텅텅 비어 공간이 남아도는 현상이 벌어진다.

기획서를 작성하는 것은 이러한 백지 사과상자에 사과라는 내용물을 담는 것이다. 일정한 원칙을 바탕으로 정성껏 담아내야 한다. 하얀 A4용지에 질서 없이 마구 섞여 있는 내용은 사과상자를 뒹구는 사과와 같다. 그런 기획 사과상자를 가지고 가니 상사들은 다시 담아 오라고 호통을 치는 것이다. 과일가게 상인들에게 사과 담는 기술을 배워야 한다. 그들은 상자에 사과를 두 겹으로 담을 때는 빛깔 좋고 먹기 좋은 사과를 맨 위에 배치한다. 모양이 잘 나오게 상자 안을 꾸미기도 한다.

문장의 멋을 낸다는 것은 같은 사과라는 내용물을 어떤 식으로 포장하느냐의 기술을 배우는 것이다. 군대처럼 헤쳐모여식의 일률적 내용정리는 도대체 어떤 사과를 먼저 고르라는 건지, 즉 뭘 먼저 읽으라는 건지 그저 상사를 헷갈리게 할 뿐이다. 기획서의 내용물을 정렬하여 A4용지에 잘 채우기 위해서는 다음 몇 가지 문서 정렬 원칙을 알아야 한다.

원칙 1 : 좌측 정렬은 기본이다

기획서를 쓸 때 문장을 가운데 정렬, 또는 우측 정렬하는 경우는 거의 없다. 대부분 좌측 정렬이다. 도표 내에서 수치를 정렬할 때만 우측 정렬을 선호한다. 그렇다고 큰 항목, 중간 항목, 작은 항목, 세부내용들이 모두 똑같이 좌측에 일직선으로 정렬하는 것은 아니다. 로직트리상 적절히 들여쓰기를 해야 한다. 말하자면 큰 항목이 가장 좌측, 그 다음 중간 항목, 작은 항목, 세부내용 순으로 좌측에 정렬하되, 서열이 낮은 내용이 알아서 문서 안쪽으로 파고들어야 한다.

<table>
<tr><td>

교육개요

○ 교육명 : 신입직원 교육
○ 교육대상 : 신입 직원 60명
　※ 기 입사자 : 실무경력 2년 이내
○ 교육일시 : 201•. •. •(화) ~ •. •(수) (1박 2일 교육과정, 14시간)
○ 교육장소 : 00 리조트
○ 교육신청
　1) 신청기한 : 2009. 4. 7(수) 부터, 선착순 접수마감
　2) 신청방법
　　① 참가신청서 작성 후 팩스전송 및 확인전화
　　② 선착순 접수마감 후 접수자 명단 홈페이지에 공지
　　③ 접수자 명단 홈페이지공지 후 2일 내에 참가비 납부
　　④ 저녁시간 팀별 프로그램 진행으로 전체 숙박교육으로 진행

</td><td>

교육개요

○ 교육명 : 신입직원 교육
○ 교육 대상 : 신입 직원 60명
※ 기 입사자 : 실무경력 2년 이내
○ 교육 일시 : 201•. •. •(화) ~ •. •(수) (1박 2일 교육과정, 14시간)
　○ 교육장소 : 00 리조트
○ 교육 신청
　　1) 신청기한 : 2009. 4. 7(수) 부터, 선착순 접수마감
　　2) 신청방법
① 참가신청서 작성 후 팩스전송 및 확인전화
② 선착순 접수마감 후 접수자 명단 홈페이지에 공지
③ 접수자 명단 홈페이지공지 후 2일 내에 참가비 납부
④ 저녁시간 팀별 프로그램 진행으로 전체 숙박교육으로 진행

</td></tr>
</table>

● 좌측 정렬이 잘된 문서와 그렇지 않은 문서의 예

원칙 2 : 내용에 따라 줄 간격을 조절한다

내용의 많고 적음에 따라 한 장의 문서에 적절하게 줄 간격을 조절하여 한쪽으로 쏠리지 않도록 해야 한다. 유사한 것끼리 묶은 카테고리는 상호 간 줄 간격을 바꾸는 게 좋다. 문장의 단락 간 줄 간격을 달리하면 보는 이가 부담을 느끼지 않는다. 줄을 바꾸는 것은 내용끼리의 영역을 정하는 것이다.

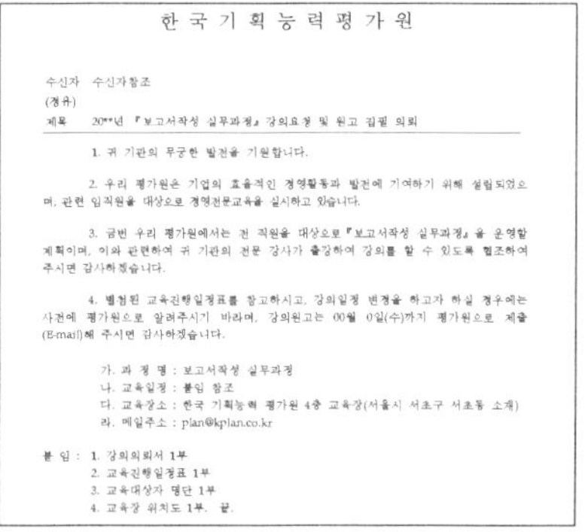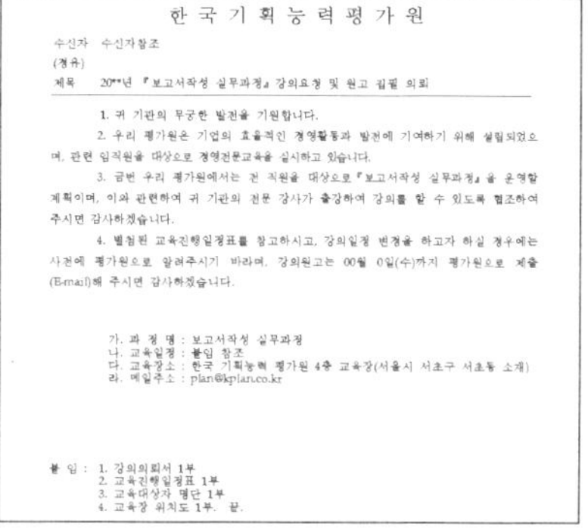

● 줄 간격이 잘된 문서와 그렇지 않은 문서의 예

원칙 3 : 단어가 잘리지 않도록 한다

줄이 바뀌면서 단어가 잘리는 경우가 있다. 이는 서술식 문서 작성에서 많이 발생하는 현상으로, 그저 문장을 꽉꽉 채우려고 하다 보니 이런 일이 벌어진다. 줄을 바꾸면 문장 끝부분에 여백이 남더라도 같은 단어는 함께 움직이도록 해야 한다.

과거에는 비즈니스 글쓰기라는 말은 기획에서 별도로 다루지 않았고 비즈라이팅이 그다지 중요한 개념으로 받아들여지지 않았다.
'글쓰기'라고 하면 수필이나 소설 등 작가들의 글쓰기를 떠올리고 직장인들의 글쓰기는 매우 낯설고 한정된 것으로 인식하였기 때문이다.
특히 직장에서는 사무직 등 일부 관련된 부서나 직무부문을 제외하고는 글쓰기가 필요 없다고 느끼는 사람들이 대부분이었다.

● 단어가 단절되지 않은 문서와 그렇지 않은 문서의 예

원칙 4 : 글머리 기호를 써서 정렬한다

기획서는 비즈니스 문장을 넘버링하는 것을 대신하여 기호나 이미지로 글머리를 사용하는 경향이 점점 두드러진다. 이러한 글머리의 사용에도 일정한 관례와 위계질서의 원칙이 있다. 즉, 글머리도 기강이 바로잡혀야 한다. 일단 예쁜 게 좋다고 아무거나 글머리로 등록하는 일이 없도록 해야 한다. 문서에서 자주 사용하는 글머리는 관례상 정해져 있다.

포커 카드에 나오는 기호(♠◆♣♥)나 별 표시(☆, *), 당구장 표시(※), 우물 표시(#), 손가락 표시(☞), 얇은 선으로 된 화살표(→), 골뱅이 표시(@)는 공식 문서의 글머리로 타당하지 않다. 몇 가지 사례로 당구장 표시는 참고의 뜻을 가진 덧붙임의 글머리이며, 손가락 표시는 부가적인 특정한 사항을 지시하는 데 사용한다.

글머리는 큰 항목, 중간 항목, 작은 항목, 세부내용마다 각기 달리해야 하는데, 문서에 너무 남용하지 않아야 한다. 또한 글머리는 글자와 너무 붙여 쓰지 않도록 통상 한 칸 정도 띄워주는 것이 좋다.

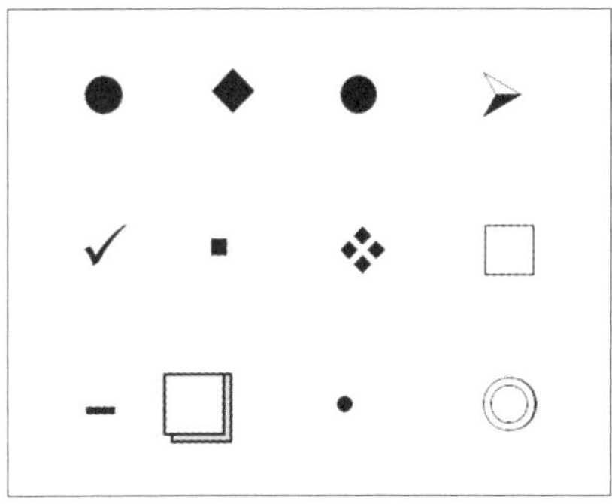

◦ 자주 쓰는 글머리 기호

◦ 글머리 간격을 띄운 문서와 띄우지 않은 문서의 예

원칙 5 : 도표는 길터기를 한다

문시 내에서 도표를 만들 때 칸을 사방으로 둘러치면 답답하고 내용들이 갇혀 있는 느낌을 준다. 이는 다이어트한다고 골방에서만 음식을 줄여 먹으며 생활하는 것과 같다. 도표의 양옆은 막지 않고 길을 티주어야 한다.

○ 시간 운영 계획

시 간		내 용
09:30~10:00	30	접수
10:00~12:00	120	(특강)
12:00~13:00	60	중식
13:00~15:00	120	기획 업무 소개
15:00~17:00	120	문서관리 실무
17:00~17:10	10	방배정 및 조별 팀원 확인
17:10~18:00	50	석식 및 휴식
18:00~21:00	180	창의적 기획안 발표 및 피드백
21:00~		자유시간 및 취침

○ 시간 운영 계획

시 간		내 용
09:30~10:00	30'	접수
10:00~12:00	120'	(특강)
12:00~13:00	60'	중식
13:00~15:00	120'	기획 업무 소개
15:00~17:00	120'	문서관리 실무
17:00~17:10	10'	방배정 및 조별 팀원 확인
17:10~18:00	50'	석식 및 휴식
18:00~21:00	180'	창의적 기획안 발표 및 피드백
21:00~		자유시간 및 취침

● 도표 길터기를 한 문서와 그렇지 않은 문서의 예

원칙 6 : 문장 끝의 문체는 통일한다.

문장의 끝 부분에 통일감과 일관성이 있어야 한다. 경어를 쓰다가 생략을 하거나, '~했습니다'로 끝내다가 간혹 '~했음'이라고 하는 등 일관성 없이 헤매서는 안 된다.

바나나 다이어트를 하기로 했으면 바나나만 먹어야지 내일은 몰래 파인애플도 먹고 모레는 사과도 먹어보려고 하는 것은 다이어트 효과를 떨어뜨린다. 서술식 문장의 끝은 '~임', '~함', '~음' 또는 '~다'로 일관성 있게 작성해야 한다.

'S'라인을 위한 다이어트 수칙

1. 물을 많이 마셔라.
   … 하루 6~7잔(2리터 이상)의 물 마시기.

2. 식사를 꼬박꼬박 챙겨 먹어라.
   … 3끼 식사 거르지 않기.

3. 무작정 굶지 마라.
   … 요요현상이 발생하므로 금지 하기.

4. 다이어트 사실을 알려라.
   … 다이어트를 공개적으로 선언하기.

'S'라인을 위한 다이어트 수칙

1. 물을 많이 마시기
   … 하루 6~7잔(2리터 이상)의 물 마시기.

2. 식사를 꼬박꼬박 챙겨 먹어라.
   … 3끼 식사를 거르지 않고 먹음.

3. 무작정 굶지 않는다.
   … 요요현상이 발생하므로 금지 한다.

4. 다이어트 사실을 알려줌.
   … 다이어트를 공개적으로 선언하기.

● 문장 끝을 통일한 문서와 그렇지 않은 문서의 예

원칙 7 : 적절한 여백을 활용하라.

문서의 여백도 보기 좋은 기획서 작성에 한몫을 한다. 여백 없이 꽉꽉 채워 넣는 행위는 몰지각한 문서작성 예절이다. 우수한 레이아웃은 적절한 여백의 미를 살린 데 있다.

여백이 많으면 뭔가 빠졌거나 성의 없이 작성되었다고 생각하는 것은 잘못된 생각이다. 여백은 문서의 숨구멍이다. 여백이 있어야 문장이나 내용도 숨을 쉰다고 생각하자.

보고를 받는 상사도 여백을 보고 숨을 돌릴 수 있다. 여백은 기획서를 작성하는 프로그램에서 고정적으로 설정해둘 수 있다. 파워포인트 문서는 여백을 마스터 설정이나 클립아트 등으로 채워 활용하기도 한다. 문서의 여백은 사용하는 용지 크기에 따라 달라지지만, 가장 많이 쓰는 A4용지의 경우 표준 여백의 길이를 다음과 같이 설정하고 있다. 제목 부분의 여백이 가장 큰 이유는 문서를 보관할 때 펀칭이나 제본을 하는 여유를 남기는 것이다.

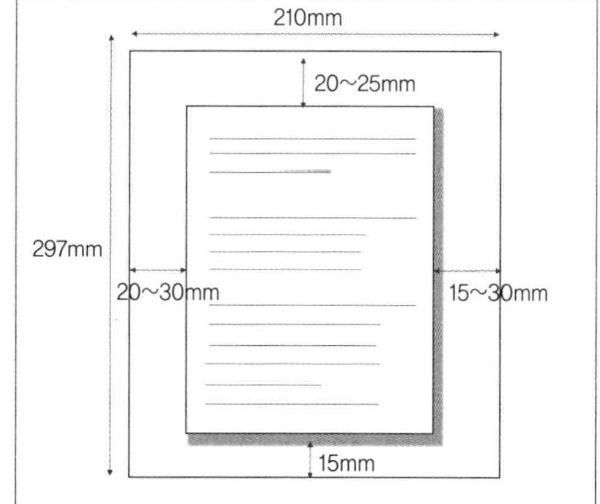

* A4용지 기획서 여백 설정 활용

우리가 서체라고 하는 '폰트'와 크기라고 하는 '배율'을 보기 좋게 조정하는 것도 문서 다듬기의 영역이다. 한 장의 문서를 모두 똑같은 폰트로 작업한 기획서는 변화가 없어 상대방을 지치게 한다. 글자가 너무 크거나 너무 작으면 읽는 데 부담감과 불편함을 주어 상대방이 안경을 꺼낼지도 모른다.

비즈니스 기획서의 폰트는 정해진 것이 없지만, 문서의 성격에 따라 적절한 것을 선택하여 활용해야 한다. 흔히 가독성이 강조되는 편안한 세로 문서에는 명조체 또는 바탕체 계열이 많이 사용되며, 가시성이 강조되는 슬라이드 문서에는 고딕체, 돋움체 등의 서체가 주로 사용된다.

폰트는 회사의 방침으로 정해져 사용하기도 한다. 궁서체, 샘물체, 편지체, 필기체, 각종 과일서체 등 디자인이 예쁘다는 서체 등은 비즈니스 기획서에서는 가급적 사용을 자제하도록 하자. 폰트는 큰 항목, 중간 항목과 작은 항목, 세부내용으로 나누어 보통 한 장의 문서에 2~3가지를 적절히 활용하면 좋다. 예를 들면 큰 항목 타이틀을 헤드라인체로 하고 중간 항목 이하를 고딕체로 하거나, 큰 항목을 헤드라인체, 중간 항목과 작은 항목을 고딕체, 세부내용을 맑은고딕체로 하는 식이다. 각 항목별 서체는 통일해주어야 한다. 한 장의 문서에 전혀 다른 폰트가 3개를 초과하지 않아야 한다. 프레젠테이션용 파워포인트 슬라이드 기획서 작성 시에

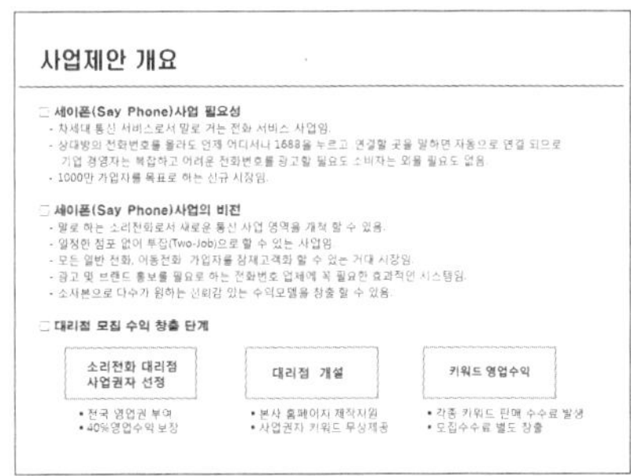

- 큰 항목 : HY헤드라인체
- 중간 항목, 키워드 항목 : 고딕체
- 작은 항목, 세부내용 : 맑은고딕체

- 큰 항목 : 명조체
- 중간 항목 : 고딕체, 휴먼엑스포, 헤드라인체
- 키워드 항목 : 휴먼고딕체
- 작은 항목, 세부내용 : 돋움체, 맑은고딕체

● 폰트가 적절하게 구성된 문서와 그렇지 않은 문서의 예

는 다른 컴퓨터에서 지원되지 않는 폰트를 써서 폰트가 깨지거나, 읽히지 않는 사례가 발생하지 않도록 해야 한다. 가장 보편적인 폰트가 가장 무난하다.

한편 글자의 배율은 기획서의 레이아웃과도 밀접한 관계가 있다. 문서의 형태에 따라 큰 항목, 중간 항목, 작은 항목과 세부내용으로 내려올수록 서체의 크기가 달라야 한다.

일반적으로 가독성을 강조하는 세로 문서일 경우, 가장 작은 폰트의 크기를 '10'으로 하며, 가시성을 강조하는 파워포인트 가로 슬라이드 문서의 경우, 가장 작은 폰트의 크기를 '16'으로 설정하고 있다.

- # **40point-100명 스크린 제목**
- ## **32point--100명 스크린 본문**
- ### **28point**
- **24point** ---- 회의실 스크린 제목
- **20point** ----- 회의실 스크린 소제목
- **18point** ------ 회의실 스크린 본문
- **16point** ------- 스크린에 비추어질 가장 작은 내용 본문
- **14point**
- **12point** ------------ 종이에 인쇄할 기획서 제목
- 10point
- 9point
- 8point

● 글자 크기 범례

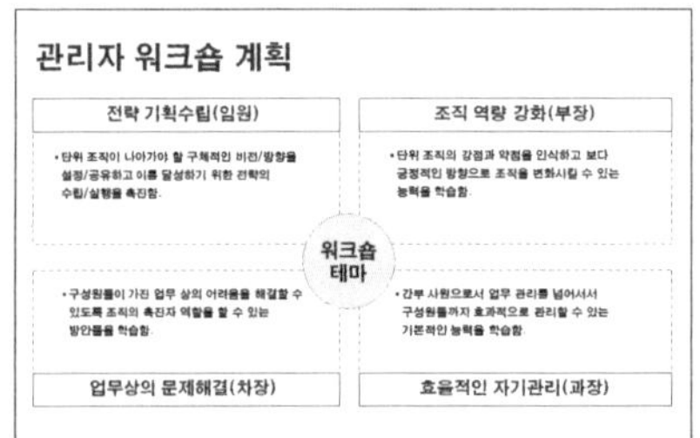

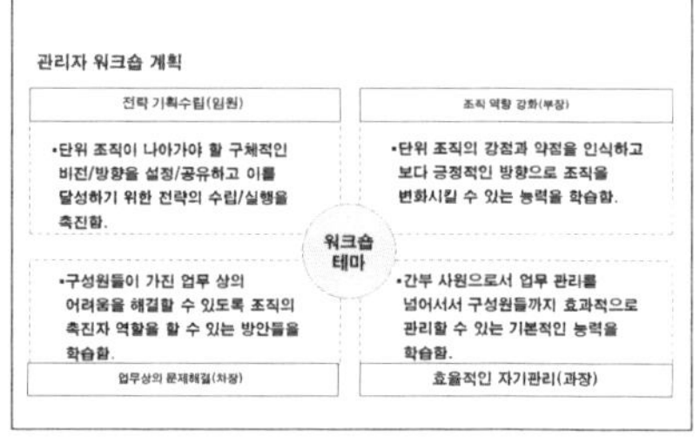

● 배율이 적절하게 구성된 문서와 그렇지 않은 문서의 예

통상적으로 텍스트 문서를 워드프로세서용의 세로 문서, 도해 이미지 문서를 프레젠테이션용 슬라이드 가로 문서라고 하여, 전자는 순전히 텍스트로만, 후자는 객체나 도형을 사용하여 기획서를 만드는 경향이 있다. 특히 아우트라인 또는 서술형 문장에는 이미지를 시도하지 않는 경우가 대부분이다. 이를 문서 작성의 '텍스트 만능 증후군'이라고 한다. 텍스트 위주의 기획서라고 하더라도 내용상의 중요한 부분은 이미지화를 시도하여 표현하는 것이 더욱 설득력을 줄 수 있다. 그렇게 하면 이미지로 표현한 부분에 시선을 집중시키고 보는 사람의 눈을 편하게 할 수 있다. 수목원에 가득 찬 대나무처럼 빼곡히 텍스트만 채운 기획서는 답답하다. 객체 등의 도해 이미지를 사용할 수 없는 부분은 도표 등의 박스를 만들어 포인트를 주는 방법을 찾아야 한다. 단순하게 중요한 텍스트를 박스로 묶어 표현하는 방법도 있다.

문장이 많이 들어가는 기획서가 꼭 텍스트 위주여야 한다는 사고에서 벗어나자. 이미지나 도표 등의 박스는 내용을 효율적으로 담아내는 수납공간이다. 하지만 수납공간이 너무 많아도 어지럽다. 한 페이지에 포인트가 되는 수납공간으로 이미지 표현은 1~2개 정도가 적당하다.

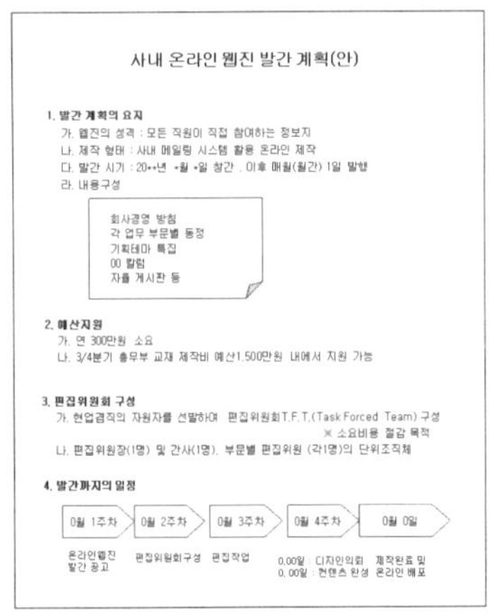 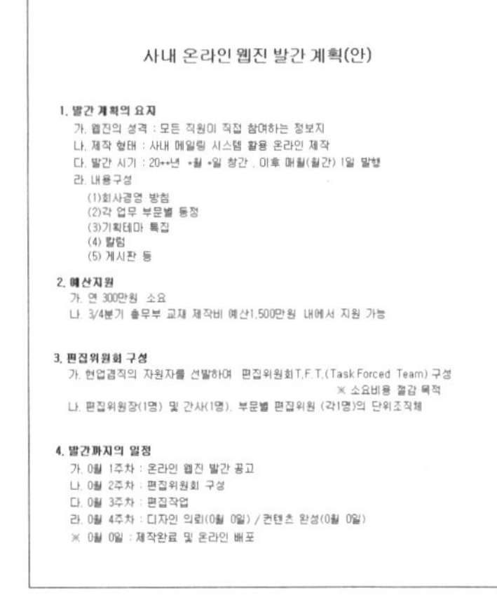

● 이미지로 포인트를 준 문서와 그렇지 않은 문서의 예

비즈니스 문장 멋 내기 기술

☑ 다이어트 프로그램을 일차별, 주차별로 정렬

······ **문서의 정렬 기술을 알고 활용하라**

(좌측 정렬, 내림차순 정렬, 줄 간격, 문장 끝, 글머리 정렬, 문체 통일, 여백 활용 등)

☑ 보기 좋게 균형 잡힌 체형이 나와야

······ **적합한 폰트를 선택하여 문장 내에서 활용하라**

······ **내용에 맞게 적절한 글자 크기를 유지하라**

······ **필요한 부분에 이미지로 포인트를 주어라**

27

비즈니스 이메일 글쓰기 기법
온라인상에 내 몸매를 과시해보자

이매일 과장은 어느 날 메일함을 정리하다 한 통의 메일을 보고 고개를 갸우뚱했다. 아마 지난번 청소년 대상 세미나에 참석한 학생이 보낸 메일인 것 같은데 도무지 무슨 내용인지 알 수가 없다. 아마도 세미나에 대한 감사의 메일인 것 같은데……. 이 과장은 비즈니스 메일을 마치 암호와 같은 언어를 사용하여 보내면 사내 보안 하나는 확실할 것 같다는 엉뚱한 발상을 하며 쓴웃음을 지었다.

"샘, 방가방가! 간만에 셈나에 가서 므훗했어요. 셈나 내용이 한마디로 흠좀땡입니다. 제게 많은 돔이 되었슴다. 감솨하구여. 더불어 신제품 출시한 거 추카추카! 가끔 연락드릴께염."

이메일 글쓰기는 온라인상의 매너다

인터넷, 스마트폰, 기타 네트워크 수단이 발전함에 따라 이제 온라인상에서도 비즈니스 글쓰기를 주고받는 경우가 많아졌다. 그 대표적인 것이 이메일이다. 이메일은 문서보다 간단하고 빠르게 상대방에게 의사전달을 할 수 있다는 장점이 있다. 우리는 하루에도 몇 번씩 이메일을 주고받는다. 메신저 활용은 두말할 나위가 없다. 이런 온라인상의 글쓰기를 할 때 마치 일상에서 정리되지 못한 무분별한 대화를 하는 것처럼 글을 쓰는 경우가 종종 있다. 자칫하면 어색하고 잘못된 문장으로 상대에게 실례를 범하고 비즈니스에 지장을 주기도 한다. 이메일 글쓰기는 온라인상의 매너다. 네티켓을 준수하는 이메일 글쓰기를 하자. 메신저나 각종 SNS 프로그램 글쓰기도 마찬가지다.

같은 글쓰기라 하더라도 문서보다 짧게 의사소통을 하는 수단인 만큼 온라인상의 글쓰기는 더더욱 다이어트를 해야 한다. 모니터 화면 창에 꽉 차게 쓰거나 심지어 아래로 한참을 읽어 내려가야 하는 글은 두툼한 기획서와 같다. 다른 글쓰기처럼 이메일 글쓰기도 쉽고 간략하게 써야 한다. 그리고 읽어서 이해가 되도록 매끄럽고 세련되게 써야 한다. 비즈니스 문장에 어울리는 격식과 품위도 잃지 않아야 한다. 매너 만점 온라인상의 글쓰기를 위해 우선 착안해야 할 사항이 있다.

첫째, 정확하게 표현한다. 이메일은 최종 버전을 몇 번 검토하여 출력하는 문서와 다르다. 그렇기 때문에 한번 보낼 때 정확한 정보를 제공해야 한다. 부풀린 통계 정보, 거짓 정보는 절대 허용되지 않는다. 상대방이 원하는 것을 정확하게 파악하여 핵심요점을 단번에 전달해야 한다. 또한 잘못된 문법, 철자 등은 정확한 언어로 고쳐서 보내야 한다.

둘째, 진실하게 작성한다. 이메일을 주고받을 때 가장 중요한 것이 바로 신뢰감이다. 직접 대면을 하지는 않지만 내용상에 과장과 위선이 없다는 진실성을 보여주어야 한다. 자칫 성급하게 성과를 기대하며 진실을 왜곡하고 무리한 내용 전달을 하는 경우가 있는데, 주의해야 한다.

셋째, 주의 집중을 유도한다. 하루에도 몇 번씩 이메일을 보내고 받기 때문에 웬만한 내용이 아니고서는 기억조차 하기 어렵고, 특별히 중요한 사항이 아닐 경우 상대방은 대충 읽어보고 만다. 따라서 상대의 주의를 끌 수 있는 표현이 필요하다. 예를 들어 이메일 작성 시는 내용을 짐작할 수 있는 제목으로 주의를 끌고, 스팸메일로 취급받지 않도록 주의해야 한다.

넷째, 성급한 글쓰기는 피한다. 다듬어지지 않은 문장을 작성하여 성급하게 메일을 쓰면 안 된다. 한번 보내면 취소할 수 없으니, 본의 아니게 실수하지 않도록 하자. 급히 먹으면 체하는 법이다. 성급한 이메일 작성은 꼭 탈이 난다. 메일을 보내고 '죄송합니다, 파일 첨부를 안 했네요'라고 다시 보내는 것은 이미 매너가 손상된 후의 일이다.

중요한 메일은 어느 정도 시간을 두고 다듬어야 하며, 필요하다면 직장 동료에게 보여주고 조언을 구하거나 다른 사람이 보낸 모범적인 메일을 참고하는 것도 좋다. 이러한 주변의 피드백이 의외로 생각하지 못했던 큰 도움이 될 때가 있다. 이메일을 쓸 때도 어느 정도 작성할 방향을 미리 생각하고 써야지 머릿속에서 나오는 대로 무작정 써서는 안 된다.

다섯째, 상대방의 상황을 고려한다. 메일을 받는 사람이 모든 것을 다 알고 있는 것은 아니다. 어떨 때는 친절하게 잘 알려주어야 할 때도 있고, 또 이미 알고 있다면 원하는 사항들만 정리하여 설명해야 할 때도 있다. 즉, 상대방의 인식 정도를 파악하여 글의 양과 질을 조절해야 한다. 메일을 보낼 때는 긴급한 경우가 아니라면 보내는 타이밍도 고려해야 한다. 월요일 아침에는 휴일 동안 쌓인 이메일에 섞여서 관심을 끌지 못할 수도 있다. 언제 보낼지 고민하고, 상대방이 원만하게 수신할 수 있는 타이밍도 예상해야 한다. 상대가 휴가 또는 출장 중일 때 중요한 메일을 보내서 적시에 비즈니스 활동이 이루어지지 못하는 경우도 다반사다. 메일을 보낸 다음에는 휴대폰 문자 등으로 발송 여부를 알려주고, 상대방의 수신을 확인하는 것 또한 중요한 절차다.

온라인 문장의 장점을 최적화하자

온라인상의 글쓰기는 문서보다 빠르고 비용이 절감되는 등 여러모로 업무 처리 면에서 편리한 장점이 있다. 또한 편지 글의 형식이기 때문에 격식을 많이 따지는 문서보다는 친근감을 준다. 온라인상에서도 상대에게 호감을 줄 수 있는 글을 써야 한다. 대표적인 이메일 글쓰기 작성 원칙을 알아보자.

원칙 1 : 내용을 암시하는 제목을 작성한다

제목을 잘못 작성하여 스팸메일로 처리된다면 얼마나 허탈할 것인가? 상대방이 꼭 읽어주는 메일이 되기 위해서는 메일의 내용을 암시하는 제목을 작성해야 한다.

구체적으로 어떤 내용, 무슨 내용을 담고 있는지 상대방이 한눈에 짐작할 수 있게 써야 한다. 그렇다고 제목이 화면 오른쪽에 닿을 정도로 길게 작성해서는 안 된다. 복수의 제목도 금물이다. 제목은 용건과 목적이 분명하게 드러나도록 헤드라인처럼 작성한다. 제목에 목적을 명시하거나, 사적 메일일 경우 이름을 쓰기도 한다.

예) 업무 연락 — 추계 체육대회 관련 준비사항

홍길동 — 우수고객 관리에 관한 건

특히 제목은 스팸메일처럼 보이지 않게 해야 한다. 스팸메일처럼 보이지 않게 제목을 쓰는 법은 다음과 같다.

• 제목 앞에 내용을 짐작할 수 있는 말머리 달기

- 제목에 본인의 이름이나 신분을 밝힘

- 수신과 참고 기능을 적절히 활용

- 이전 문서와 함께 회신(re:)기능 등을 활용

원칙 2 : 쉬운 언어로 작성한다

비즈니스 글쓰기와 동일하게 이메일도 쉬운 언어로 쉽게 작성하는 것이 원칙이다. 어떤 메시지를 전달하든지 상대방이 이해하기 쉬워야 한다. 모호한 말, 전문적인 언어, 여러 번 생각해야 할 표현 등은 삼가야 한다. 특히 이메일은 기획서처럼 제출하고 나서 부연설명을 하지 않으므로 읽으면서 바로바로 이해가 되어야 한다.

원칙 3 : 가급적 짧게 작성한다

이메일을 길게 쓰면 상대방이 읽는 데 시간이 많이 걸리므로 용건만 간단히 쓰는 것이 좋다. 일반 문서보다 이메일은 더 짧고 간단히 써야 한다. 전달할 내용이 많더라도 가급적 짧게 줄여 쓰는 습관을 가져야 하며, 내용이 길어지더라도 마우스로 스크롤하지 않고 한 화면에서 볼 수 있는 만큼의 양이 적당하다. 메일이 너무 길면 읽지 않는 경우도 있기 때문이다.

전문가들은 가급적 1,000자를 넘지 말라고 권장하고 있다. 또는 A4용지 반 장 분량을 넘어서는 안 된다고 권고한다. 다만 너무 짧게 기술하다가 무슨 말인지 이해하지 못하는 경우가 없도록 주의해야 한다.

원칙 4 : 채팅 용어나 속어 사용은 금지한다

인터넷상의 글이라고 해서 비즈니스 이메일을 친구에게 보내는 이메일처럼 쓰는 행위는 삼가야 한다. 채팅 용어나 속어를 쓰는 것은 절대 금물이다. 잘 알지 못하는 사이에 이런 표현들이 오가면 신뢰성과 품위에 손상을 받게 되고, 보내는 사람의 지적 수준을 낮게 평가하게 된다. 특히 신세대 용어의 사용에는 주의를 기울여야 한다. 비즈니스에서는 경박하게 보일 수 있다.

원칙 5 : 파일 첨부를 고려한다

무조건적으로 파일을 첨부하는 것이 능사가 아니다. 필요하다면 메시지 안에 관련 웹사이트나 링크를 활용하고, 부득이하게 파일을 첨부할 때는 사내 문서 보안상 문제를 고려하고 상대방이 어떤 프로그램을 쓰고 있는지 확인하고 보내도록 한다. 파일을 읽는 프로그램이 없거나 버전이 맞지 않아 보낸 파일이 제대로 전달되지 않는 경우가 있기 때문이다.

원칙 6 : 광고 성격은 배제한다

메일을 광고 성격처럼 보내면 스팸메일로 착각할 수 있다. 또한 광고와 같은 인상을 심어주어서는 안 된다. 너무 튀는 메일을 보내면 광고로 간주될 수 있으니, 일상적인 메일 형태로 작성해서 보내는 것이 효과적이다.

원칙 7 : 그래픽 이미지는 선택적으로 활용한다

간혹 메일을 이미지 디자인하여 멋지게 만들어 보내는 경우가 있는데, 이러한 시각화 작업은 내용이 완성되고 나서 부가적으로 검토해야 한다. 시각적 이미지가 내용보다 더 뛰어나서도 안 되며, 특히 핵심내용이 빠진 이미지 활용은 무의미하다. 가급적 내용이 명확하다면 이미지를 활용하지 않는 것도 좋다. 회사에서 통용되는 기본 포맷 이미지가 있다면 이를 선택적으로 잘 활용해야 한다.

원칙 8 : 서명란을 점검한다

이메일 끝 부분에 들어갈 서명란을 점검한다. 회사, 부서, 직급, 성명, 연락처 등 명함에 있는 정보를 명시하여 차후에 문의사항이 있으면 어디로 연락해야 할지 자세히 알려주어야 한다. 이러한 정보가 정확한지도 확인해야 한다.

단계적으로 이메일 글쓰기를 하자

이메일은 다른 글보다 다이어트 강도가 세야 한다. 더 날씬한 S라인 몸매를 요구한다. 가장 절제된 문장으로 제한된 화면 공간을 적절하게 꾸며야 한다.

기획의 논리구조화처럼 이메일도 구조화해서 군살빼기에 앞장서자. 아래의 두 가지 메일을 비교해보자. 구구절절 상투적으로 쓴 이메일과 간략하게 정리한 이메일은 분명히 차이가 있다.

<table>
<tr><td>

강연 안내

안녕하세요, ㅇㅇㅇ 대표님^^
코리아 무역의 ㅇㅇㅇ입니다.

오늘까지 행사 진행에 바빴던 관계로
이제야 연락을 드립니다.

바쁘신 일정 가운데서도 이번 '기업의 전략적 투자 마인드'라는 컨퍼런스 강연을 수락해주심에 정말로 감사드리고요.
강의를 안내해 드립니다.

강연일정은
20**년 1월 22일 목요일. 09:00~11:00까지입니다.
강의 시작 15분 전쯤에 도착하셔서
안내데스크에서 저를 찾아주시면 됩니다.

이번 행사에 도움을 주셔서 대단히 감사드립니다.
추후 자세한 사항은 별도로 알려드리도록 하겠습니다.

아, 참! 주차지원이 안 되는 거 아시죠?
지하철 ㅇㅇ역에서 바로이므로 가능하면 대중교통을
이용하여 주시면 감사하겠습니다.

아래 약도를 첨부하오니, 살펴보시고요,
더불어 내일 참석자 명단 첨부해드리겠습니다.

이제 정말 시리도록 추운 겨울입니다.
감기 조심하시고요,
다음 주에 뵙겠습니다.

감사합니다.

</td><td>

1월 컨퍼런스 강연 스케줄 안내

ㅇㅇㅇ 대표님, 안녕하십니까?
코리아 무역의 ㅇㅇㅇ입니다.

바쁘신 일정 가운데서도 이번 컨퍼런스 강연을 수락해
주심에 정말로 감사드리며,
자세한 강의를 안내해 드립니다.

1. 강연일시 : 20**. 1. 22(목) 09:00~11:00
2. 대상 : 컨퍼런스 참가자 120명
3. 강의주제 : 기업의 전략적 투자 마인드
4. 담당자 연락 : ㅇㅇㅇ 과장
5. 기타
   - 강의 시작 15분 전까지 안내데스크로 와주시기 바랍니다.
   - 주차 지원이 되지 않는 관계로 가급적 대중교통을 이용하여 주시기 바랍니다.
   - 강연 참석자 명단을 첨부파일로 보내드립니다.

추후 자세한 사항은 별도로 알려드리도록 하겠습니다.

강의 당일 날 뵙겠습니다.
감사합니다.

</td></tr>
</table>

효과저인 이메일 글쓰기를 위해서는 모니터를 열고 무조건 글을 써대는 무대포 기질을 경계해야 한다. 한 장의 기획서가 구상—분석—프레임—핵심항목 설정—레이아웃—다듬기로 태어나듯 이메일도 일정한 절차를 거쳐서 단계적으로 써야 한다.

1단계 : 제목 쓰기

제목은 수신인의 관심을 유도하는 데 매우 중요하다. 제목이 너무 평범하면 상대방이 읽지 않고 지나가버리거나 스팸으로 지워버릴 수 있다. 책의 첫인상이 표지인 것처럼 이메일의 제목은 글의 첫인상이다.

2단계 : 논리적 본문 문장 쓰기

기획서 작성 논리 접근 방법에서 연역적 방법, 귀납적 방법의 논리 전개를 배운 바 있다. 비즈니스 기획서는 주로 연역적 접근 방법을 채택한다고 했는데, 이메일 본문의 글쓰기 논리도 이와 무관하지 않다. 결론부터 먼저 말하고 이유나 세부적인 내용을 서술해나가는 논리로 풀어나가야 한다.

3단계 : 이메일 문장 다듬기

비즈니스 글쓰기처럼 이메일 문장도 세련되게 다듬어야 한다. 삭제, 압축(축소), 교정 등의 다듬기 영역을 이메일 작성에서도 원칙적으로 적용한다. 이메일을 쓰고 상대방에게 보내기 버튼을 클릭하기 전에 몇 번씩 읽어보고 다듬어야 한다. 특히 오탈자나 부적절한 용어들이 작성된 상태에서 상대방에게 전달되는 경우가 없도록 해야 한다.

온라인상의 글쓰기 기법

☑ 온라인상에서도 다이어트는 필수

- …… **이메일, 메신저 등의 글쓰기는 온라인상의 매너라고 여겨라**
- …… **효과적인 의사전달이 되도록 쉽고 짧게 줄여 써라**

☑ 최적화 다이어트 적용

- …… **온라인 문장의 장점을 최대한 활용하라**
- …… **상대에게 호감을 줄 수 있도록 작성 원칙을 지켜라**

☑ 하나하나 차곡차곡 다이어트 수순 밟기

- …… **제목 쓰기—본문 쓰기—다듬기 단계를 거쳐 문장을 완성하라**
- …… **보내기 전에 반드시 확인하고 점검하라**

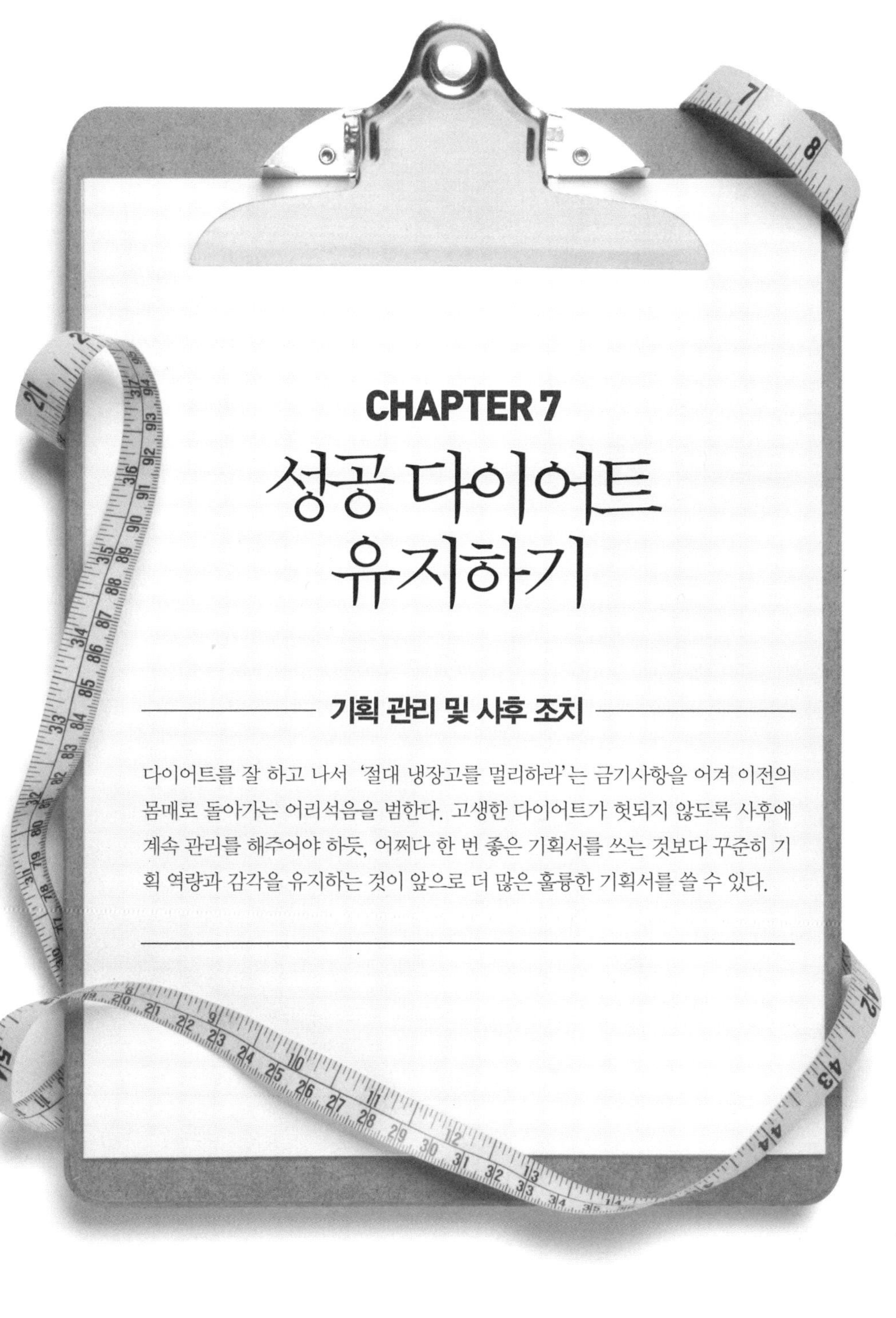

성공 다이어트 유지하기

기획 관리 및 사후 조치

다이어트를 잘 하고 나서 '절대 냉장고를 멀리하라'는 금기사항을 어겨 이전의 몸매로 돌아가는 어리석음을 범한다. 고생한 다이어트가 헛되지 않도록 사후에 계속 관리를 해주어야 하듯, 어쩌다 한 번 좋은 기획서를 쓰는 것보다 꾸준히 기획 역량과 감각을 유지하는 것이 앞으로 더 많은 훌륭한 기획서를 쓸 수 있다.

지속적인 기획 감각 유지요령
이상적인 몸매, 유지 관리가 생명

기획1팀 안지속 대리는 기분이 좋다. 이번에 프로젝트 제안서를 잘 써서 사내에서 칭찬을 받았기 때문이다. 반면 기획2팀 지속중 대리는 칭찬도 질책도 없는 평범한 기획서를 썼다. 안 대리는 우쭐했고, 지 대리는 무덤덤했다. 그 이후로도 안 대리는 기획서를 잘 써내 상사들로부터 인정을 받았다. 지 대리도 나아지긴 했지만, 안 대리의 그늘에 가려 눈에 띄지는 못했다. 그러나 꾸준히 실력을 쌓고 있었다. 이후 안 대리는 자신의 기획 능력을 과신하여 별 노력을 하지 않았다. 시간이 흐를수록 안 대리는 기획서 작성에서 칭찬받는 횟수가 줄어들었다. 어느덧 상사들은 지 대리를 눈여겨보기 시작했다. 얼마 후 회사는 기획 1, 2팀을 기획팀으로 통합하고, 사내 게시판에 인사발령을 공지했다.

'지속중 대리, 기획팀 총괄기획 담당 발령,

안지속 대리, 영업팀 국내영업 담당 발령'

꾸준한 기획 역량 발휘가 중요하다

열심히 다이어트를 해서 원하는 몸매를 갖게 되더라도 이후 아무런 노력 없이 그 몸매가 저절로 유지되는 것은 아니다. 고생해서 얻은 몸매를 지키기 위해 더 꾸준히 노력해야 한다. 흔히 기획을 잘하는 사람들이 실패하는 이유도 자신의 기획 능력이 오래갈 것이라는 믿음으로 역량 개발을 소홀히 하는 데 있다.

기획 능력은 선천적인 것이 아니며, 좋은 기획서를 작성하는 능력이 매번 똑같이 발휘되는 것도 아니다. 트렌드와 그때그때 처한 상황과 환경에 맞게 적절한 기획을 해야 한다. 한마디로 유연하게 기획서를 작성해야 하는 것이다. 이런 유연한 감각이 없으니 그저 이전에 했던 것과 비슷한 기획서를 찾아 베끼기 바쁘고, 상사나 고객이 조금만 변화된 것을 요구하면 도대체 어디서부터 시작해야 할지, 자료를 어느 곳에서 찾고 핵심논리를 어떻게 구성해야 할지 모르고 헤맨다. 유연한 기획서를 작성하기 위해서는 기획 역량을 꾸준히 개발하는 수밖에 없다. 기획 역량을 단순히 논리력에만 국한하여 그저 내용을 구성하고 문장을 잘 쓰는 것으로만 여기면 오산이다. 기획서는 집을 지을 때의 설계도, 영화를 만들 때의 콘티(시나리오)와 같은 것이기 때문에 종합연출을 위한 준비물이다. 논리력을 바탕으로 여러 가지 역량을 골고루 충족시켜야 한다.

다음은 기획자에게 요구되는 다양한 역량 항목들이다.

가장 기본이 되는 기획 역량은 논리력이다. 기획서의 논리를 전개하고 문장을 작성하고 이를 체계화하는 것. 전체적인 기획서의 설계부터 시각화까지는 논리력에 좌우된다.

정보력은 기획에 필요한 정보의 수집, 가공, 분석과 분류 능력이다. 기획서에 맞는 자료를 조사하여 설문이나 통계 처리를 하는 활동까지 의미한다.

기존의 틀을 깨고 남보다 뛰어난 기획서를 작성하려면 창의력을 개발해야 한다. 창의적 아이디어 발상으로 다양한 사고와 상상력을 기획서 작성에 접목시켜야 한다.

'구슬이 서 말이라도 꿰어야 보배다'라고 했다. 아무리 잘 만든 기획서도 이를 표현하는 능력이 뒷받침되어야 한다. 기획에 대한 공식적ㆍ비공식적 커뮤니케이션, 특히 기획안을 상대방에게 납득시키고 이를 설득하는 프레젠테이션 능력까지 해당된다.

기획안을 실현시키고, 현실감각에 맞게 기획안을 구현하고, 이를 현장에 적용하기 위해서는 적용 능력을 갖추어야 한다. 이는 현상 문제를 진단하고 분석하여 이를 해결하는 방법론을 설정하는 문제 해결 기획에서 더욱 강조되는 부분이다.

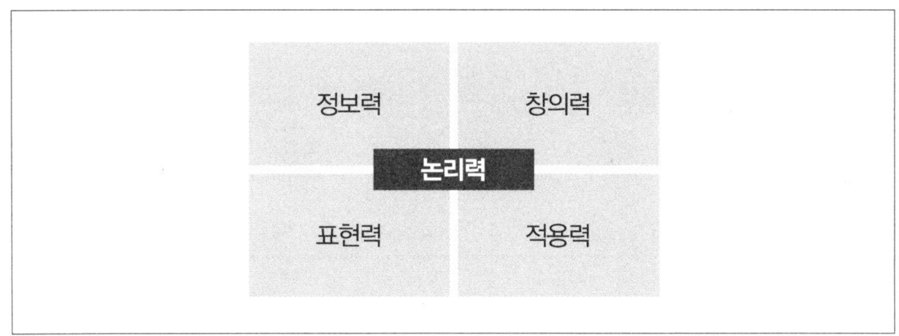

◉ 기획자의 역량 조감도

직관(감성)과 논리(이성)의 조화

다이어트를 잘하려면 내게 맞는 다이어트 방법을 선택하는 직관과 이를 체계적으로 진행하는 논리가 잘 어울려야 한다. 무조건 지방질 음식을 피하는 것이 능사가 아니다. 오히려 탄수화물, 지방, 단백질이 골고루 섭취되어야 체중을 균형 있게 관리할 수 있다. 한쪽으로 편중되지 않아야 다이어트에 성공할 수 있는 것이다.

기획은 아이디어나 내용을 펼쳐내는 데는 직관 또는 감성적인 역량을 강조하지만, 이를 정리하고 구조화하는 데는 논리 또는 이성적인 능력을 필요로 한다. 따라서 2가지 역량을 적절하게 혼합하여 풀어나가야 한다. 핵심을 간파하는 기획서 작성은 직관력과 이를 표현하는 논리성을 함께 추구하는 것이다.

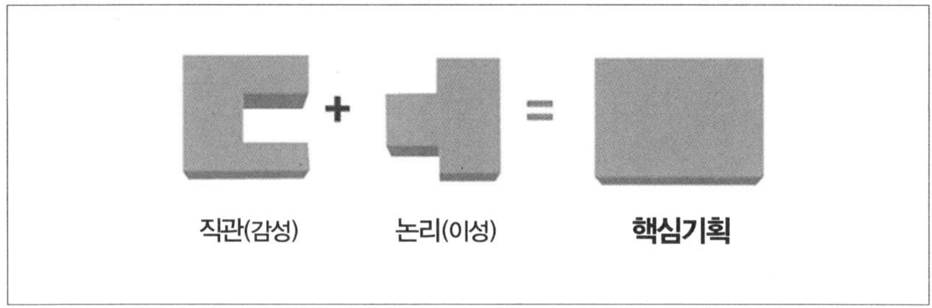

● 최적의 기획서의 조건

일반적으로 인간의 뇌는 좌뇌와 우뇌로 나뉘며 사람마다 발달 정도가 다르다고 한다. 우뇌는 감성적 직관력에 가깝고, 좌뇌는 이성적 논리력에 가깝다. 좌뇌와 우뇌가 조화롭게 기능을 발휘해야 우수한 기획, 핵심기획을 할 수 있다는 말은, 거꾸로 기획을 잘하는 사람은 좌뇌와 우뇌의 역량을 골고루 활용하는 사람이라는 말과 같다. 사람마다 발달 정도가 다르지만 좌뇌와 우뇌를 함께 쓰고 있기 때문에 누구나 우수한 기획자가 될 수 있다. 자신이 이성적인 좌뇌형에 가까운지 감성적인 우뇌형에 가까운지를 파악하여 한쪽으로 치중되지 않게 부족한 부분을 개선하려고 노력하여 조화된 기획 역량을 발휘해야 한다.

그러나 우리는 기획서를 작성할 때 좌뇌 중심적인 사고에서 벗어나지 못하는 경향이 있다. 항상 논리를 따지고, 수치 데이터와 문장을 다루기 때문에 좌뇌를 혹사시키고 있다. 한쪽 뇌만 혹사시키고 한쪽은 쉬고 있기 때문에 한쪽의 과부하로 늘 피곤하다. 우뇌는 "제발 일 좀 하게 해주세요"라고 하는데 만만한 좌뇌만 괴롭히고 있으니 작성한 기획서는 신선한 변화가 없고 늘 고리타분한 것이다.

　문장, 수치, 도형과 박스 등을 기획서 적재적소에 잘 활용하는 것이 좌뇌형 기획이다. 이러한 사고에 치중하는 사람을 좌뇌형 인간이라고 한다. 이성적 판단을 중요시하여 꼼꼼하고 야무지지만 작은 것에 민감하고 잦은 지침과 근거 위주, 기록 위주로 상대방을 피곤하게 할 수도 있다.

　반면 이미지, 색상, 디자인 , 포인트(강조점) 등을 잘 활용하는 것이 우뇌형 기획이고, 우뇌가 발달한 사람을 우뇌형 인간이라고 한다. 우뇌형 기획자는 감성적이고 창의적 변화를 추구하는 장점이 있는 반면, 덤벙대는 성격 탓에 가끔 논리의 일관성을 잃을 수 있다. 좌뇌와 우뇌는 기획서 작성 과정에 함께 등용되어야 한다. 쌀밥에 보리나 잡곡을 섞듯이 적절하게 혼식을 권장해야 한다. 논리적인 좌뇌형 사고를 기본으로 하면서 우뇌형의 장점을 가미하면 더욱 좋다.

어려워도 포기는 금물이다

기획서라는 것이 복사기에 문서를 넣으면 금방 복사가 되는 것처럼 뚝딱 만들어지는 것이 아니기에 모두 기획서 작성을 어렵게 느낀다. 다이어트 또한 약을 먹거나 주사를 맞고 또는 어떤 첨단 기계에 들어갔다 나오면 완벽한 S라인 몸매가 만들어진다면 얼마나 좋겠느냐마는 현실에서는 불가능한 일이다. 어렵지만 노력해야 한다. 하다 보면 실력이 늘고 적응이 된다. 어려운 기획서 작성이지만 몇 가지 준수해야 할 사항을 지키고 실천하면 나아질 수 있다. 이를 기획서 작성을 위한 기본 마인드라고 여기고 항상 염두해야 한다.

첫째, 시작이 중요하다는 생각을 가져야 한다. 뭐든지 첫 단추가 잘 꿰어져야 하는 법이다. 기획의 시작부터 막히면 계속 막히고, 목적을 잃고 내용이 나뒹굴게 된다. 반대로 시작을 분명히 하면 목적에 충실한 기획서를 만들 수 있다. 어디서부터 시작해야 할지 망설이지 말고 상사나 고객의 지침을 확인하고 기획을 위한 준비사항부터 차곡차곡 챙겨나가야 한다.

둘째, 자료를 잘 찾아야 한다. 기획에서 적절한 자료를 얻는 것은 매우 중요한 일이다. 부합하는 자료가 있으면 기획은 그만큼 수월하기 때문이다. 어디서 자료를 찾아야 할지 모르겠다고 주저하지 말고, 이전의 자료부터 검토하고 인터넷이나 여러 가지 정보원을 활용하여 기획에 필요한 관련 정보를 얻어내는 노력을 해야 한다. 자료는 기획서를 만드는 원료와 다름없다.

셋째, 핵심을 잘 나타내야 한다. 핵심이 없는 기획서는 마치 날고기를 씹어먹는 것과 같다. 뭔가 찜찜하고 늘어지는 징글징글한 기획서다. 핵심을 잘 나타내기 위해서는 방대한 자료를 잘 압축하여 읽기 쉽고 알기 쉽고 눈에 띄는 기획서로 만들어야 한다. 한눈에 쏙 들어오는 기획서가 바로 훌륭한 기획서이며, 이 책에서 추구하는 다이어트 기획서다.

넷째, 기획서가 요구하는 사항이 무엇인지 알아야 한다. 기획서가 요구하는 기획의 개념과 목적에 부합해야 한다. 그러기 위해서는 기획을 받아들이는 수령자인 상사, 고객, 이해관계자들의 요구사항을 확인하는 것이 중요하다. 요구하는 것만 잘 해결하면 의미 있는 기획이 되었다고 할 수 있다.

다섯째, 기획서 완료 시간을 지켜야 한다. 월말까지 제출해야 할 긴급한 사업 기획서를 다음 달 초까지 작성하지 않았다고 생각해보자. 그 사업은 타이밍을 놓쳐서 제대로 실행되지 못할 것이다. 우리가 물건 납기일을 지켜야 하듯 기획서도 완료 시점을 넘기지 말아야 한다. 흔히 완벽한 기획서를 작성하려는 마음에 미적대다가 시기를 놓쳐버리는 경우가 있다. 반대로 마감시간에 임박하여 초읽기로 '벼락치기 식'의 기획서를 만들기도 한다. 완료 시점을 지키면서 마음의 여유를 갖고 계획성 있게 기획서를 작성해야 한다.

기획서 작성 감각 유지 요령

☑ 고생해서 얻은 몸매 지키기
- ····· 실력은 일회성이 아니므로 꾸준히 역량을 개발하라
- ····· 논리력을 바탕으로 정보력, 창의력, 표현력, 적용 능력을 갖추어라

☑ 직관+논리를 병행한 다이어트 프로그램 진행
- ····· 감성적 직관과 이성적 논리를 병행한 핵심기획을 하라
- ····· 좌뇌와 우뇌를 골고루 활용하라

☑ 포기하지 않기
- ····· 기본기에 충실하고, 시작부터 끝까지 최선을 다하라

29

단숨에 OK를 얻어내는 제안서 작성 기술
성공 다이어트 비법을 제안하라

"**고**객이 OK할 때까지!"

어느 회사의 광고카피를 접한 감동오 대리는 느낀 바가 크다.

"맞아! 제안서는 상사가 OK할 때까지 써야 하는 거야!" 감 대리는 제안서야말로 상사로부터 OK를 받아내는 것이 가장 큰 목적이라는 것을 잘 알고 있었다. 그는 제안서를 며칠 동안 열심히 만들었다. 그리고 기반려 팀장에게 이를 제출했다. 결과는 NO였다. 다음 날 수정해서 다시 제출했다. 기 팀장은 결코 OK하지 않았다. 수정해서 제출하기를 무려 7번. 감 대리는 서서히 지쳐갔다. 마지막 8번째, 기진맥진한 상태에서 겨우 OK 사인을 받아낸 감 대리는 한숨을 쉬며 중얼거렸다.

"제안서는 상사가 OK할 때까지가 아니라 내가 KO될 때까지 쓰는 거군."

제안서 한 번 안 써본 사람은 없을 것이다. 제안서는 갖고 있는 창의적 아이디어를 논리적으로 풀어내 단번에 상대방을 설득해야 하는 기획서다. 초보 기획자들이 가장 어렵게 느끼는 부분이기도 하다. 그야말로 무에서 유를 창조하듯이 만들어내야 하기 때문이다. 거기에다가 밤을 새워 만든 제안서가 보기 좋게 거절당했을 때의 그 참담한 기분은 겪어보지 않고는 아무도 모른다.

그러나 제안서는 분명 매력 있는 기획서다. 제안이 채택되면 막강한 힘을 갖는다. 제안 자체의 결과에 따라 몇백만 원 아니 몇백억 원의 성과가 좌우되기도 한다. 제안서 작성이야말로 '지킬 박사와 하이드 씨'처럼 선과악의 양면적 얼굴을 가지고 있다. 제안서가 상사나 고객으로부터 OK를 얻어낸다면 그것을 만든 과정상의 수고로움은 단숨에 보상받는다. 그러나 아무것도 해내지 못하게 되면 제안서는 쓸쓸히 바인더 속으로 사라진다. 우리를 기쁘게 하는 천사도 되었다가 좌절의 나락으로 떨어뜨리는 악마로도 변신하게 하는 것이 제안서다. 선의의 제안서가 되기 위해서는 상대를 설득하려고 노력해야 한다. 제안서를 쓰는 스트레스와 고통을 상대방을 설득하는 기쁨으로 대처하도록 작성 과정에서부터 공을 들여 써야 한다.

제안서는 목적과 형태에 따라 여러 가지가 있다. 하지만 일반적으로 제안서에 공통적으로 포함해야 할 내용이 있다. 이를 제안서 작성의 표준 항목이라고 한다.

제안의 배경은 가장 중요한 부분으로, 상대방에게 제안의 필요성과 문제의식을 일깨워주는 역할을 한다. 이 부분이 잘되어 있으면 상대방이 먼저 관심을 갖게 된다. 제안의 배경은 제안의 포문을 여는 설득의 첫 단계에 해당된다. 제안에서 가장 이슈가 되는 것은 무엇이며, 제안을 통해 기대할 수 있는 효과와 결과물은 무엇인지 제시한다. 제안에 대한 전반적인 것을 먼저 분명히 밝히고 풀어나갈 경우 제안에 대한 공감도가 높아진다. 문제 해결 제안서일 경우, 문제를 명확하게 하여 해결에 대한 제안의 범위를 설정한다.

제안 내용은 제안서의 가장 구체적인 'how to'가 담겨 있는 곳이다. 세부적이고 구체적인 제안의 내용을 구성한다. 제안을 수행하기 위한 절차와 활동, 제안 추진 스케줄 등을 소개한다. 문제 해결을 위한 제안일 경우, 원인을 분석하여 어떻게 해결할 것인지에 대한 해결 방안을 이야기한다.

제안이 다른 곳(경쟁 회사, 업체)과 어떻게 다른지 부각시키려면 비교우위(이점) 부분을 강조해야 한다. 다른 곳과 차별화된 강점을 통해 제안이 채택되도록 유도한다. 특히 수치나 통계 등의 통계치와 비교자료는 제안에 객관적인 신뢰감을 준다.

제안 금액이라고 하는 비용 부분을 가장 민감하게 다루는 제안서도 있다. 제안서대로 일을 추진하는 데 소요되는 제반 비용의 총합계와 이에 대한 세부항목과 비용을 제시한다. 비용 산출은 현실적인 범위 내에서 이루어져야 한다.

외부 제안일 경우, 제안 회사 또는 제안자에 대한 소개를 한다. 제안을 수행할 수 있는 역량, 동일 제안 추진 실적, 전문적인 부분에 대한 구체적인 소개자료를 제시한다. 제안자 소개는 제안을 받는 자가 제안을 믿고 맡겨도 되는지를 판단하는 중요한 논리적 근거를 제시한다. 제안자의 실행 능력에 대한 신뢰 정도를 나타내기도 한다.

제안서의 뒷부분에는 제안을 추진하는 데 발생하는 장애 요소, 후속 조치사항, 고려할 사항 등의 예상되는 변수를 명시한다. 제안서가 OK를 얻어내기까지 상대방으로 하여금 이러한 여러 가지 변수들에 대한 답변을 기대하여, 이에 대한 결과를 이후 제안을 추진할 때 참고해야 한다.

제안의 목적을 잃거나 논리성을 잃지 않도록 주의해야 한다. 가격 책정 등 어느 한쪽에 치우치는 것 또한 속내가 뻔히 드러나는 제안서다. 제안서는 말 그대로 의견을 제안하는 것이기 때문에 다른 사람의 제안을 베끼거나 상대방에게 부담을 주는 제안은 피해야 한다. 또 제안서를 써야 하는 경우가 많으므로 일정한 제안 형식을 공통적인 틀로 관리하는 것이 좋다.

제안서의 단계별 작성 포인트를 익히자

제안서 역시 방향을 잡아 여러 가지 분석을 통해 문서의 틀과 핵심항목을 구성하고 이를 레이아웃하여 다듬는 기획서 작성 절차를 기본으로 하지만, 제안 행위 자체의 개념에서 바라보는 작성 절차가 있다. 콘셉트 설정—분석—제안 포인트—실행 방안—구체화에 이르는 과정이다. 이는 기획서 작성과 비슷한 맥락을 갖는다.

제안서의 기본 방향을 정하고 개념화하는 첫 단계는 바로 콘셉트를 설정하는 단계다. 상대방이 요청한 제안사항을 확인하는 작업도 병행한다. 콘셉트는 무엇을 제안할 것인가를 설정하는 제안의 기본 계획을 구상하는 것이다. 콘셉트 설정 단계에서 초기에 무엇을 제안할 것인지를 분명히 한다.

분석은 제안서의 제안을 뒷받침하기 위한 논리적 근거를 마련하는 단계다. 현상 분석과 원인 분석, 정보 분석 등이 이루어진다. 왜 그러한 분석 결과가 나왔는지에 대한 인과관계를 밝히는 단계이기도 하다.

제안 포인트 작성 단계는 제안 내용의 큰 그림, 제안의 핵심키워드를 제시하는 과정이다. 여러 가지 제안 내용에 대한 핵심항목을 설정하여 제안의 주요 골자를 피력한다. 문제 해결 제안서라면 개선의 포인트를 도출하는 단계다.

제안에 대한 방법론을 제시하려면 실행 방안을 기술해야 한다. 현실적이고 구체적이고 실현 가능한 제안의 실행 방법을 제시한다. 말하자면 어떤 제안을 하고 어떻게 할 것인가에 대한 실행 로드맵을 설정하는 부분이며, 제안의 궁극적인 솔루션을 제안하는 단계다. 전체적인 목적, 목표, 대책 등을 구체화하는 개별적인 수단, 세부 실행, 예산 비용 등을 내용으로 한다.

실행 방안에서 제시된 방법론을 세부적으로 기술하는 제안서 작성의 마지막 단계는 구체화다. 제안을 실현하기 위한 구체적인 부분까지 언급이 이루어진다. 제안의 세부 실천 계획이라고도 할 수 있다.

유형별 작성법에 차이가 있다

다이어트 제안 방법은 유형에 따라 다양하다. 우리가 매년 적게는 몇십 개에서 많게는 몇백 개까지 쓰는 제안서 또한 몇 가지 유형으로 분류할 수 있다. 제안의 형태에 따라 아이디어 제안서, 문제 해결 제안서, 성과 제안서, 영업 제안서, 사업 투자 제안서, 광고 제안서 등으로 분류할 수 있다. 각각의 제안서는 나름대로의 특성을 가지고 있으며, 작성 시 고유의 착안사항을 강조한다.

아이디어 제안서는 창의적 제안서라고 한다. 신상품이나 신규사업 개발 등을 위한 제안서가 이에 해당된다. 아이디어 제안서는 신상품 개발, 신규사업 개발, 서비스 확장 등 새로운 일과 새로운 것을 창출하기 위한 제안서다. 보통 비즈니스 문서가 업무의 필요성에 의해 만들어지는 경우가 대부분인 반면, 아이디어 제안서는 새로운 것을 모색하기 위한 창의적인 아이디어를 모으기 위해 만들어진다. 따라서 아이디어 제안서는 창의적 아이디어가 생명이다.

문제 해결 제안서는 기존의 것에 대한 개선점을 파악하여 이를 고치는 것을 제안하는 기획서다. 특히 경영 개선, 근무 여건 개선, 업무 시스템 개선, 교육 개선 등 기존 또는 현재의 문제점을 파악하여 이를 개선하기 위한 제안서가 주를 이룬다. 제안을 통해 새로운 방향을 제시하고 문제를 해결하는 돌파구를 제시하는 데 제안서의 의미가 크다. 이때 문제 해결을 위한 프로세스를 적용한다.

성과 제안서는 목표 달성을 위한 성과를 예상하여 제안하는 기획서다. 성과를 분석하여 이에 대한 더 나은 방향을 모색하는 제안 활동에 많이 활용된다. 제안을 통해 더 높은 목표, 보다 효율적인 성과를 달성하려는 데 제안의 의미를 찾는다.

영업 제안서는 한마디로 영업 활동을 하거나 이를 촉진하기 위해서 작성하는 제안서다. 판매 영업, 점포 영업, 영업 마케팅 등 영리를 목적으로 하는 제안 활동에 적합하다. 고객을 상대로 비즈니스를 하는 제안서는 거의 영업 제안서라고 할 수 있다. 제안을 통해 상품을 홍보하여 구매를 유도하거나 제안을 통해 영업이익을 달성하는 데 의미가 있다.

사업 투자 제안서는 단적으로 투자를 유도하는 제안서다. 자금 투자, 주식 투자 등과 관련한 제안 활동에 많이 쓰인다. 사업 투자 제안서의 목적은 상대방으로 하여금 투자를 결정하도록 유도하는 것이다. 투자를 많이 하도록 유도하는 것보다 투자함으로써 얻어지는 이익과 투자에 대한 리스크를 줄여주는 방향으로 제안 활동을 모색해야 한다.

광고 제안서는 널리 알린다는 의미의 광고나 마케팅 분야의 제안서다.

짧은 시간에 고객의 시선을 사로잡아 원하는 방향으로 유도하고 새로운 변화를 불러일으켜야 한다. 그렇기 때문에 광고 제안서는 다른 제안서보다 신속한 전개와 다양한 시각적 효과를 가미하여 제안서를 작성한다. 짧은 시간에 고객의 마음을 사로잡아 공감을 유도하지 못하면 제안서의 기능을 제대로 발휘하지 못한다.

구 분	작성 착안사항
아이디어 제안서	• 참신한 아이디어 도출하기 • 순수함과 치밀함으로 승부 • 잠재된 창의력을 제안에 접목
문제 해결 제안서	• 문제 해결에 대한 가능성 제시 • 누구도 생각하지 못하는 부분을 개선 • 변화된 환경에 맞는 문제 해결
성과 제안서	• 목표와 성과에 몰입 • 상대방의 이익을 먼저 생각
영업 제안서	• 초기 제안을 선점 • 매뉴얼화하여 영업력 강화
사업 투자 제안서	• 투자 원칙 준수 • 신중하게 분석 및 검토 • 투자 이후의 긍정적 상황 제시
광고 제안서	• 처음 몇 초 동안 시선 집중 • 노하우 제안 • 단기보다 장기적인 승부수

● 각 제안서별 작성 착안사항

제안서 작성의 기술

☑ 다이어트 실패와 성공의 두 가지 결과 염두

…… 충분한 사전 검토를 통해 긍적적 결과와 설득을 도출하라

…… 제안의 배경, 내용, 비교 이점, 제안자, 예상 변수 등을 종합적으로 고려하라

☑ 표준 다이어트 제안 프로세스 적용

…… 콘셉트 설정—분석—제안 포인트—실행 방안 설정—구체화의 제안서 작성 절차를 준수하라

☑ 다양한 다이어트 유형 파악

…… 유형별 제안서의 특성과 착안사항을 알고 작성하라

30

핵심을 뽑아내는 보고서 작성 기술
다이어트했으면 했다고 이야기를 해야지!

"안보고 씨, 다음 주까지 우리 회사에 맞는 고객 관리 방안을 수립해서 보고해!"

박호동 팀장이 이야기했다. 그리고 일주일이 지났다.

"안보고 씨 지시한 거 어떻게 됐나? 다 했나? 이게 최선이야?"

"예, 대충 작성해보았습니다."

안보고 사원은 자신 없는 목소리로 이야기했다. 박 팀장의 감정은 점점 격앙되어갔다.

"한심하군. 이걸 일주일이나 작업했단 말이야? 다시 해 와!"

두 사람은 오늘도 수정하고 지시하기를 반복하고, 박 팀장의 보고를 바라는 최급속 이사는 기다림에 지쳐가고 있었다.

기획서 중 보고서는 말 그대로 보고(報告)를 위한 문서다. 보고서는 신속, 정확, 간결의 3박자를 갖추어야 한다. 상대방이 원하는 사항을 빨리 알려주어야 하므로 신속해야 하고, 객관적으로 확실한 사항만을 이야기해야 하므로 정확해야 하며, 핵심적인 사항만을 뽑아내 표현해야 하므로 간결해야 하는 것이다. 이 3가지를 지키지 않으면 위의 사례처럼 꾸물거리는 보고서를 작성하게 된다.

지시하는 사람은 구체적인 지침을 주지 않고, 부하직원도 정확한 지침을 간파하지 못하고 시키는 대로만 하다 보니 제대로 된 보고서가 작성될 리 없다. 더구나 제때 보고가 이루어지지 않으니 의사결정자는 속이 타들어갈 수밖에 없다. 보고서는 정확한 커뮤니케이션을 바탕으로 상대방의 기획 의도를 간파하여 단숨에 작성되어야 한다.

많은 시간과 공을 들여 너무 잘 만들려고 하다가는 보고의 타이밍을 놓치게 된다. 빠른 보고가 원칙이니 우선 핵심만을 뽑아내어 보고서를 작성해야 한다. 그러기 위해서는 무엇보다 우리가 오랫동안 가지고 있던 보고서 작성에 대한 고정관념을 탈피해야 한다.

우선 '보고서는 양이 많아야 한다'는 발상을 전환해야 한다. 반복되는 이야기지만 기획서는 다이어트해야 한다. 보고서 또한 양적으로 승부하는 것이 아니다. 특정한 보고서가 아니라면 보고서는 간결하고 명확해야 한다. 자세한 설명이 필요하다면 첨부로 빼면 된다.

무조건 '멋진 비주얼을 가미한다'는 생각도 포기하자. 파워포인트를 활용하여 보고서를 멋지게 만드는 것도 좋지만, 언제나 도해 이미지 등을 활용하여 포장하는 것은 곤란하다. 때로는 단순한 하나의 문장만으로도 얼마든지 상대를 설득할 수 있다.

'개조식으로만 써야 한다'는 생각에서 벗어나자. 개조식이란 앞에 글머리나 번호를 붙여 압축하여 쓰거나 문장 끝을 명사형으로 간략하게 서술하는 문체를 말한다. 그러나 모든 보고서가 개조식이어야 한다는 생각은 버려야 한다. 상황에 따라 메일로 설명하듯이 보고해도 좋다. 보고서의 처음 한두 줄은 스토리라인으로 서술식으로 쓰고 그 이하는 개조식으로 작성하는 것도 무난하다.

'반드시 형식을 갖추어야 한다'는 사고를 버리자. 일정한 형식을 갖추어야만 보고서가 되는 것은 아니다. 보고를 하는 것이라면 이메일도 보고서라고 할 수 있다. 간단한 메모, 휴대폰 문자 메시지도 모두 보고서다. 스마트 세상에는 이러한 형식의 보고서가 더욱 활성화될 것이다.

보고서 작성에 대한 상사들의 착각도 고정관념이다. 그들은 지시만 하면 다 되는 줄 알고, 이것저것 지침을 주면 다 알아들은 줄 안다. 무슨 요술방망이처럼 파워포인트로 방송국 쇼와 같은 슬라이드를 금방 작성할 수 있다고 생각한다. 의사결정자가 실무자의 경험을 해보지 않으면 이러한 고정관념에서 절대 자유로워질 수 없다.

단순히 보고 내용만 잘 기술했다고 해서 잘 만든 보고서가 아니다. 보고서는 작성자의 얼굴이다. 보고서 작성능력이 업무능력의 판단기준이 될 수도 있다. 잘 만든 보고서는 일정한 요건을 갖추고 있다.

잘 만든 보고서는 흠이 없다. 일목요연하여 작성자가 내용을 확실히 알고 작성했으며, 충분히 고민하고 썼다는 반증을 한다. 상사가 보고서에 손을 댈 필요도 없다. 보고서를 상사가 계속 고쳐주어야 하는 직원은 업무능력에 의심을 사게 된다.

잘 만든 보고서는 명쾌하다. 보고를 받는 사람이 완료된 보고서를 읽고 무슨 내용인지 확실히 이해할 수 있도록 명쾌한 언어로 작성해야 한다. 이해하기 쉬운 평상언어를 사용하는 것이 좋다. 읽는 사람이 편하게 읽고 정곡을 찌르는 핵심으로 하여금 내용이 깔끔하게 와 닿는다면 보고서의 자격요건은 충분하다. 표현이 모호하여 무엇을 주장하는지 명확하지 않거나 주제와 동떨어진 이야기를 하면 안 된다. 복잡하지 않고 단순하게 작성하는 것도 명쾌함에 도움을 준다.

잘 만든 보고서는 내용이 정확하다. 아무리 읽기 쉽고 이해하기 쉬운 보고서라도 내용에 객관적 정확성이 떨어지면 신뢰감을 주지 못한다. 출처가 불분명한 자료를 인용하거나 확실하지 않은 정보를 전달해서는 안 된다. 특히 논리적 근거의 정확성을 확인하는 작업을 반드시 거쳐야 한다.

보고서를 그저 ○○ 기획(안), ××보고서로 국한하는 경향이 있다. 지시 또는 알려주어야 할 사항을 전달하고 피드백을 얻어야 하는 기획서라면 모두 보고서라고 해야 하지만, 보고서에는 다양한 유형이 있다. 보고서는 그 보고서가 어떤 보고서냐, 이른바 보고서의 정체성이 중요하다. 다이어트로 체형이 완전히 변해 전혀 알아볼 수 없는 몸매가 되었다 하더라도 내가 누군지는 밝혀야 한다. 정체를 밝힌 다음 목적을 구상하고 방향을 설정하여 써내려가는 것이다. 실제 업무 현장에서는 더욱 다양한 보고서가 존재하지만, 비즈니스 보고서는 크게 4가지로 구분할 수 있다.

새로운 사업, 제도, 정책, 제안 등을 입안하거나 여러 가지 대안을 제시하는 내용의 보고서는 정책, 기획안 보고서다. 보고서의 유형 중 가장 많은 형태로, 원 페이지부터 여러 장까지 다양하며, 한글, 워드, 파워포인트로 작성하는 일반적인 문서 보고서가 주를 이룬다.

예) 출산율 증대를 위한 지원 방안 검토 보고서

공무원 '특별승급제도' 실시에 대한 관련 부처 의견 수립 보고서

중간, 결과 보고서는 어떤 일을 진행함에 따라서 진행 상황 및 결과를 알려주는 보고서다. 보고를 잘하는 사람은 중간 보고를 잘 활용한다. 중간 보고는 일의 성과 달성 여부를 체크하는 매우 중요한 과정이다. 중간 보고를 통해 의사결정자의 의견이나 지침을 반영하고 기획안을 수정하여 더욱 훌륭한 보고서를 작성할 수 있다. 결과 보고서는 이루어진 결과에 대한 핵심적인 사항을 보고하는 결과물이다.

예) 4대강 사업 토목공사 진행 중간 보고서

우수고객 관리 실태 점검 중간 보고서

회의용 보고서를 회의록이라 한다. 주요 논의사항, 결정사항을 기록한다. 회의록은 그 자체로서 중요한 의사결정 기록물이 될 수 있고, 중요한 보고를 하기 위한 과정 문서일 수 있다. 회의록을 잘 기록, 관리하면 의사결정자가 원하는 완성된 기획서를 만드는 데 도움이 된다. 회의록은 실시사항과 예정사항, 논의과제 등을 나누어 작성한다.

예) 주간 업무 회의록

월간 경영전략회의 ○○부서 보고서

특정 이슈 보고서는 어떠한 논제나 이슈를 바탕으로 이를 논의하기 위한 보고서다. 정책 등 사안이 큰 보고의 경우, 처음부터 기획안을 작성하지 않고 논의할 수 있는 모든 대안과 이슈를 검토할 수 있도록 특정 보고서를 작성하는 지혜가 필요하다.

예) 세종시 행정복합중심도시 건설 지역주민 여론 조사 보고서

신규사업에 대한 타당성 검토 보고서

위의 4가지 보고서는 상호 연관성이 있다. 이슈 보고서로 논의를 하고, 결과를 회의록으로 남기고, 프로젝트 진행 사항을 중간보고한 후 최종 기획안을 작성하기도 한다. 보고를 위한 보고서, 무조건 서면 보고를 원하는 행위는 지양해야 한다. 과도한 기획서 작성 의욕을 배제하고 보고의

주요 항목	체크리스트	확인
일반 사항	• 보고받는 자의 요구에 충실했는가? • 객관적인 정보를 바탕으로 작성했는가? • 보고서의 목적이 분명한가? • 제목은 보고서 전체의 내용을 잘 대변해주고 있는가?	
전개 방식	• 목차에 논리적인 오류는 없는가? • 내용상 필요한 6하원칙에 충실하게 작성했는가? • 중요한 내용이 먼저 기술되고 세부내용으로 연결되었는가?	
보고서 내용	• 주관적인 시각에서 보고서 내용이 기술되지 않았는가? • 관련 부서의 의견이나 자료를 과장, 또는 왜곡 없이 반영했는가? • 보고서의 핵심내용을 잘 전달하고 있는가? • 내용상 빠진 부분은 없는가? • 내용을 너욱 효과직으로 전달할 수 있는 다른 수단은 없는가? • 내용상 구체적인 실행 계획이 잘 나타나 있는가? • 현실적으로 실현 가능한 내용을 구성했는가?	
기타 사항	• 문장은 간단명료한가? • 오탈자 및 문장의 오류는 없는가? • 논리적 근거자료의 출처는 명확히 기재되었는가? • 전문용어, 특수용어 등 이해하기 어려운 설명은 없는가?	

● 보고서 작성 체크리스트

횟수를 줄이는 것 또한 보고서의 원천적인 다이어트다.

또한 보고서를 다 쓰고 나서 마지막 점검 절차를 거치지 않으면 제대로 된 기획서가 나오지 못한다. 이를 위해서 체크리스트를 만들어 자신이 만든 보고서가 의도한 대로 잘 작성되었는지 검토해야 한다. 제시된 체크리스트의 요건에 어느 정도 부합이 된다면 상당히 잘 만든 보고서라고 할 수 있다. 습관적으로 보고서를 잘 만들게 될 때까지는 앞의 체크리스트를 활용하여 자신이 만든 보고서를 체크해볼 수 있도록 하자.

핵심 다이어트 처방

핵심 보고서 작성 기술

☑ 우물쭈물 다이어트는 사절
  ⋯⋯ 우선 핵심만을 뽑아내어 작성하라
  ⋯⋯ 보고서 작성에 대한 고정관념을 제거하라

☑ 성공한 다이어트 벤치마킹
  ⋯⋯ 간결, 명쾌, 정확, 평상언어, 단순함, 체계적, 묘사적 등 보고서의 요건을 중시하라

☑ 다이어트 변수 간파
  ⋯⋯ 보고서의 유형을 알고 체크리스트화하여 점검하라

31

프로 기획자의 역할과 자세
지속적인 다이어트 촉진 방법 연구

"여러분 안녕하십니까? 오늘 이 시간에는 16년간 기획 업무만 해오신 기획의 달인, '쓱싹' 문서달 선생님을 모셨습니다. 반갑습니다. 문 선생님은 어떤 현상이나 사물을 보면 순식간에 기획서로 옮기신다고 하는데, 사실입니까?"

"네, 그렇습니다. 저는 모든 것을 기획서로 만듭니다."

"그럼 저와 이렇게 이야기하는 상황을 기획서로 표현하실 수 있습니까?"

"네, 가능합니다. 몇 번 쓱싹하면 끝납니다."

이야기를 마친 문서달 선생이 종이에 뭔가를 적기 시작했다. 그리고 1분도 안 되어 한 장의 논리적인 기획서가 완성되었다.

"대단하십니다! 역시 기획의 달인이시군요."

문서달 씨는 흐뭇했다. 그때 누군가 자신을 흔들었다.

"회사 늦겠다! 어서 나가, 지금이 몇 시인데!"

꿈에서 깨어나니 어머니가 서 계셨다.

누구나 기획을 잘하고 싶다

회사나 조직생활을 하는 순간부터 우리는 기획에서 벗어날 수 없다. 기획 능력은 직장인이라면 반드시 갖추어야 할 비즈니스 역량이다. 누구나 자신이 작성한 기획서에 대해 칭찬받고 싶고, 모두 기획의 달인이 되고 싶어 한다. 그러나 결코 쉽지 않은 것이 기획서 작성이다. 마치 비만인 사람들이 모두 다이어트에 성공해서 좋은 몸매를 과시하고 싶지만 제대로 해내기가 어려운 것과 같다.

프로 기획자가 되기 위해 또는 성공하는 기획자가 되기 위해서는 준비하고 노력해야 한다. 이에 대한 정확한 비법이 꼭 정해져 있는 것은 아니다. 마음가짐부터 바로 하고 기획 역량을 키우기 위해 기획자로서 바람직한 행동 양식을 준수해야 한다.

성공하는 기획자가 되기 위해서는 첫째, 합리적인 기획 마인드를 가져야 한다. 기획서 작성의 최대의 적은 바로 '대충대충 식의 사고방식'이다.

'기획서가 그렇지 뭐', '시키는 것만 작성하면 되지 뭐' 등의 대충대충 식의 사고는 기획서 작성의 열정을 무디게 하고 긍정적인 기획 방향을 흐리게 할 수 있다.

둘째, 수시로 우수 기획자료를 벤치마킹해야 한다. 기획은 하면 할수록 실력이 늘지만, 자신의 고집대로 자신의 기준과 틀 안에서만 기획서를 작성하다 보면 오히려 폭넓은 기획 역량을 발휘할 수 없게 된다. 그저 기획서 작성의 꼼수만 늘 뿐이다. 다른 사람이 쓴 기획서를 보고 비방, 또는 부정적 표현을 하는 것은 기획을 잘해도 직장에서 성공 못하게 하는 기획자의 태도다.

우수한 기획서를 많이 보고 장점을 수용하고자 노력하면 실력 향상 속도는 더욱 빨라진다.

주변의 동료가 만든 자료, 상사가 수정한 우수한 자료, 타 회사나 경쟁 회사의 잘 만든 제안서 등 다양한 형태의 잘된 기획서를 접해보도록 해야 한다. 우수 기획서를 벤치마킹하며 기획서를 수정, 보완해가다 보면 어느 덧 실력이 향상되어 있을 것이다.

셋째, 겸손과 노력을 생활화해야 한다. 기획을 잘한다는 것은 절대적인 것이 아니라 철저히 상대적인 개념이다. 기획을 잘한다고 인정받는 사람이 모든 상황에서 우수한 기획을 해내는 것이 아니다. 자신이 쓴 기획서에 대한 공연한 자신감은 버려야 한다. 고수는 오히려 조용히 변방에서 실력을 쌓는다고 하지 않던가? 프로 기획자가 되려면 기획을 조금 잘한다고 우쭐하지 말고 겸손해야 한다. 그리고 보이지 않는 곳에서 남다른 노력으로 프로다운 실력을 유지해야 언제 어디서든 진정한 기획 전문가로 평가받을 수 있다.

넷째, 실무자의 경험을 중시해야 한다. 흔히 실무자 때 기획 업무를 경험하며 고생한 사람이 관리자나 의사결정자가 되면 그때의 고충을 망각하고 무리한 지침을 내리거나 요구를 하는 경향이 있다. 영향력 있는 자리에 오르면 기획 실무자 때의 경험을 잊지 말고 실무자 입장을 헤아려 더욱 좋은 방향으로 개선해주어야 한다. 가령 기획 실무자 때 무리한 기획서 작성으로 늘 시간에 쫓기며 수도 없이 야근을 했다면, 그 고충을 헤아려 그러한 시행착오가 반복되지 않도록 해야 하는 것이다. 실무자의 경험이 없더라도 입장을 바꾸어 상대방의 어려움과 상황을 이해해주어야 한다. '내가 고생하며 컸으니 너도 당해봐라'라고 한다면 이는 관리자로서 결격사유라고 할 수 있다. 한편 직접적으로 기획 업무를 하는 실무자 또한 자신의 다양한 업무상의 경험을 기억하고 되살려 장차 발전된 기획 업무를 모색하는 데 노력을 기울여야 한다.

습관을 바꾸자

애써 고생해서 다이어트에 성공했다 해도 기존의 습관을 개선하지 않으면 언제든지 우리 몸은 체중이 늘어날 준비가 되어 있다. 습관을 바꾸어야 한다. 기획 전문가가 되기 위해서도 작은 생활습관부터 점검하고 다져나가야 한다.

기획자로서 바람직한 생활습관은 다음과 같다.

첫째, 매사에 관찰과 집중을 생활화해야 한다. 평소 사소한 것이라도 가볍게 여기지 않고 관심과 주의를 기울이는 습관을 가져야 한다. 유명한 과학자들이 일상생활 속에서 대단한 만물의 원리를 발견하듯이 오랜 탐색과 주의력은 기획서 작성에 큰 도움이 된다. 사물을 바라보는 것에도 기획과 연관된 관찰과 집중을 해보도록 하자.

둘째, 메모를 습관화해야 한다. 언제 어디서든지 메모할 수 있도록 하자. 메모는 가장 소중한 기획의 지침서가 될 수 있다. 사실 아이디어는 때를 가리지 않고 떠오른다. 생각해보자. 화장실에서 볼일을 보던 중 제안서 작성의 기발한 콘셉트가 떠올랐지만 회사에 출근해서 도무지 생각이 나지 않는다면 어떻게 할 것인가? 기획에 도움이 되는 아이디어를 그때그때 즉시 메모할 수 있도록 해야 한다. 메모는 잊지 않기 위해 하는 것이지만, 반대로 잊기 위해 하는 것이기도 하다. 메모해놓고 잊어버리고 다른 일을 하나가 기획을 할 때 그 메모를 펼쳐보면 되기 때문이다. 메모를 생활화하면 기획서의 내용을 채울 수 있는 든든한 정보원을 갖게 된다.

셋째, 언제나 현실감각을 유지해야 한다. 가장 어리석은 기획은 바로 탁상공론(卓上空論) 식의 기획이다. 이러한 기획은 현실성이 결여되는 치명적인 기획서를 낳는다. 현실감이 없는 이상적인 기획은 그 자체의 비현실성을 떠나서 이를 받아들이는 대상마저 힘들게 한다. 기획자의 잘못된 펜대 놀림 하나로 인해 다수의 사람들이 피해를 보기도 한다. 모든 기획을 할 때는 과연 이러한 기획이 현장에 얼마나 잘 적용되고 현실감 있게 실현될 수 있는지 검토해야 한다.

넷째, 기획을 자기계발과 연결해야 한다. 넓고 큰 의미에서 보면 자기계발도 기획이라고 할 수 있다. 자신의 나아갈 방향을 결정하여 콘셉트를 결정하고 자신의 미래의 로드맵을 그린 다음, 핵심적으로 해야 할 일과 구체적인 일을 찾고 이를 보완하여 자신을 표현하는 자기계발 과정은 기획서 작성 과정과도 무관하지 않다. 단지 기획서 작성을 위한 기획이 아니라 커다란 의미에서 '자기계발'을 위한 기획을 하도록 하자. '10년 또는 20년 후 나는 어떠한 비전으로 어떻게 살 것인가?', '앞으로 무엇을 어떻게 하며 살아갈 것인가?'라는 나의 기획 과제를 선정하고, 이에 대한 솔루션을 찾기 위해 생활 속에서 노력해보자. 그러면 비단 기획 문서뿐 아니라 나 자신의 기획 또한 완성시킬 수 있을 것이다.

올바른 기획서 작성 문화를 만들자

기획은 나 혼자 하는 것이 아니다. 다이어트도 외롭게 혼자 하기 힘들다. 상호작용이 있어야 한다. 기획서를 작성하는 사람과 이를 받아들이는 사람이 서로 협력해야 한다.

기획서를 작성하는 실무자는 실무자대로, 이를 검토하고 확인하여 일정한 조치를 취하는 관리자나 리더는 그 나름대로의 고유한 역할이 있다. 서로의 영역을 인정하고 협업해야만 우수한 기획서를 만들어낼 수 있다.

서로 따로국밥식이 되어서는 원하는 맛을 내기 어렵다. 체계적이지 못한 조직일수록 상사는 구체적 지침 없이 지시만 내리고, 실무자는 기획 의도도 모른 채 엉뚱한 기획서를 생산해낸다. 기획서가 상호작용을 통해 제대로 된 출생신고를 하려면 조직 내 원만한 기획서 작성 문화와 풍토가 형성되어야 한다. 이를 위해서는 다음의 3가지가 전제되어야 한다.

우선 공감해야 한다. 기획서는 쓰는 주체와 이를 받는 주체가 상호 공감대를 형성하지 않고는 호감도를 갖기 어렵다. 상호 공감대를 형성하려면 우선 상대방을 이해해야 한다. 특히 일부 관리자는 성과에만 집착한 나머지 실무자의 능력이나 상황을 고려하지 않고, 기획서 작성에 무리수를 두게 된다. 일주일이 걸려도 완성하지 못하는 기획서를 단 며칠 만에 작성하겠다고 윗선에 보고하고, 애꿎은 실무자만 괴롭히는 것이다. 이러한 발목잡기 식의 기획이 상호 공감의 기획문화를 흔들리게 한다.

나음으로 배려해야 힌다. 나보다 상대방을 고려하는 기획서 작성 문화가 조성되어야 한다. 설령 원하는 기획서보다 함량 미달의 기획서가 배달되었다 할지라도 상사나 고객은 그 기획서를 써오기까지 고생한 실무자를 배려하여 몰아붙이는 일이 없도록 해야 한다.

아무리 받는 사람이 보기에 형편없는 기획서라 할지라도 그것을 만들기 위해서 형편없이 작업한 것은 아닐 것이다. 가급적 핀잔보다는 칭찬을 해주어야 한다.

　마지막으로 조율해야 한다. 조율은 기획서 작성 시 상사나 고객의 의도를 중간 확인 검토하는 작업이다. 기획서를 혼자 끙끙거리며 작성하는 실무자들이 많다. 이런 경우, 상대방과 조율을 거치지 않았기 때문에 아무리 잘 쓴 기획서라도 상대의 호감을 이끌어내지 못할 수 있다. 진정한 조율은 상사가 지시를 다시 하거나 실무자가 이를 수정하는 작업을 하는 것이 아닌 서로 자연스럽게 내용을 검토하는 기획문화가 조성될 때 가능하다. 우리가 기획안을 작성해서 자주 중간 보고를 해야 하는 이유도 바로 상호 조율을 해서 쌍방향 기획을 원활하게 하는 데 있다.

핵심 다이어트 처방

프로 기획자의 역할과 자세

☑ 누구나 성공하기를 바라는 다이어트

　　…… **성공 기획자가 되기 위한 마인드부터 다져라**

　　(합리적 사고, 벤치마킹, 겸손과 노력, 실무자 경험 중시)

☑ 다이어트 상태 유지하기 위한 습관 바꾸기

　　…… **바람직한 기획자가 되기 위한 습관을 생활화하라**

　　(관찰과 집중, 메모 활성화, 현실감각, 나 자신의 기획 유지)

☑ 외로운 다이어트가 아닌 상호작용 다이어트

　　…… **공감, 배려, 조율의 기획서 작성 문화를 정착시켜라**